수익 다양화 전략

이익이 나지 않는 시대에 이익을 만드는 방법

수익 다양화 전략

가와카미 마사나오 지음
(주)애드리치 마케팅전략연구소 옮김

한울

커피를 판매하는 스타벅스, 자동차를 만드는 현대자동차, 광고회사인 제일기획, 이들은 왜 NFT사업에 진출할까요?

모든 기업은 성장과 지속가능성을 위해 고군분투합니다. 생존을 위해 노력하지 않는 기업은 없습니다. 하지만 지금과 같이 성장 엔진이 작동하지 않는 저성장 추세가 지속되고 있는 상황에서는 많은 노력에도 불구하고 손실이나 수익성 악화라는 악재에 맞닥뜨리는 기업이 적지 않습니다.

많은 전문가들은 이러한 침체 국면을 극복하는 방법으로 몸집을 키우기보다 내실을 단단히 하라고 조언합니다. 다시 말해 매출보다 이익에 집중하라는 것입니다.

그러면 구체적으로 어떻게 해서 이익을 극대화할 수 있을까요

2005년에 설립된 (주)애드리치는 올해로 창립 17주년을 맞이했습니다. 21세기를 열면서 시작된 변화의 폭풍을 오롯이 맞아온 17년이었지만, 그래도 우리는 마케팅 커뮤니케이션의 네비게이터로서 기업과 소비자 간의 우호적인 관계 구축에 노력해 왔으며, 식품을 비롯한 금융, 가전, 화장품 등 다양한 분야의 고객사를 모시면서 어려운 환경 속에서도 양적 성장을 이루고 자생력을 키워왔습니다.

그러나 지난 시간도 그랬듯 앞으로의 기업환경도 녹록치 않을 듯합니다. 기술 혁신은 예전처럼 경제 성장을 견인하기 힘들어졌고, 사회 전체의 소비 여력이 줄어들어 새로운 투자와 고용을 창출하기 어려워지고 있습니다. 지금은 우리가 아는 많은 경영의 원칙이 적용되지 않고 있으며 여태껏 해왔던 방식은 낡은 것이 되고 말았습니다.

이 책은 높은 불확실성, 저성장의 시대에서 살아남기 위한 기업의 생존전략

서입니다. 잃어버린 30년이라고 일컬어지는 일본의 오랜 경제 불황과 코로나 19 팬데믹 이후 기업 성과 악화 등의 경험을 통해 얻은 뼈아픈 교훈을 바탕으로 하고 있기에 지금 우리가 직면한 현실을 재조명하고 시사점을 얻을 수 있는 방법론이라고 할 수 있습니다. 저자는 지금과 같은 저성장 국면에서는 '철저하게 이익에 집착'해야 한다고 말합니다. 아무리 매출액이 크고 시장점유율이 높아도 기업의 존속 능력에 대한 판단 기준은 이익이기 때문입니다.

저자는 이익에 대한 중요성을 강조하는 데 그치지 않고 어떻게 이익을 창출하는지 그 구체적인 방법을 '수익다양화'라는 개념으로 설명합니다. 수익다양화란 한마디로 이익을 창출하는 수익원을 많이 확보하라는 의미입니다. 그것이 기업을 지속적으로 생존케 하는 힘이며 지속가능한 미래를 실현하는 조건이라고 말합니다. 이익은 살아남는 능력입니다.

커피를 판매하는 기업이, 자동차를 만드는 기업이, 광고를 만드는 기업이 구글이나 아마존의 영역이라고 여긴 분야에 진출하는 것이 전혀 이상하지 않은 현실입니다.

저성장의 시대 한가운데에서 적극적으로 생존의 길을 모색하고 있는 모든 기업에게, 그 속에서 오늘도 고군분투하는 경영자들과 열심히 일하는 많은 조직구성원들에게 이 책이 돌파구를 찾는데 작은 힌트가 되었으면 하는 바람입니다.

감사합니다.

2022년 11월

(주)애드리치 대표이사 은명희

들어서며

가치창조로는 이익이 나지 않는 시대,
이익은 적극적으로 만들어가야 한다

'이익을 내는 것'에 철저히 천착해야 한다.

　일본 기업은 고객에게 가치를 제안하는 '가치창조' 그 이상으로, 창조된 가치를 기업이 이익으로서 수확하는 '가치획득'이 문제라고 생각하기 때문이다.

　어째서 이렇게 열심히 가치창조에 힘쓰는데 좀처럼 이익이 나지 않는 것일까? 오히려 후발주자, 그것도 그다지 좋지 않은 제품을 만드는 기업이 이익을 더 많이 얻거나, 잘못하면 다른 나라로 이익이 흘러가 버리는 것이 현상황이다.

　오해를 두려워하지 않고 말하자면, 일본의 제조기업과 유통기업은 이익에 대해 '둔감'한 면이 있다고 할 수 있다.

　이익을 단순하게 매출에서 비용을 빼고 남은 것이라고 생각하는 것은 아닌가? 그것이야말로 큰 잘못이다. 이익을 그처럼 수동적인 개념으로 파악해서는 안 된다. 이익은 적극적으로 얻으러 나가는 것이 가능하다.

　오히려 어떻게 이익을 획득할 것인가를 생각하고 거기서부터 역산해 자사의 비즈니스를 재정의할 수 있는 기업이 아니면 앞으로 격동의 시대에서 살아남을 수 없을 것이다. 가치창조만으로는 이익을 내기 힘든 시대에 돌입한 지금, '이익감도'를 높이는 것이 시급하다.

　이 책에서는 필자가 고안한 이익창출 방법의 체계를 여덟 가지 '이익로직'으로서 소개한다. 어느 포인트에서 과금(요금을 부과)하면 이익이 늘어나는지, 주요 고객 외에 이익을 늘려줄 대상은 없는지, 지금 이 순간뿐만 아니라 지속적으로 이익을 가져올 방법은 없는지와 같은 관점에서 수익원을 모두 꺼내어 이들을 분류하고 정리해 가다 보면 자사 나름대로의 스케일업이 가능한 이익창출 방법을 반드시 찾을 수 있을 것이다.

실제로 과거에 기업들이 어떤 방법으로 이익을 만들어왔는지, 그 구체적인 사례 또한 '30가지 가치획득'으로 정리했다. 여기에는 프리미엄(freemium), 정기구독, 레이저 블레이드(razor blades, 소모품 전략)처럼 잘 알려져 있는 방법들도 포함되어 있는데, 이들은 과거 위대한 기업들이 고안해 낸 이익창출 방법이다. 이들 또한 여덟 가지의 이익로직에 대입해 비추어 보면, 어떻게 이익을 창출하는지 그 로직을 금방 이해할 수 있다. 뜻대로 이익이 나지 않아 고민하는 기업들이야말로 바로 이 책에서 소개하는 여덟 가지 이익로직을 실제로 적용해 자사의 이익창출 방법을 혁신하는 첫걸음을 내딛을 수 있기를 바란다.

이 책의 전반부는 새로운 이익창출 방법이 왜 필요한지 밝히고, 그것이 어떤 것인지에 대해 소개한다. 지금은 이익을 낼 수 있는 선택지가 많아 제품이나 서비스 판매에서의 이익이 없더라도 다른 수익원으로 버는 것이 가능하다. 이른바 GAFA(구글, 애플, 페이스북, 아마존)도 수익원을 다양화해 본업과 함께 별도의 수익원에서 계속해서 이익을 얻고 있다.

가치획득을 변혁하는 이익 이노베이션(이익혁신)은 중요성을 날로 더하고 있다.

가치창조에 어려움을 겪는 기업일수록 가치획득에 중점을 두고 이익혁신을 해야 한다. 이를 통해 비즈니스 모델의 인식이 변화하고, 기업경영의 존재 방식이 크게 바뀔 것이 분명하다. 자사의 상황에 비추어 보면서 이 책을 읽어본다면 어떻게 이익을 창출해야만 할 것인가를 이해할 수 있을 것이다.

이 책은 각 장마다 중요한 개념이 있기 때문에 진도가 나가는 데 다소 시간이 걸릴 수 있다. 전체적인 모습을 머릿속에 넣고 싶은 분은 1장을 정독한 후 나머지는 개요를 잡는 정도로만 읽고, 그다음 다시 한 번 각 장을 찬찬히 읽어볼 것을 권한다.

지나치게 가치창조에만 매달리고 있는 나머지 기존 사업을 개혁하지 못하고 어려움을 겪고 있는 기업들, 이익을 늘리고자 하는 초조감에 쫓기면서도 다음의 한 수를 펼치지 못하는 기업들이 이 책을 통해 지금까지와는 전혀 다른 이익에 대한 관점을 가지고 비즈니스 모델의 혁신을 실현할 수 있다면 저자로서 더할 나위 없는 보람이 될 것이다.

목차

2장 이익혁신의 선진 사례

3장 가치획득의 시야를 넓히다

4장 수익원을 다양화하다

5장 새로운 가치획득을 만들기 위한 이익화의 로직

6장 구독의 본질

7장 비즈니스 모델 혁신으로

1장

이익혁신의 세계에 오신 것을 환영합니다

1. 낮은 이익으로 괴로워하는 일본 기업

기업의 목적은 무엇인가? 고객을 기쁘게 하는 것이다. 그렇다면 이익이란 무엇인가? 지속적으로 고객을 기쁘게 하기 위해 필요한 자원이다.

기업에는 현금이 필요하고 그 현금은 이익이 나지 않으면 증가하지 않는다. 이익은 기업 활동을 지속하기 위한 조건이다.

지금 일본 기업 중에는 낮은 이익으로 괴로워하는 곳이 많다. ROE(자기자본이익률) 수준으로 보아도, ROIC(투하자본이익률) 수준으로 보아도 너무 낮다. 사실 일본의 경영학자들은 이 일에 대해 계속 언급해 왔다. 값싸고 좋은 제품을 만들어 고객의 지지를 받아온 일본의 제조기업이지만, 상황은 이미 버틸 수 없는 지경까지 와 있는 것이다.

일본 기업은 헤이세이(平成, 일본의 연호) 마지막 해(2019년)에 들어 전 세계 기업의 시가총액 상위 30위권에서는 더 이상 볼 수 없게 되었다. 헤이세이 첫 해(1989년)에 상위 10위권에 있던 도요타도 마지막 해에는 간신히 50위 이내에 진입할 수 있었을 정도다.

현재 상위권에 있는 기업은 구글(알파벳), 애플, 페이스북, 아마존. 이제는 이미 익숙해진 GAFA다. 20년 전 미국 기업의 시가총액 상위 5위는 GE, 엑슨모빌, 화이자, 시스코시스템즈, 월마트였다. 이른바 산업혁명의 연장선상에서 발전해 온 기업이 상위권을 차지했었다는 것을 생각하면 지금은 많이 달라졌음을 알 수 있다.

GAFA가 두각을 나타낸 것은 2000년대 들어서부터다. 디지털의 파도를 자신의 것으로 만들면서 세계의 세력지도를 확 바꾼 사실은 알려진 바와 같다. 대부분은 그들이 어떤 가치창조를 했는지에 주목하지만, 그들의 이익창출 방법을 주목해서 보면 보이는 것이 있다.

2. 이익의 한계

GAFA를 비롯한 미국 기업과 일본 기업은 왜 이렇게까지 차이가 나는 것일까?

일본 기업은 우수한 프로덕트(제품)를 개발하고 생산·판매와 관련된 일련의 제공 프로세스도 잘 만들어놓았을 텐데, 왜 더 이상 세계에서 맞서 싸우지 못하는 것일까? '디지털을 놓쳤다'는 지적도 많지만 정말 그 이유뿐일까? 사실, 이는 이익의 창출 방법을 꼼꼼히 살펴보면 그 이유를 알 수 있다.

가치창조와 가치획득의 개념

기업은 가치창조를 통해서 고객에게 가치를 얻게 하고, 가치획득을 통해서 이익을 얻는다. 우선 이 부분에 대해 설명하겠다. 〈도표 1-1〉을 보자.

기업은 '가치창조'와 '가치획득'을 통해 지속적으로 존재할 수 있다. 가치창조는 이 표에 나타난 바와 같이 고객에게 가치를 제안하는 것과 그 가치를 고객에게 얻게 해주는 과정으로 이루어져 있다. 가치획득은 창출된 가치로부터 기업이 이익을 얻는 행위다.

가치창조란 부가가치를 창출하는 활동이라고도 할 수 있다. 기업은 원료, 사람, 물건, 돈, 정보와 같은 경영자원을 활용해 제품을 만든다. 매력적인 제품을 만들어 고객의 생활을 윤택하게 한다. 즉, 기업이 고객에게 제안하는 편익을 그와 비교해 더욱 낮은 비용으로 제공함으로써 부가가치를 창출한다. 그것이야말로 기업의 존재가치다.

부가가치를 창출할 수 없게 된 기업은 이르건 늦건 간에 결국 파산하고 만다. 제조기업은 고객이 기뻐할 제품을 제안하는 것이 무엇보다 중요하다. 그리고 그 제품을 조금이라도 저비용으로 제공할 수 있도록 해 가치를 극대화한다. 그것이 가치창조의 골자라고 할 수 있다.

도표 1-1 ㅣ 고객을 기쁘게 하고 기업도 이익을 얻는 방법

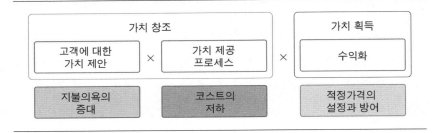

물론 기업은 거기에서 이익을 내지 않으면 안 된다. 가치창조를 지속하기 위해서는 무엇보다도 돈, 즉 기업 활동의 자원이 되는 이익이 필요하다. 여기서 가치획득이 등장한다.

가치획득[1]이란 사업 활동으로 이익을 얻는 것이다. 이익은 고객에게 제공한 가치에서 일부를 수확해 얻을 수 있다. 따라서 얼마를 수확할 것인지, 즉 가격을 얼마로 설정할 것인지를 둘러싼 의사결정이 중요해진다. 가격 설정(프라이싱)에 의해 수익을 창출하는 것을 '수익화'라고 한다. 가치를 제공하는 과정에서 이미 비용은 확정되므로 수익의 확정은 곧 이익의 확정을 의미한다.

기업은 고객에게 가치를 창출해 주고, 그 일부를 이익으로 가져간다. 이것이 제조기업의 주된 이익창출 방법이라는 것을 일단 이해하고 가자.

---

1   가치획득은 'value capture'로서 MOT(기술경영) 분야에서 논의되어 온 제조업의 수익화를 테마로 하는 주요 주제다(延岡, 2006). '획득'이라는 말이 붙어 있는 것처럼, 가치창조로 자사가 얼마나 많은 이익을 회수해 내는지를 의미한다.

가치를 더 크게 키우는 것이 가치창조의 목적이다

그러면 실제로 고객과의 거래에서 기업이 어떻게 이익을 창출하는지 밝혀보자.

〈도표 1-2〉를 보자. 도표의 왼쪽 그림에 나타난 바와 같이 고객의 지불의욕과 그 지불의욕을 만들어내는 데 필요한 비용과의 차액이 '창출되는 가치'가 된다. 고객의 생활을 더욱 좋게 하기 위해 '창출되는 가치를' 최대한 키우는 것이 가치창조의 목적이다.

고객의 '지불의욕(willingness to pay: WTP)'이란, 특정 제품에 대해 고객이 지불해도 좋다고 생각하는 금액이다. 그 제품에 대해 고객이 솔직하게 느낀 매력을 금전적으로 표현한 것이다. 아무런 예비지식도 없고 가격표가 붙어 있지 않은 제품이 제시되었을 때, 이에 대해 얼마를 지불해도 좋을지 솔직히 유추해보기 바란다. 그것이 제품에 대한 고객의 평가액, 즉 지불의욕이다.

도표 1-2 | 가치를 창조한다

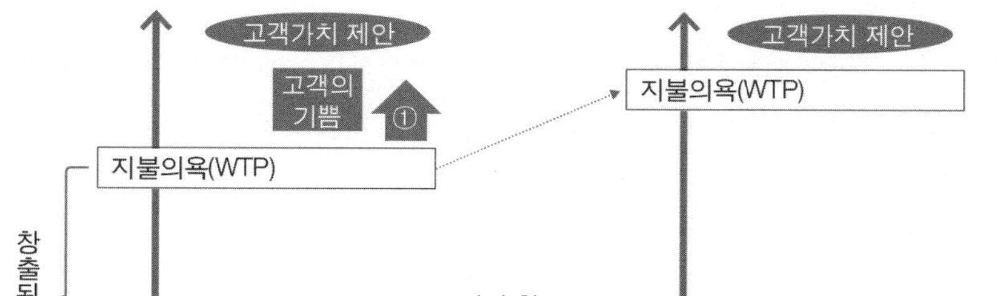

물론 지불의욕은 사람마다 다르지만, 특정 고객을 상정해서 보면 대략적으로 사람들이 매력을 느끼는 포인트를 찾을 수 있고 그에 맞는 제안을 할 수 있다. 그러면 기업은 지불의욕을 높일 수 있다.

'비용'은 제품을 생산하고 판매하는 데 드는 비용을 가리킨다. 고객이 기뻐할 제품을 전달하는 과정을 최적화하는 것에 의해 전체 비용을 낮출 수 있다. 이는 효율화나 합리화를 통해 달성할 수 있다.

고객의 지불의욕을 높이고 그것을 만들어내기 위한 비용을 낮출 수 있다면 〈도표 1-2〉의 오른쪽 그림처럼 창출되는 가치가 커진다. 기업은 다양한 노력을 기울여 현재 이상으로 가치를 높이는 활동을 계속한다. 그렇게 가치창조는 순환한다.

이익을 만드는 방법

그렇다면 '창출된 가치'에 대한 기업의 몫인 '이익'은 어떻게 만들까? 기업이 이익을 내는 방법은 지극히 단순하다.

이익은 해당 제품에 대해 가격을 얼마로 책정하느냐에 따라 확정된다. 거래 단위로 보자면, 가격을 높이면 이익이 커지고 가격을 낮추면 이익이 작아진다. 단품 하나하나를 판매해 가치획득을 하는 제조기업은 이 단 한 가지 방식으로 지금까지 이익을 만들어왔다.

〈도표 1-3〉을 보면서 좀 더 자세히 살펴보자. 보다 많은 이익을 취하려면 도표의 왼쪽 그림과 같이 '가격'을 '지불의욕'에 가깝게 설정한다. '이 정도 가격이라면 사겠다'라고 하는 고객의 지불의욕에 가깝게 가격을 매길수록 그만큼 높은 가격으로 판매할 수 있다. 강력한 브랜드를 가진 기업이 여기에 해당한다. 이는 한 번의 거래에서 많은 이익을 거두는, 즉 이익률을 높여 이익을 내는 방법이라고 할 수 있다.

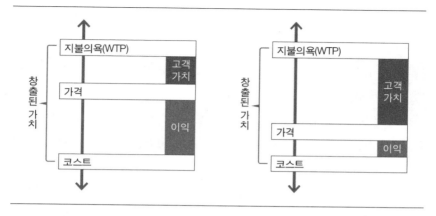

단, 이 같은 가격 설정은 타사보다 고가가 될 가능성이 있으므로 고객이 구입하게 하려면 '차별화'가 필요하다. '이 제품이 아니면 안 된다'라고 고객이 생각할 정도의 독자성을 내세우는 등, 경쟁사는 흉내 낼 수 없는 방안이 있어야 한다.

이에 반해 〈도표 1-3〉의 오른쪽 그림은 가격을 낮게 설정해 기업의 몫을 일부러 적게 하는 방법이다. 거래당 이익률은 낮지만 대량으로 판매할 수 있다면 이 또한 유효한 이익창출법이라고 할 수 있겠다.

말하자면 이익률이 낮아도 많이 팔아서 이익을 만드는 '박리다매'인 것이다. 다른 어느 곳보다 원재료를 저가로 대량 매입할 수 있거나, 낮은 비용으로 제품을 만들 수 있는 규모의 경제적 이점 또는 시스템을 가지고 있는 기업에 유리하게 작용하는 방식이다.

가치창조와 가치획득 방법

이상에서 알 수 있듯이 가격은 지불의욕과 비용의 차액에 의해 창출되는 가치를 고객가치와 이익으로 나누는 중요한 변수다. 제품에 얼마의 가격을 매기느냐에 따라 수익(매출)이 결정되고 동시에 이익이 확정되기 때문이다.

또한 가격은 고객의 기쁨인 고객가치를 결정하는 데에도 중요한 변수가 된다. 고객가치란 고객이 제품에 대해서 갖는 '이득감'이고, 지불의욕이 가격보다 높을 때 얻을 수 있다.

다시 한 번 〈도표 1-3〉을 보자. 왼쪽과 오른쪽 그림 모두 지불의욕에서 가격을 뺀 것이 고객가치가 된다는 것을 알 수 있다. 고객은 대금을 지불하고 고객가치를 얻는다. 이때 왼쪽 그림과 같이 기업이 이익을 우선시하면 높은 가격을 매기므로 작은 고객가치라도 고객이 매력을 느낄 만큼의 차별화가 필요하다. 또는 오른쪽 그림과 같이 고객가치가 클수록 많은 고객이 원하는 제품이라고 할 수 있다. 대개는 가격이 낮은 쪽에 이득감이 크기 때문에 기업은 가능한 한 낮은 가격을 매기려고 한다.

제조기업은 지불의욕과 비용 사이의 '어디'에 가격을 설정할 것인지 필사적으로 고민해 왔다. 지불의욕에 가깝게 두어 높게 설정할 것인지, 비용에 가깝게 두어 낮게 설정할 것인지. 크게 나누어 이 둘 중 하나의 방법으로 이익에 관한 의사결정을 해왔다.

'가격 설정을 잘해서 제품 판매로 이익을 낸다'. 이것이야말로 제조기업의 유일한 이익창출의 기둥을 이루어 왔다고 해도 과언이 아니다. 바로 그렇기 때문에 그 이익을 사수하기 위해 항상 신제품을 개발하고, 이를 시장에 투입 및 판매해 왔다. 그러나 곧 유사제품이 등장하고, 게다가 놀랄 정도의 저가로 판매될 가능성이 있다.

이에 제조기업은 이익을 지키기 위해 다양한 수단과 방법을 구사했다. 대표적인 것으로 상표 등록이나 특허권 등의 법적인 방어 및 진입장벽을 구축하는 전략적 방어, 나아가 브랜드 이미지 강화를 통한 아이덴티티 구축을 들 수 있다. 이러한 방책으로 가격 설정을 보강하고 가치획득을 시도해 왔다.

일본의 제조기업은 지금까지 말한 가치창조와 가치획득 방식을 미련하다 할 정도로 우직하게 관철해 왔다. 다른 나라의 기업이 제안한 편익을 상회하는 제품을, 타국보다 더 저렴하게 만드는 방법을 생각해 내어 고객가치와 이익을 올려나갔다.

1980년대에는 대부분의 경우 선행하는 외국 제품이 있었기 때문에 그 제품을 기준으로 보다 성능 좋고 품질 좋은 제품을 만들어냈다. 그리고 군더더기 없는 제공 과정을 구축해 비용 절감이 가능한 체질을 만들었다. 바로 도요타와 닛산, 파나소닉과 히타치, 도시바가 이런 가치창조로 1990년대 초반까지 세계의 톱 기업으로서 이름을 떨쳤다.

가치창조가 곤란해지면 가치획득도 어렵다

그러나 제품 판매로 이익을 내는 이 가치획득은 한계가 보이기 시작했다. 이 방법으로 이익을 크게 내려면 끊임없이 가치창조를 할 수 있는 상황이거나 환경이어야 한다. 그것이 곤란해지면 가치획득도 금세 어려워진다.

이에 대해 설명하겠다. 〈도표 1-4〉는 경쟁이 심화되거나 사업 환경에 큰 변화가 생겼을 때 발생할 수 있는 가치창조와 가치획득을 나타내고 있다.

왼쪽 그림은 경쟁이 심화된 상황이다. 이러한 상황이 발생하면 제품은 동질화를 피할 수 없게 된다. 데뷔 당시에는 새롭고 참신했던 제품도 머지않아 익숙해지고, 곧 유사제품이 등장하거나 더 매력적인 제품이 타사에서 출현하기 때문에 고객의 지불의욕은 필연적으로 낮아진다. 여기서 제조나 판매체제가 바뀌지 않으면 비용은 그대로이므로 결과적으로 가치가 축소된다.

그래도 최우선시해야 할 것은 고객가치다. 기업의 목적은 고객을 기쁘게 하는 것이기 때문이다. 하지만 고객가치를 위해 가격을 낮추면 이익이 극히 박해진다는 것을 도표의 왼쪽 그림에서 분명하게 확인할 수 있다.

도표 1-4 | 가치창조의 한계

가치창조에서는 고객가치가 우선시될 수밖에 없다.

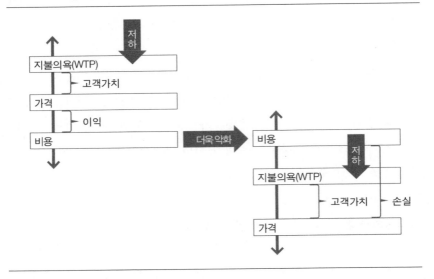

그러나 이는 그나마 나은 편이다. 오른쪽 그림은 사업 환경이 크게 변하거나 사람들의 가치관이 극적으로 변화하면 가치창조 자체가 성립하지 않는다는 것을 보여준다. 가치창조가 무너지면 그 시점에서 손실이 발생하고 가치획득은 바랄 수 없게 된다.

기존의 가치창조가 성립하지 않게 된 배경에는 디지털에 의한 기존 사업의 파괴가 자리하고 있다. 디지털에 의해 많은 서비스가 저렴하게, 때로는 무료로 제공되며, 이것이 제조기업과 유통기업이 취급하는 제품에도 심각한 영향을 미쳤다. 콤팩트 디지털 카메라, 휴대용 라디오, 계산기는 전부 스마트폰의 아이콘으로 바뀌었고, 고객의 지불의욕도 사라져버렸다.

그뿐만이 아니다. 리먼 쇼크 등 금융위기나 코로나19 확산이 가져온 불황은 가계소득을 떨어뜨리고, 갖고 싶어도 구입할 수 없는 상황을 만들었다. 이런 극적인 환경 변화에서는 지불의욕 자체가 크게 저하된다.

지불의욕이 현저하게 낮은 상황이라도 어떻게 해서든 고객가치를 창출해내기 위해서는 가격을 무조건 지불의욕 이하로 설정하지 않으면 안 된다. 하지만 비용은 극적으로 낮아지지 않는다. 그래서 〈도표 1-4〉 오른쪽 그림과 같이 가격보다 비용이 높아져 적자를 각오하지 않으면 안 되는, 납득하기 어려운 상태가 되어버린다. 이런 상황에서 제품을 계속 판매하면 손실만 거듭된다.

창출되는 가치가 매우 작아져 가치창조 자체가 성립되지 않으면 도저히 기업이 제몫을 가져갈 수 있는 상황이 성립하지 않게 된다. '팔리기만 하면 돈은 자연적으로 따라온다'는 말은 이제 옛말이다. 기존의 가치창조 구조에서 우왕좌왕하며 갇혀 있는 한 '돈은 전혀 따라오지 않는' 상황을 맞이하는 것도 충분히 가능한 것이다.

이러한 상황 속에서 특히 일본의 제조기업과 유통기업은 땅에 붙을 정도의 낮은 이익을 받아들이면서 필사적으로 가치창조를 계속해 왔다. 일본인의 고지식함과 참을성이 낭비를 없애는 독자적 프로세스를 낳아왔다. 높아지지 않는 지불의욕을 자각해도 변함없이 신제품을 만들어내고 그 낮은 가치 안에서 어떻게든 이익을 거두려고 노력해 왔다.

그러나 그것이 한계에 이르렀다는 사실은 '잃어버린 30년'이 말해준다. 그동안 다양한 기술을 익히고 혁신을 시도하고 배움을 축적해 왔지만, 결국 세계에서 존재감을 보여주지 못했다. 더불어 종업원의 급여도 오르지 않았다. 필자는 이 문제의 근간은 지금까지 말한 가치창조에만 급급해하며 집중해 온 사업 방식뿐만 아니라, 특히 이익을 만드는 방법, 즉 가치획득 쪽에도 문제가 있다고 생각한다. 말하자면, 가치창조로는 이익이 나지 않는 시대에 돌입했고, 그래서 이제는 어떻게 사업을 바꾸어 나갈 것인가에 대해 정면으로 마주해 해결하지 않으면 안 되는 때가 되었다.

지금, 세계로 눈을 돌리면 기존의 틀에서 벗어나 완전히 새로운 이익창출 방법으로 막대한 이익을 거둔 기업이 보일 것이다. 바로 GAFA를 비롯한 디지털기업이다.

3. 가치획득을 잘 구사하는 기업

가치획득의 방법이 바뀌다

세계를 견인하고 있는 디지털기업은 어떻게 이익을 내고 있을까? 〈도표 1-5〉를 보자. 〈도표 1-1〉과 비교했을 때 오른쪽의 가치획득에 차이가 있는 것을 알 수 있다. 가치획득 방법이 '적정가격의 설정과 방어'에서 '다양한 수익원'으로 바뀌었는데, 그 이유는 디지털기업이 지금까지 실현해 온 이익을 만드는 방식이 제조기업과 유통기업의 방식과는 전혀 다르기 때문이다. '수익화'의 의미가 변화한 것이다.

제조기업의 '수익화'는 제품에 적정한 가격을 설정하는 것으로, 수익을 변화시키고, 이익을 내는 것을 의미한다. 수익(매출)을 확정시키고, 동시에 그에 따라 이익을 얻기 때문에 수익화는 그대로 이익으로 직결된다.

이에 반해 〈도표 1-5〉에서 보듯 디지털기업의 '수익화'는 의미가 다르다. 디지털기업의 가치획득은 제품의 적정한 가격 설정에 의한 수익을 확정하는 데서 머무르지 않고, 그 외의 다양한 방식으로 이익 그 자체를 창출하는 것을 의미하고 있다. 이러한 기업은 제품 판매로 이익이 나지 않아도 그다지 신경 쓰지 않는다. 오히려 제품 판매에서는 아예 이익을 기대하지 않고 다른 것에서 이익을 낼 방법을 적극적으로 찾는다. 프리미엄(freemium), 정액제 구독, 종량제 구독, 롱테일, 매치메이킹, 멤버십 등이 대표적인 방법이다. 이들은 제품 판매와는 다른 가치획득 방법이다. 고객에 대해 창조한 가치의 일부에서 몫을

취하는 기존의 제조기업식의 이익 획득 방식에 전혀 구애받지 않는다.

현재 이 같은 가치획득이 크게 효과를 내어, 디지털기업은 막대한 이익을 거두고 있다. 더구나 코로나19 사태가 DX(디지털 트랜스포메이션)를 앞당기고, 앞으로도 당분간 이런 상황은 지속될 것으로 예측되고 있기 때문에 디지털기업의 가치(주식시가총액)는 그야말로 끝을 알 수 없을 정도로 상승하고 있다.

이러한 방식으로 돈을 벌 수 있다는 것을 일본의 제조기업과 유통기업 또한 지식으로는 알고 있어도, 선뜻 실행에 나서지는 못하고 있다. 기존의 가치획득 방식, 즉 제품 판매를 통해서만 이익을 얻는다는 생각이 뿌리깊게 남아 있기 때문에 이익을 창출할 수 있는 다양한 방법을 눈앞에 두고도 자사와는 거리가 먼 사업 방식이라고 인식하고 있는 것이다.

수익원을 다양화하다

디지털 시대의 가치획득은 창출해 낸 가치창조를 바탕으로 하면서도 과금 대상을 제품에 국한하지 않고, 다양한 수익원을 만들어 이익을 극대화하는 방안을 강구한다. 현재의 사업 활동에서 이익을 늘리려면 어떻게 해야 하는지, 어느 포인트에서 과금하면 이익이 늘어나는지, 고객 외에 이익을 늘려줄 대상은 없는지, 지금 이 순간뿐만 아니라 계속해서 이익을 낼 수 있는 방법은 없는지가 테마가 된다.

이는 곧 제품에 가격을 붙이는 것 이외에 다른 방법으로 이익을 내는 선택지가 늘어났다는 것을 뜻한다. '판매'로 이익을 내지 못해도 다른 수익원으로 돈을 버는 것이 가능해졌다는 것이다.

이를 상징적으로 보여주는 것이 구글, 페이스북이 채택하고 있는 삼자 간 시장, 이른바 '광고판매모델'이다. 주요 제품인 검색이나 애플리케이션에 의한 가치창조는 사용자로부터 전혀 돈을 받지 않는 구조다. 그것만으로는 이익이 생기지 않는다.

그 대신 가치획득을 연구해 다른 플레이어로부터 돈을 벌고 있다. 즉, 광고를 내는 광고주에게서 이익을 얻는 구조로 만들어두면, 사용자를 기쁘게 하면서 이익도 낼 수 있다. 무료로 양질의 콘텐츠를 즐길 수 있다면 사용자는 모이게 된다. 그러나 그렇게 하기 위해서는 광고주와 커뮤니케이션을 할 수 있도록 체제를 갖추어둘 필요가 있다.

아마존도 가치획득을 잘 구사해, 통상적으로는 돈을 벌 수 없는 비즈니스에서 돈을 벌어들이는 구조를 만들고 있다. 전자상거래 사이트이므로 실제 오프라인 매장을 가지고 있는 유통업체에 비해 비용이 대폭 절감되지만, 그만큼 상당한 물류비용이 든다. 그 결과 아마존이라고 해도 사실상 박리(薄利) 상태다. 하지만 아마존은 부족한 이익을 다른 방법으로 채우고 있다. 전자상거래를 통해 배양한 가치창조 기반을 활용해 '아마존 웹서비스(Amazon Web Services: AWS)'라는 별도의 수익원으로 이익을 내고 있는 것이다.

애플은 알다시피 아이폰(iPhone), 아이패드(iPad), 거기에 맥(Mac)이라는 디지털 기기를 제조·판매하고 있지만, 실제 자사에서 하는 것은 제품 기획뿐이다. 파트너 제조사를 통해 제조하는 팹리스(fabless) 제조 방식을 취하고 있어서, 자사에서 자체 조작을 하는 것보다 제조원가가 높다. 그에 대해서 애플은 매력적인 브랜딩으로 고객 정서를 자극해, 타사에서는 생각할 수 없을 정도의 높은 지불의욕을 만들어왔다.

한편 애플의 이익은 이것으로 끝이 아니다. 이들은 가치획득을 구사해 더욱 많은 이익을 창출하는 활동을 하고 있다. 그 원조가 아이튠즈(iTunes)다. 애플은 디지털 기기의 판매 이외의 과금 포인트를 '음악 배급'을 통해 만들어냈다. 한 곡당 요금을 받는 비즈니스이므로 높은 매출총이익을 얻을 수 있다. 아이튠즈는 아무리 애플이라고 해도 가치창조만으로는 얻을 수 없는 규모의 이익과 기대감을 가져다주었다.

그런데 최근에는 상황이 조금 바뀌었다. 경쟁 서비스가 많아진데다 많은 사람이 디바이스를 보유하고 있기 때문에 판매가 둔화되었고, 더 이상 비약적으로 가치창조를 늘려가는 것이 어려워졌다는 사실을 애플 자신도 느끼고 있을 것이 분명하다. 그래서 서비스의 양상을 바꾸어 이익을 만드는 방향으로 움직이기 시작했다.

이상에서 보인 바와 같이 GAFA를 비롯한 디지털기업은 매우 당연하게 수익원을 다양화하고 있으며, 비즈니스에서 많은 이익을 만들어내기 위해 늘 도전하고 있다.

가치획득을 구사할 수 있는 것은 GAFA뿐만이 아니다

가치획득의 구사는 디지털에 강한 GAFA나 테크놀로지 기업만 가능한 게 아니다. 제조기업이나 유통기업 중에서도 가치획득에 초점을 맞추어 이익을 창출해 내는 곳이 있다.

그중 하나가 코스트코 홀세일(Costco Wholesale)이다. 코스트코는 저렴한 가격으로 고객에게 상품을 판매하는 창고형 유통기업이다. 가치창조만 보면 상당한 박리로도 도저히 이익을 짜낼 수 없을 정도의 원가구조가 적용돼 있다.

그러나 그것을 보완해 주는 것이 코스트코만의 가치획득이다. 쇼핑을 하는 고객으로부터 연회비를 징수하는 방법을 채택하고 있는 것이다. 이것이 코스트코의 적자를 방지하고 이익을 내는 원천이 된다. 덕분에 코스트코는 유통업에서 월마트 다음가는 시가총액을 기록하고 있다.

테슬라도 가치획득을 구사해 이익을 창출하고 있다. 자동차업계는 신규 진입자가 이익을 낼 수 있을 정도로 만만한 곳이 아니다. 생산 대수가 상당 규모에 이르지 않는 한 적자를 면치 못한다. 하지만 테슬라는 적자를 최소화하고 흑자전환까지 이루어냈다. 매우 특이한 가치획득 방법을 통해 달성한 것이다.

테슬라에 대해 말할 때 흔히 '최신 기술이 탑재된 멋진 스포츠카 타입의 EV 세단'이라는 가치창조만 클로즈업되기 쉽지만, 그것을 지탱하는 특이한 가치획득이 있었기에 2020년 도요타를 제치고 자동차업체 중 시가총액 세계 1위가 될 수 있었다.

코스트코나 테슬라의 예는 제조기업이나 유통기업이라도 혁신적인 가치획득을 비즈니스 모델로 도입하면 이익을 늘릴 수 있다는 것을 보여준다. 비록 가치창조 방법 쪽에서는 이미 시장이 성숙할 대로 성숙해져 있다고 해도, 가치획득을 구사한다면 새로운 비즈니스 모델을 만들어낼 수 있는 것이다. 이들 사례는 실제 숫자를 보면서 2장에서 다시 설명하도록 하겠다.

4. 또 하나의 혁신으로서의 가치획득

가치획득에 눈을 돌린 제조기업, 힐티

가치획득을 구사하면 실질적으로 가치창조 쪽의 혁신만으로 싸워왔던 기존의 사업은 어떤 식으로 변혁할 것인가. 그것을 보여줄 아주 좋은 예가 있다. 유럽의 작은 나라 리히텐슈타인에 본거지를 둔 힐티(Hilti)다. 이 회사는 원래 공구를 건설회사에 판매하는 B2B 제조기업으로, 탁월한 성능을 지닌 건설공구를 고객사에 제공하는 사업을 해왔다.

그러나 드릴을 비롯한 건설공구는 일단 납품하면 다음 주문까지 꽤 시간이 걸린다. 성능이나 내구성이 좋은 제품으로 만들수록 수리할 필요가 없어져 재구매 타이밍이 늦어지는 것이다. 그래서 힐티는 종래의 단품 판매 이외의 방법으로 고객으로부터 확실하면서 반복적으로 이익을 얻을 수 있는 방법에 대해 검토를 거듭했다. 즉, 가치획득 관점에서 비즈니스를 재검토한 것이다.

2000년에 힐티는 새로운 가치획득을 바탕으로 비즈니스 모델을 바꿨다. 제품을 고객사에 판매하는 것이 아니라 공구 한 세트를 납품하고 교환해 주는 리스(lease) 방식으로 바꾼 것이다. 이를 통해 공구의 소유권은 힐티가 보유하고 고객에게는 잘 정비된 공구를 계속 제공하는 '플릿 관리(fleet management)'를 실현해 냈다. 제조기업에서 정기적으로 과금하는 서비스업으로 변모한 것이다.

플릿 관리는 지금까지 판매하고 있던 것을 단순히 정기 과금 방식으로 바꾸었음만 의미하는 게 아니다. 공구를 정비해 고객에게 전하는 행위는 고객의 생산성을 향상시키는 데에도 연결되었을 뿐 아니라, 그에서 나아가 고객이 안고 있는 문제에 대해 조언하는 건설업 컨설팅 서비스를 파생시켰고, 그 서비스를 힐티가 수행하게 해주었다. 공구의 정비·판매에서 컨설팅사업으로 나아간 것이다. 이처럼 플릿 관리는 컨설팅사업이라는 길을 만들어낸 발판이 되어주었다.

힐티는 '고객의 생산성을 높인다'는 가치 제안을 업그레이드함으로써 공구 제공 프로세스도 크게 변화시켰다. 즉, 공구를 만들어 대리점에게 판매를 부탁하는 것이 아니라, 자사가 직접 고객 기업에 방문해 전달하고 서비스하는 체제로 진화시킨 것이다.

가치획득을 추구하면 비즈니스 모델이 바뀐다

힐티의 실적은 비약적으로 증가했고, 결과적으로 비즈니스 모델도 크게 바뀌었다. 가치획득이 가미되면, 가치창조만으로 승부하는 것보다 비즈니스를 크게 파악할 수 있다. 그 전개를 정리한 것이 〈도표 1-6〉이다.

〈도표 1-6〉의 왼쪽 그림을 보자. 현재의 가치창조 1.0으로 고객을 기쁘게 하려면 가격을 비용에 가깝게 설정할 수밖에 없고, 그러면 이익이 압박받는다는 것을 알 수 있다. 목표로 하는 이익은 이보다 더 높지만, 현재의 가치창조로는 도저히 불가능한 것까지는 아니더라도 이루어내기가 어렵다. 누구나 고객을 철저히 조사하고 비용 절감을 위한 노력을 한다. 그러나 안타깝게도 이 틀안에서는 좀처럼 새로운 가치창조가 나오지 않고, 고객을 위해 창출한 가치에서 이익을 얻는 것도 한계에 달하게 된다.

그래서 관점을 가치획득으로 전환해 본다. 〈도표 1-6〉의 오른쪽 그림을 보자. 왼쪽 그림의 가치획득은 편의상 1.0이라고 하고, 오른쪽은 '가치획득 1.1'이라고 한다. 가치획득 1.1은 가치창조 1.0의 틀에서 벗어나, 다양한 수익원을 통해 어떻게든 이익을 만드는 구조로 만들고 목표로 하는 이익이 달성되도록 설계한다.

또한 가치획득을 1.0에서 1.1로 변경하고 이를 비즈니스에 정착시키는 과정에서 가치창조도 가치획득 1.1에 맞게 최적화할 필요가 있다. 다시 말해, 먼저 가치획득의 방법을 바꾸고(화살표 ①), 그에 맞게 새로운 가치창조 1.1을 창출한다(화살표 ②). 가치획득을 기준으로 가치창조를 최적화하므로 가치창조를 혁신하는 계기가 만들어지는 것이다.

이렇게 힐티는 좋은 '제품을 만들고 판매해 이익을 획득'하는 가치획득 1.0에서 '정기 과금을 수행'하는 가치획득 1.1로 변경하고, 그에 맞추어 컨설팅 업무를 실시하는 등 서비스업으로서의 가치창조 1.1로 변신했다. 이는 제조기업

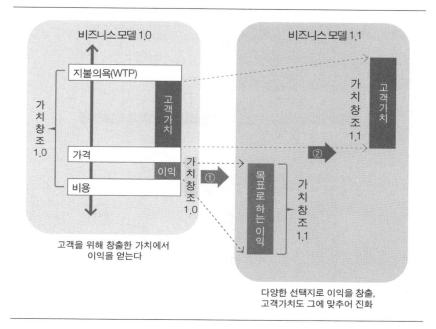

고객을 위해 창출한 가치에서
이익을 얻는다

다양한 선택지로 이익을 창출,
고객가치도 그에 맞추어 진화

이나 유통기업도 가치획득을 중심으로 한 비즈니스 모델의 혁신이 가능하다
는 것을 말해준다.

가치획득을 변혁시키는 이익혁신

비즈니스에서 '혁신(innovation)'이라는 용어는 지금까지 예외 없이 '가치창조
혁신'의 의미로 사용되어 왔다. 즉, 혁신은 신제품 및 기술개발, 또는 공정혁신
등 가치창조 쪽에서 초래되는 것을 전제로 하고 있다. 이는 업계든 학계든 공
통적이다. 그래서 〈도표 1-7〉과 같이 '혁신'이라고 하면 모든 기업은 '가치창조
혁신'을 목표로 하고 있었다.

도표 1-7 | 모든 기업은 가치창조 혁신을 목표로 한다

하지만 지금까지 말했듯이 기존의 가치창조로는 이익을 반드시 낼 수 있다고 말하기가 어려워졌다. 이러한 상황에서 이익을 내기 위해서는 '가치획득의 혁신'이 필요하다. 가치창조에 혁신이 있는 것과 마찬가지로 가치획득에도 혁신이라고 부를 만한 것이 있는 것이다. 이 가치획득의 혁신을 이 책에서는 '이익혁신'이라고 하겠다. 이익혁신은 업계 관행이라고도 할 수 있는 기존의 가치획득 방식에서 벗어나 새로운 이익창출 방법을 도입하고, 그 결과로서 초과 이익을 창출한다. 이에 의해서, 기성의 틀로는 전부 담아낼 수 없는 혁신적인 비즈니스를 만들어내고, 지금까지 이상으로 이익을 얻는 것이 가능하다.

사람들은 GAFA를 보면서 모두 입을 모아 가치창조 혁신을 칭찬할 것이다. 그 점에 의심의 여지는 없다. 그러나 그들이 실행한 혁신은 가치창조만이 아니다. 항상 가치획득을 중심으로 이익혁신이라고 할 만한 활동을 해왔다.

구글은 창립 초기부터 시행착오를 겪으며 가치획득 방법을 계속 바꾸었다.[2] 애플도 우여곡절 끝에 1999년에 발매한 아이맥(iMac)으로 겨우 궤도에 오르기 시작해 아이팟(iPod)으로 이익 극대화를 이루려고 했다. 페이스북은 멋진 서비스를 확립하고 사용자를 확대했지만 좀처럼 수익을 창출하지 못하고 있었다.[3]

---

2   Mullins and Komisar(2009).

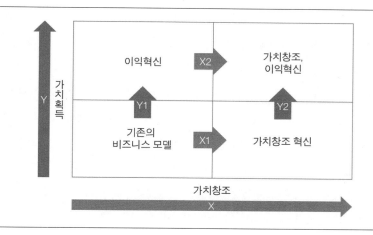

아마존은 전자상거래에서의 매력적인 쇼핑 체험이라는 가치창조 이면에서 늘어나는 연구개발비 때문에 오랫동안 적자가 이어져 존속이 우려되어 왔다.

이런 상황을 타파하고자 이들 기업은 가치획득 방법을 바꾸었다. 이익혁신에 도전한 것이다. 이 사실을 모르고 이들의 가치창조에만 주목해서 보는 기업이 많은 것으로 생각되나, 현재 주목을 받고 있는 기업들의 대부분은 가치창조에도 뛰어나지만 동시에 가치획득에도 심혈을 기울이고 있다. 반드시 이익혁신을 일으키고 있는 것이다.

이 사실을 설명하고 있는 것이 〈도표 1-8〉이다. 가로축(X)은 가치창조의 진화를, 세로축(Y)은 가치획득의 진화를 나타낸다. 예를 들어 어느 기업이 업계 표준적인 비즈니스 모델을 취하고 있다면 도표의 왼쪽 아래에 해당한다. 가치창조만을 과제로서 중시하고 있는 한, 대부분의 기업은 가로축의 오른쪽 방향

---

3   이 사실은 영화 〈소셜 네트워크〉에서 상세히 묘사되었다.

(X1)으로 혁신을 진행할 것이다. 즉, 그림에서 보면 가로축(X)을 오른쪽으로
(X1) 나아가도록 하는 것이다. 기업의 목적은 고객을 기쁘게 하는 것이기 때문
에 이는 무조건적 추진된다. 이는 지극히 자연스럽고 당연한 모습이다. 그리
하여 가치창조 혁신에 성공한 기업이 된다.

한편으로 현재 주목받고 있는 기업은 가치창조뿐 아니라 가치획득에서도
혁신을 일으키고 있는 GAFA와 같은 기업이다. 즉, 오른쪽 상단에 위치해 있는
기업이다. 이 자리로 가기 위해서는 두 개의 경로를 생각할 수 있다. 하나는 많
은 기업이 실행하고 있는 것처럼 가치창조 혁신을 실현한(X1) 다음, 더 많은 이
익을 얻기 위해 가치획득을 목표로(Y2)하는 경로다. 다른 하나는 현 상황에서
곧바로 이익혁신을 단행(Y1)하고, 그에 맞추어 가치창조를 만들어나가는 과정
에서 새로운 비즈니스를 찾아내는(X2) 경로다.

어느 쪽이든 양쪽의 혁신을 실현하는 '가치창조·이익혁신'에는 논리적으로
도달 가능하다. 하지만 가치창조를 우선시하는 경로에서는 곧바로 이익으로
이어지게 하는 것이 말처럼 쉬운 일이 아니다. 왜냐하면 마케팅 아이디어와
사고를 활용하거나 최첨단 기술 획득 및 공정 혁신에 힘쓰는 등 여러 시행착오
를 겪으면서 이것저것 노력을 지속해도 오른쪽 상단에 도달하는 기업은 극히
소수이기 때문이다. 더욱이 거기에서 많은 이익을 획득하는 방법을 생각하고
자 한다면 아득히 먼 여정이 될 수 있다.

또한 가치창조 혁신에 성공(X1)해도 애초에 이익을 염두에 두고 제품 설계
를 하는 것이 아니므로 가치획득의 변경(Y2)에 맞춰 제품이나 서비스를 재설
계해야만 한다. 시행착오 횟수가 많아지기 때문에 이익혁신은 어려워지고 결
과적으로 가치창조도 가치획득도 결실을 맺지 못한다.

이 경로에서는 시간도 돈도 노력도 많이 투입되어야 한다. 하지만 지금은
어느 기업이나 그렇게 느긋하게 있을 수 있는 상황이 아니다. 그 사이에 자금
을 소비해 버리고, 동시에 제품이 진부해질 위험이 있기 때문이다.

'이익의 그릇'이 어느 정도인가

현재와 같이 디지털이 당연한 시대면서 또한 코로나19와 같은 위기상황을 겪은 우리로서는 가치획득을 우선시하는 경로를 선택하는 것이 바람직하다. 처음부터 이익혁신을 목표로(Y1) 다양한 형태로 이익을 얻을 것을 상정하고, 그런 다음 가치창조 혁신을 실행(X2)하는 것이다. 즉, 지금 이상으로 이익을 내는 것을 생각하고 그에 따라 사업을 조직해 간다. 이익을 수확하는 그릇을 사전에 준비하는 것이다(〈도표 1-9〉).

하지만 이 방법에서도 결국은 가치창조 혁신이 필요해지고 그 점이 걸림돌이 되기도 하지만, 최초에 이익혁신을 우선적으로 추진한다면 가치창조에 대한 새로운 아이디어나 힌트를 얻을 수 있을 것이다. 또 이익에서 역산하기 때문에 막연히 암중모색(暗中摸索)하는 경우보다 가치창조 혁신의 방향성이 명확해진다.

기업은 가치창조와 가치획득 양쪽 모두 달성할 필요가 있다. 다시 말해 가치창조와 가치획득의 달성 순서와는 상관없다는 것이다. 그렇다면 이익혁신을 우선해도 아무 문제가 없다.

도표 1-9 ㅣ 이익의 그릇을 먼저 바꾼다

이익혁신이 가치창조 혁신을 유발한다

가치창조 혁신에는 아이디어나 기술적 한계, 자금 제약이 장애로 작용한다. 그것을 극복해 내는 것이야말로 가치창조지만 허들이 지나치게 높은 것은 사실이다. 가치창조 혁신은 매우 어렵다.

하지만 이익혁신을 선행함으로써 결과적으로 가치창조를 혁신할 계기를 마련할 수 있다. 평소와는 다른 과정을 겪어보면서 새로운 아이디어가 떠오르는 경우가 있을 텐데, 바로 그 다른 과정으로 어려운 가치창조 혁신을 간접적으로 일으키는 것이 가능하게 될지도 모른다.

가치창조에 계속 매진해 왔던 기업이라면 곧바로 이익혁신에 나서는 Y1의 시나리오에 저항감이 있을지도 모르겠다. 또한 정말 신빙성이 있는지 의심스럽기도 할 것이다. 그러나 실제로 이 혁신 시나리오를 받아들인 기업이 많다. 앞서 소개한 힐티, 사상 최대의 구독 성공 기업인 세일즈포스닷컴(Salesforce.com), 판매에서 구독으로 전환해 새로이 거듭난 어도비(Adobe), 2021년 3월 결산에서 순이익 1조 엔을 넘긴, 일본이 자랑하는 전자기업 소니(Sony) 등이다. 이들 기업은 획득 가능한 이익에 문제의식을 갖고 이익혁신을 중시한 기업이다.

과거 좋은 시대를 거치면서 오랫동안 고객가치와 이익을 내는 것에 최적화되어 온 제조기업과 유통기업에야말로 이익혁신이 가져올 영향이 크다.

5. 이익혁신에서 출발하는 비즈니스 혁신: 마블이 부활한 이유

이익혁신은 기업을 궁지에서 구하고 새로운 비즈니스 모델을 낳는다. 그것을 분명하게 보여주는 것이 마블의 부활 스토리다. 출판업계의 유서 깊은 기업이 경영 파탄을 겪으면서도 비즈니스 모델 그 자체를 크게 바꾸었을 때, 가치획득이 얼마나 중요한 역할을 했는지 배울 수 있다.

출판사에서 영화제작사로

현재 전 세계 영화의 흥행 수입 순위는 아메리칸코믹스(American Comics)의 독무대다. 개봉 당시 역대 1위였던 〈아바타〉(2009년)의 기록을 10년 만에 갈아치운 것이 약 28억 달러를 벌어들인 〈어벤져스: 엔드게임〉(2019년)이다. 2018년에 개봉한 〈어벤져스: 인피니티 워〉도 약 20억 달러로 5위까지 올라간 적이 있다. 이에 더해 〈어벤져스〉 시리즈 1편(15억 달러)과 2편(14억 달러), 그리고 세계관을 같이 하는 다른 시리즈 작품도 상위를 차지하고 있다.

이러한 작품들을 만들어낸 기업은 수많은 만화 캐릭터를 창조해 낸 마블(Marvel)이다. 그 빛나는 성과에 대해 단순히 작품의 좋고 나쁨에만 초점을 맞추면 본질을 잘못 볼 수밖에 없다. 수많은 곤경을 이겨낸 끝에 도달한 '비즈니스 모델'에야말로 성공의 본질이 있다. 마블이 비즈니스 모델에 임하는 방식을 보면 국가나 업종·업태를 넘어 모든 기업에 이익혁신에 대한 큰 깨달음을 준다.

이익혁신의 관점에서 보면 마블의 역사는 크게 세 단계로 나뉜다(〈도표 1-10〉). 출판을 중심으로 한 1단계, 라이선스 수익을 목표로 한 2단계, 영화 제작을 결정한 3단계다. 순서대로 보도록 하자.

1단계: 출판사로서의 고뇌

1939년 '타임리 코믹스(Timely Comics)'라는 이름의 만화책 출판사로 설립된 마블은 출판을 개시하고 일찌감치 성공을 거두었다. '책을 제작 및 판매해 이익을 얻는다'는 의미에서는 출판업계로서 아주 당연한 비즈니스였는데, 스파이더맨, 엑스맨을 비롯해 창의성 풍부한 캐릭터를 차례로 세상에 내보낸 덕분에

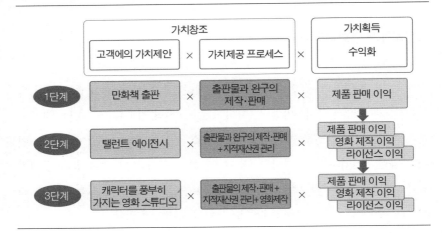

책이 엄청나게 팔려나갔다.

그러나 1970년대 후반부터 코믹스의 세계관을 무시한 실사화가 진행되면서 캐릭터의 가치를 지키지 못했고, 만화책 자체의 매출도 부진해 작가들을 경쟁사에 빼앗기는 등 회사는 존속의 위기를 맞는다. 결정적으로는 투자가이자 기업 회생가인 로널드 오언 페럴먼(Ronald Owen Perelman)이 회사를 인수한 뒤에 이런 일이 일어났다. 그는 코믹스 출판이라는 핵심 비즈니스를 전혀 이해하지 못한 채 책 가격을 대폭 올리거나 소매점에 직접 판매하는 등 안이하고 난폭한 가치획득에 나섰다. 그 결과 1997년 마블은 경영파탄에 빠지고 말았다.

18개월간의 관계자 협의를 거쳐 1998년 10월, 관계사였던 장난감 회사 토이비즈(Toy Biz)의 오너 아이작 펄머터(Isaac Perlmutter)와 아비 아라드(Avi Arad)가 마블을 차지했다. 여기서부터 만화책 출판사라는 껍데기를 깨기 위한 마블의 비즈니스 대전환이 시작되었다.

2단계: 이익혁신으로 재건

펄머터는 1999년 7월 저명한 기업 회생가인 피터 쿠네오(Peter Cuneo)를 CEO 로 맞았다. 전통적인 출판사의 가치획득은 재고 부담도 높은데다 마진이 낮아 서 웬만한 매출로는 거의 이익이 나지 않는다. 쿠네오는 일단 마블을 이익을 낼 수 있는 체질로 만들기 위해 이익혁신에 힘썼다.

현재 가지고 있는 자산을 이용해 많은 이익을 내려면 어떻게 해야 할까? 쿠 네오는 마블 캐릭터를 IP(intellectual property rights, 지적재산권)로 활용하는 라이 선스 사업을 생각해 냈다. 마블이 보유하고 있는 캐릭터는 4700개 이상이었기 때문에 이른바 마블 캐릭터들을 위한 '탤런트 에이전시'(소속사)를 만들겠다고 생각한 것이다. 그리고 캐릭터의 특성을 손상시키지 않으면서 할리우드의 메 이저 스튜디오를 통해 영화화하고 그것을 출판사업이나 완구사업으로 파급시 키는 가치창조를 계획했다.

쿠네오는 적극적으로 이 계획을 실행했다. 그 결과 〈엑스맨〉이 20세기 폭스 (현 20세기 스튜디오)에서, 〈스파이더맨〉이 소니픽처스에서, 그리고 〈헐크〉가 유니버설픽처스에서 영화화되었다. 영화의 흥행 여부와 상관없이 마블은 많 은 라이선스 수익을 얻을 수 있었다. 특히 〈스파이더맨〉 시리즈는 현저한 성 과를 거두었다. 2002년과 2004년 마블의 영업이익의 절반은 〈스파이더맨〉이 기여했다. 영화 개봉이 없던 2003년조차 영업이익의 3분의 1이 〈스파이더맨〉 에 의한 것이었다. 2004년에는 드디어 부채를 털어내고 흑자전환을 하면서 건 전한 기업이 되었다.

라이선스 사업은 가치획득으로서 이상적이었다. 저작권료가 선불로 지불되 었고 흥행수입에 따라 몇 퍼센트의 로열티도 들어오기 때문이다. 이 비즈니스 는 재건기의 마블을 건전화하는 데 큰 도움을 주었다.

3단계: 새로운 이익혁신으로

건전한 재무 체질을 얻은 마블은 더 큰 가치획득을 위해 직접 영화를 제작하는 쪽으로 방향을 돌렸다. 일반적으로 영화 제작은 흥행에 성공하면 막대한 수익을 얻을 수 있지만, 투자 규모가 커서 그 자체만으로도 위험 부담이 큰 비즈니스다. 그 때문에 진입장벽이 매우 높지만, 마블은 그동안 메이저 영화사들과의 협업을 통해 영화 제작의 위험 요소들을 제대로 판별할 수 있었다.

마블이 독자적으로 영화를 만들기로 한 이유 중 하나로 영화에서 얻는 흥행 수입에 비해 라이선스로 얻는 이익의 비중이 작다는 것을 들 수 있다. 캐릭터의 중요성을 깨달은 마블은 이대로 라이선스 비즈니스를 계속해 캐릭터를 닳게 하는 것보다는 자신들의 손으로 다시 한 번 캐릭터의 가치를 높이고 그에 걸맞은 형태로 가치획득을 하는 것이 앞으로의 마블의 존재 의의를 보았을 때 옳은 길이라고 판단했다.

이는 지금까지의 가치획득에 영화 제작으로 창출되는 이익까지 더해 리스크를 지고 확보한다는 것이다. 그리고 그것은 캐릭터들의 '소속사'에서 '영화 제작 스튜디오'로 가치창조를 쇄신하는, 즉 가치창조 혁신을 추진하는 과정으로 이어졌다. 마블은 라이선스 관리를 위해서 두었던 '마블 스튜디오'라는, 이름뿐이던 사무실을 영화를 제작하는 독립 스튜디오로 개조했다. 그리고 증권회사인 메릴린치(Merrill Lynch)로부터 5.3억 달러를 낮은 이자로 빌리는 데 성공했고, 그것을 밑천으로 제작한 것이 실사판 〈아이언맨〉이다.

사실 〈아이언맨〉은 스파이더맨과 엑스맨이 다른 제작사와 영속적인 라이선스 계약이 되어 있어서 어쩔 수 없이 쓴 것이다. 주연으로는 할리우드 배우 중에서도 연기력은 있지만 문제아로 알려져 있던 로버트 다우니 주니어(Robert Downey Jr.)를 기용했다.

이 캐스팅은 세상을 놀라게 했다. 당시 마블은 영화사로는 새내기이다 보니 출연료가 높은 배우를 기용하기 힘든 입장이었다. 또 대개는 법률 준수 관점에서 이미지가 나쁜 배우는 기용하지 않았다. 하지만 마블은 코믹스의 세계관을 만들어낸 크리에이터들의 생각을 존중했다. 다우니의 남의 말을 듣지 않는, 불량스러운 이미지가 주인공인 토니 스타크의 캐릭터에 딱 맞아떨어진다는 그들의 의견에 따른 결단이었다.

캐릭터의 인지도가 높지 않고 인기 배우나 인기 감독의 작품이 아니라는 걱정이 무색하게, 코믹스의 세계관에 따라 정성스럽게 만들어진 〈아이언맨〉은 개봉 당시 전미 흥행 수입 1위를 기록하고, 전 세계 흥행 수입으로는 최종적으로 약 5.9억 달러를 벌어들이는 대흥행작이 되었다. 이는 유명 배우나 감독으로 흥행작을 만들려는 할리우드 메이저 영화사의 방식이 아니라 '캐릭터 우선 영화 제작'이라는 마블의 가치창조가 가져온 성과였다. 그 가치창조가 얼마나 견고하고 유효한지는 계속되는 작품 〈인크레더블 헐크〉(〈아이언맨〉과 동시 기획), 〈토르: 천둥의 신〉, 〈퍼스트 어벤저〉로 증명되었다. 게다가 이들은 개별 작품이면서도 같은 세계관을 공유하고 있으며, 마지막에는 영화 〈어벤져스〉에서 하나로 집약할 수 있게 설계되었다. 그야말로 '마블 시네마틱 유니버스(Marble Cinematic Universe: MCU, 마블 스튜디오에서 제작하는 슈퍼히어로물의 세계관)'이다.

일관성을 갖는 세계관은 캐릭터를 중심에 둔 영화 제작 회사라는 가치창조이기에 실현할 수 있었던 것이다. 그렇게 해서 탄생한 작품들이 지금도 여전히 팬들을 매료하고 있다.

이익혁신과 가치창조 혁신의 선순환

마블의 성과는 매출과 영업이익 등 실제 수치로도 명확하게 확인할 수 있다(〈도표 1-11〉). 우선 2단계에서 라이선스에 의한 가치획득으로 재건에 도전했을 때

도표 1-11 | 각 단계를 뒷받침한 마블의 이익 구조 변화

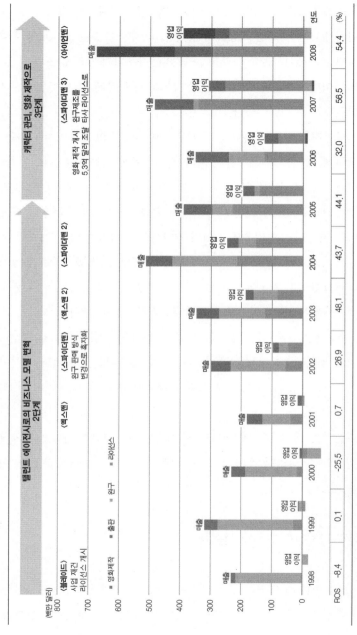

주: 표 중 작품의 〈아이언맨〉 이외는 라이선스 제작임.
자료: *Marvel Enterprises annual report* 각년도분에서 작성.

를 보자. 1998년 재건 당시, 매출액 약 2억 달러에 영업적자였던 회사는 6년 후 2004년에는 매출액이 5억 달러를 넘고 영업이익은 2.5억 달러를 달성했으며, ROS(매출액 영업이익률)는 40%를 넘기는 초우량 기업이 되었음을 알 수 있다.

이때 라이선스 비즈니스로 가치획득에 성공해 이익기반이 안정화되었지만 마블은 걸음을 멈추지 않았다. 거기서 얻은 이익수준에 안이하게 기대지 않고, 더 큰 가치획득을 목표로 영화제작사를 추진하는 3단계로 이행한 것이다.

새로운 비즈니스 모델에서 태어난 〈아이언맨〉의 성공으로 2008년 마블은 역대 최고 매출액인 약 6.8억 달러에 사상 최고의 이익인 약 3.8억 달러를 실현했다. 가치획득 방법의 진화에 따라 가치창조도 최적화되고, 최종적으로 비즈니스 모델도 크게 바뀐 것이다.

〈도표 1-11〉에서는 수익 구성과 이익 구성을 크게 바꾸면서 이익 구조를 지속적으로 갱신하고 있는 것을 볼 수 있다. 3단계에서 영화 제작이 실현될 무렵에는 ROS의 수준을 더욱 높여 2년 연속으로 50%를 넘겼다.

한편 3단계가 성과를 보이기 시작한 2009년, 세계를 놀라게 할 뉴스가 발표되었다. 디즈니가 마블을 42억 달러에 인수한 것이다. 경영파탄으로 힘들어하던 오래된 만화책 출판사는 어느새 세계적인 메이저 영화사의 일원이 되었고, 이제는 영화계의 큰 기둥 중 하나가 되어 영화의 역사를 바꿀 정도의 영향력을 가지게 되었다.

마블의 빛나는 혁신은 곤경 속에서 비즈니스 모델을 잘 만들어내는 것이 얼마나 중요한지를 가르쳐준다. 어느 기업이나 곤경에 처했을 때는 자금 사정이 무엇보다 중요시되며, 그래서 이익혁신을 가장 우선적으로 시작해야 한다. 단, 이익혁신을 주축에 두면서도 그에 맞게 가치창조를 혁신하는 것도 잊어서는 안 된다. 가치창조와 가치획득이라는 두 가지 요소는 상호 의존적인 관계로 비즈니스를 구성한다. 어느 한쪽이 압도적으로 뛰어나다고 해서 '고객을 기쁘게 하면서 이익을 낸다'는 비즈니스의 목적을 실현할 수 있는 게 아니다.

혁신의 경로

여기에서 논한 마블의 비즈니스 모델 변화를 가치획득과 가치창조에서 따라가 본 것이 〈도표 1-12〉다. 마블과 같은 창의적인 기업은 가치창조 혁신으로 비즈니스를 전개했을 것이라고 생각하기 쉽지만, 의외로 이익혁신이 큰 도약의 계기가 되었다(1단계에서의 혁신). 당연한 말이지만, 창작 의욕이나 능력이 있는 기업이라도 가치획득이 잘 되지 않으면 자금 면에서 힘들어진다. 그래서 우선은 가치획득을 통해 창작 활동이 가능하도록 회사를 정상적으로 만들어 놓을 필요가 있다. 그다음 그에 맞게 가치창조가 업데이트되면 새로운 비즈니스 모델로 거듭날 수 있다.

마블은 거기서 만족하지 않고 영화라는 표현의 장을 얻었고, 새로워진 가치창조를 더욱 활용하기 위해서 한층 더 이익혁신에 나섰다. 그리고 거기에 맞추어 가치창조를 혁신해 세계를 대표하는 영화 제작 스튜디오를 만들어냈다(2단계에서의 혁신). 라이벌인 DC코믹스가 영화계에서 마블만큼 성공을 거두지 못하고 있는 것과는 대조적이다. DC코믹스는 실사의 세계관을 통일하지 못하고,

도표 1-12 | 마블의 이익혁신

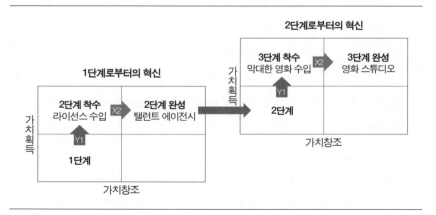

그럭저럭 볼 만한 수준의 흥행작밖에 내지 못했다. 가치획득이 정착하지 못하고 가치창조도 큰 전개를 보이지 못하는 답보 상태를 반복하고 있는 것이다.

순조롭게 이익이 들어오는 상황에 안주해 버리면 가치창조를 변혁하려는 의지가 약해지기 쉽다. 그러한 상황에 안주하면 기업은 천천히 무너져갈 것이다. 마블의 사례는 가치획득을 통해 비즈니스 모델을 바꾸는 것이 얼마나 유효한지를 가르쳐준다. 이는 결코 특수한 사례가 아니며, 모든 제조기업과 유통기업에서도 가능하다는 중요한 깨달음을 제공해 준다.

6. 이익혁신의 세계에 오신 것을 환영합니다

기업은 가치창조뿐만 아니라 가치획득의 혁신을 통해 지금보다 더 고객을 기쁘게 하고 더 많은 이익을 낼 수 있다. 특히 가치창조에만 초점을 맞추어 가치창조 혁신만을 고민하던 기업이 가치획득으로 눈을 돌려서 시야를 넓히면 경쟁사와는 다른 사업을 전개할 수 있다.

가치창조의 멘털블록

지금까지 이익혁신의 중요성에 대해 설명했다. 오해받을 것을 감수하고 말한다면, 일본의 제조기업과 유통기업은 지금까지 가치획득을 소홀히 한 채 혁신을 추진해 왔다고 할 수 있다.

왜 지금까지 많은 기업이 가치창조에서만 혁신과 비즈니스 모델을 논해왔을까? 그것은 바로 가치창조에 의한 성공 경험이 그렇게 만들었기 때문이다. 제조나 판매로 번영해 온 일본 기업은 가치창조의 틀을 만드는 것에 능숙하고, 그 덕분에 히트 상품을 연발해 왔다. 그리고 1980년대 거품경제와 맞물려 엄청난 이익을 획득했다. 또한 일본은 자본비용이 낮아 이익을 내기 쉬운 환경이었다. 그래서 가치창조만으로도 어렵지 않게 이익을 창출할 수 있었다. 기업이 생각하는 대로 사업 활동을 해도 이익이 남는 체질이었고, 그 시기는 한동안 지속되었다. 반짝반짝 빛나는 영광의 시기였으며, 일본 기업이 전 세계를 석권한 시기이기도 했다.

그 결과 가치창조만 열심히 하면 이익은 반드시 따라온다는 근거 없는 신념만이 남았다. 특히 일본 기업은 제조와 판매에서 겪은 지난날의 성공 경험으로 인해 더욱 가치창조에 집중했다. 이것을 '가치창조의 멘털블록(mental block)'이라고 부르고자 한다. 가치창조의 멘털블록은 비즈니스를 가치창조만으로 완결시키고 '뒤따라오는 이익'에 아무런 의심도 가지지 않는 것을 가리킨다.

물론 이렇게 얻는 이익도 이익임에는 틀림없지만, 가치창조의 틀에서 한발 더 나아가 가치획득에 눈을 돌리면 이익을 창출하는 방법이 얼마든지 더 있다는 것을 알게 된다. 이를 알고 있음에도 그 한 발짝을 더 내딛을 수 없는 것은 성공 경험이 가져온 멘털블록 때문이라고 생각한다.

가치창조의 멘털블록은 모순적이게도 자유로운 가치창조 활동을 제한했다. 일본의 제조기업이나 유통기업 중 대다수는 이익을 신경 쓰면서도 고객의 지불의욕과 비용의 좁다란 틈 사이에서 어떻게 가치창조를 최대화할 수 있을지를 생각해 왔다. 그러나 그 외에도 이익을 창출할 수 있는 다양한 방법이, 실은 가치획득의 구조 안에 숨겨져 있다는 것을 꼭 알았으면 한다.

가치획득은 기업이 사업 활동에서 이익을 얻는 것이다. 즉, 이익 자체를 만들어내는 것이 주된 활동이다. 거기에 중점을 두고 새로운 가치창조와 새로운 비즈니스 모델로 지금 수준 이상의 이익을 획득한 기업이 실제로 존재한다는 사실은 지금까지 설명한 바와 같다.

이익혁신은 자사의 가치창조를 더욱 날카롭게 해주는 기능이 있다. 이익을 더 내려면 현재의 고객 외에 누구에게 과금하는 것이 좋을까, 반드시 고객일 필요는 없어도 되지 않을까, 주요 제품이 아닌 다른 것에서 과금하면 되지 않을까, 지금 자사에서 과금할 수 있는 것은 무엇일까, 시간을 들여 이익을 얻고 싶은데 그러기 위해서는 현재의 체제로 충분한가 등 이익혁신은 새로운 각도에서 의문을 던지게 한다. 이익혁신의 관점을 구사해 비즈니스 모델을 구축하면 더욱 자유로운 발상으로 가치창조를 할 수 있다.

이익혁신은 진출 가능한 비즈니스의 선택지를 크게 넓혀준다. 지금까지 자원봉사라고만 생각하고 있던 활동도 이익혁신의 관점에서 보면 새로운 비즈니스가 될 수 있다.

이익에 연연해야 하는 이유

이 책에서는 새로운 이익창출에 대해 이야기하면서, 지금까지의 가치획득의 개념으로는 완전히 포함되지 않는 다양한 수익원에 착목해 이익을 내는 '수익화'를 설명하고 있다.

수익화라고 하면 수익, 즉 '매출을 만드는 것'을 떠올리는 사람이 많다. 하지만 이 책에서는 철저하게 '이익을 만드는 것'에 초점을 맞추고 있기 때문에 수익화와 구별해 '이익화(profiting)'라는 용어를 쓰고자 한다.[4] 〈도표 1-13〉은 수익화와 이익화가 지닌 의미의 차이를 나타낸 것이다.

수익화에서는 어떻게 매출을 만들지를 과제로 하는데, 이익화에서는 이익

---

[4] 실제로 '수익모델'이라고 하는 것의 내용을 보면 이 책에서 말하는 이익창출 방법을 가리키는 경우가 많아 명백한 모순을 불러 일으키고 있다. 그도 그럴 것이 일본에서는 '수익모델'로 번역되지만, 그 원어는 'profit model'(McGrath and MacMillan, 2000; Itami and Nishino, 2010, 'profit mechanism'(Gassman et al., 2014), 'earning logic'(Mc Grath and Mac Millan, 2000)이며, 이들은 수익(revenue)이 아니라 분명히 '이익'을 주제로 하고 있다. 그것을 '수익'으로 번역해 버려 이익을 향한 초점이 흐려진 것이다.

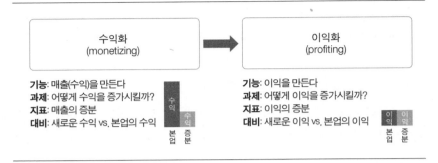

을 과제로 한다. 언뜻 보기에 차이가 없어 보이지만, 새로운 수익원을 매출로 보느냐 이익으로 보느냐는 큰 차이가 있다. 가장 두드러진 차이는 본업에 대한 영향력을 측정할 때 실감할 수 있다.

수익화를 논할 때는 아무래도 매출을 보게 된다. 그 증거로 수익원이 다수 존재할 때 반드시 '매출 구성비'를 본다는 사실이 있다. 하지만 그렇게 보면 판단 오류를 범하게 된다. 수익원을 다양화했다고 해도 본업의 매출과 비교하고 나면 아무래도 다른 수익원의 매출이 사소하게 보일 수 있다. 예를 들어 본업의 매출이 100억 엔, 다른 수익원의 매출이 2억 엔 정도라고 하면, 매출 비율로 보면 50 대 1이다. 대단한 액수가 아니라고 간과해 버릴 수 있겠지만 이는 성급한 판단이다. 실제로 그렇게 놓쳐버린 수익원은 기업 내에 많이 있을 것이다.

이 수익원을 '이익 구성비'로 보면 이야기가 달라진다. 매출 100억 엔인 본업은 영업이익률이 5%이고 다른 수익원은 비용이 거의 들지 않아 매출 2억 엔이 고스란히 이익으로 남는다면 어떨까? 금액으로 보면 5억 엔(100억 엔×5%) 대 2억 엔(2억 엔×100%), 영업이익으로 보면 다른 수익원은 본업의 40%(2억 엔 ÷5억 엔)나 된다. 매우 큰 영향력이다.

만일 본업이 2억 엔의 손실을 내면 이익 구성으로는 '(−)2억 엔' 대 '(+)2억 엔'

이 되어, 본업의 손실을 회복시킬 정도의 힘을 갖는다. 이익으로 보면 완전히 인상이 바뀐다. 이와 같이 이익의 중요성은 수익(매출)만으로 보면 간과되고 만다. 그 수익원을 이익의 관점에서 체크해 봐야만 그제야 처음으로 정당한 판단을 내릴 수 있다.

이처럼 이익을 과제로 두는 일은 다양한 수익원의 이익을 합해 최종적으로 많은 이익을 창출하는 구조를 만드는 것을 목적으로 하기 때문에 수익화보다는 굳이 '이익화'라는 명칭을 쓰기로 한다.

한편 이익에는 여러 가지가 있다. 회계상의 이익만 해도 다섯 가지가 있고,[5] 그 점에서도 혼란을 초래하기 쉽지만, 이 책에서는 기본적으로 영업이익을 베이스로 한 사업이익을 '이익'이라고 보고 이야기를 진행하겠다.

이익혁신으로 비즈니스 모델을 바꾸다

이 책은 이익혁신을 시작으로, 가치창조 혁신을 거쳐 최종적으로 비즈니스의 양상 그 자체를 바꾸는 방법에 대해 설명한다. 〈도표 1-14〉는 이 책의 전반적인 내용과 그 흐름을 도식화한 것이다.

2장에서는 이익혁신이 기업에 어떤 영향을 주는지를 볼 것이다. 여기에서는 실제로 가치획득을 구사하는 기업이 어떻게 다양한 수익원을 활용해 비즈니스를 전개하고 있는지, 실제 재무적 수치를 보면서 그 진실에 다가간다.

3장에서는 새로운 가치획득 방법에는 어떤 것들이 있는지, 대표적인 30가지의 가치획득을 볼 것이다.

---

5   회계상의 이익에는 매출총이익, 영업이익, 경상이익, 세전이익, 당기순이익이 있다. 일본 기업이 가장 중시해 온 것은 이자비용을 공제한 경상이익이다. 이는 전통적으로 일본 기업의 대부분이 차입금으로 성장해 온 데 따른 것이다.

도표 1-14 | 이익혁신에 의한 새로운 비즈니스 모델 구축

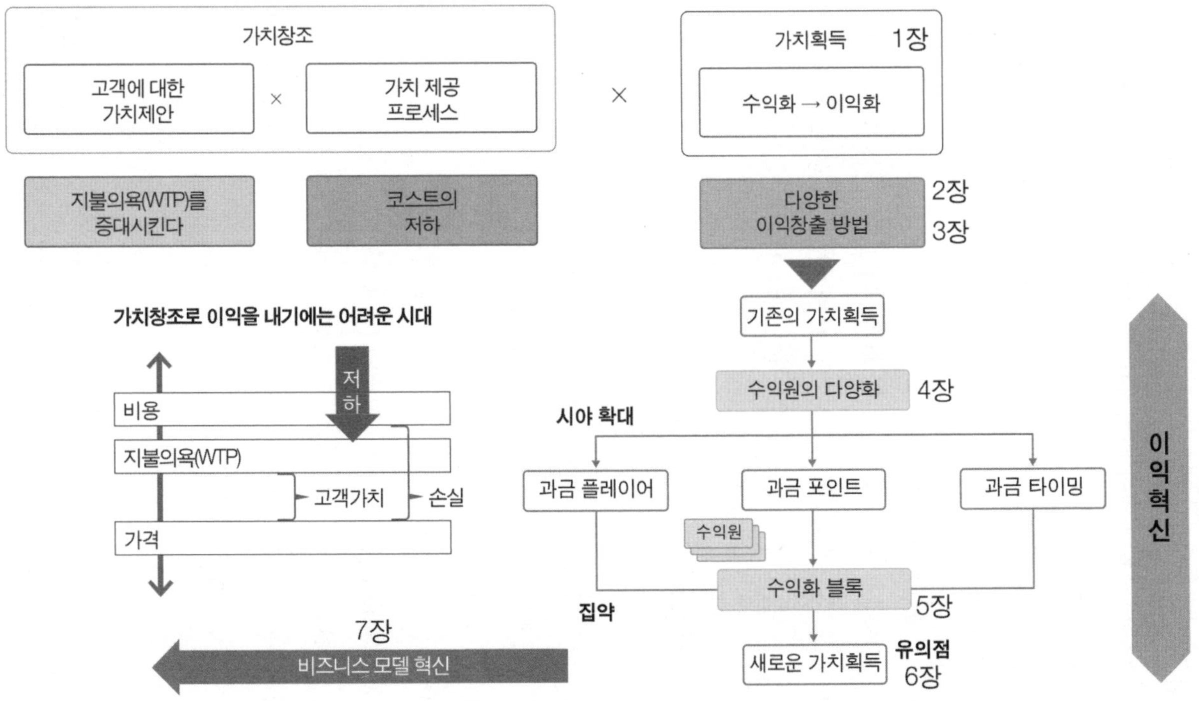

가치창조

고객에 대한 가치제안 × 가치 제공 프로세스

지불의욕(WTP)를 증대시킨다   코스트의 저하

×

가치획득   1장

수익화 → 이익화

다양한 이익창출 방법   2장
                      3장

기존의 가치획득   4장

수익원의 다양화

과금 플레이어   과금 포인트   과금 타이밍

수익원

시야 확대

집약

수익화 블록   5장   **유의점**

새로운 가치획득   6장

이익혁신

이익의 파탄

가치창조로 이익을 내기에는 어려운 시대

저하

비용   지불의욕(WTP)

고객가치   손실

가격

비즈니스 모델 혁신   7장

4장에서는 이익혁신을 실행할 때 전제가 되는 구체적인 개념을 설명한다. 그것이 이 책의 핵심이기도 한 '수익원의 다양화'다. 우선은 어떤 수익원이 있는지 정리해 보기 위해 과금 포인트, 과금 플레이어, 과금 타이밍이라는 구성 요소로 나누어 살펴본다. 이익화를 문제로 하면서 굳이 '수익'을 살펴보는 데는 이유가 있다. 이익은 잘 보이지 않기 때문이다. 그렇기 때문에 매출과 가격이라고 하는, 눈에 잘 보이는 수익 부분부터 착수하기는 하지만 어디까지나 목적은 이익을 크게 하는 것이다. 이와 같은 관점을 가지고 개념과 구성 요소에 대해 밝힌다.

5장에서는 4장에서 밝혀낸 과금 포인트, 과금 플레이어, 과금 타이밍 각각에서 이익을 창출하는 방법과 또 그것을 어떻게 조합할지에 대해 상세히 설명한다. 이익혁신이 결실을 맺기 위해서는 일정한 체계 아래에서 이들을 조합해 만들어낼 필요가 있다. 이를 보여주는 이익로직을 통해 어떻게 '체계적인 이익화'가 가능한지에 대해서 보도록 하겠다.

6장에서는 제조기업이나 유통기업이 가장 쉽게 착수할 수 있는 가치획득인 '구독'에 대해 다루고, 그 상위 개념인 '리커링 모델'(지속수익모델)도 함께 소개한 다음, 이 가치획득을 어떻게 활용할지를 이야기한다.

마지막으로 7장에서는 수익원의 다양화와 이익화라는 일련의 이익혁신을 구사해 비즈니스 모델 전체의 변모를 수행할 때의 주의점과 필요조건에 대해 알아본다.

이 책을 끝까지 읽으면 어떤 기업이라도 가치획득이 중요하다는 것을 이해할 수 있을 것이다. 지금까지의 가치창조 방식을 바꾸고자 하는 기업도, 또는 이미 몇 번인가 가치창조의 변혁에 도전해 왔던 기업도, 가치획득의 관점에 따라 전혀 다른 각도에서 비즈니스 모델 전체의 혁신을 추진하고 보다 큰 이익을 실현할 수 있다.

새로운 혁신의 시각을 가지면 지금까지 비즈니스를 보아왔던 방식이 완전

히 바뀌기도 한다. 어쩌면 당신의 기업은 이미 많은 수익원을 가지고 있음에
도 불구하고 그냥 지나쳤을지도 모른다. 이익혁신의 계기가 있는데 방치해 왔
을지도 모른다. 이제 그것들이 보일 것이다.

비즈니스 모델의 변화에는 끝이 없다. 가치획득을 자신의 편으로 만들면,
어떤 기업이라도 보다 역동적인 비즈니스 모델을 설계하고 새로운 가치창조
를 할 수 있다.

2장
이익혁신의
선진 사례

포인트

- 혁신기업이 구사하는 가치획득이란?
- 이익창출 방법을 숫자로 좇아갔을 때 보이는 것
- 제조기업이나 유통기업에서도 이익혁신이 가능할까?

키워드

- 가치획득
- 제품 판매
- 서비스
- 구독
- 탄소배출권

여기서는 이익혁신으로 성과를 내고 있는 다섯 개의 기업을 보도록 하자. 이들 기업은 가치창조에서 혁신을 일으킨 것으로 유명하지만, 사실 가치획득 방법이 독특하다. 업계의 상식에 전혀 구애받지 않고 가치획득을 구사해 이익혁신을 일으킨 것이다.

그러므로 실제 재무 데이터를 살펴보면서 어떤 형태로 이익혁신을 실현하고 있는지 보도록 하겠다.

1. 이익혁신에 성공한 기업들

오늘날 우리는 맥 컴퓨터나 아이폰 등 애플의 제품으로 일을 하고 아마존에서 쇼핑을 한다. 두 회사가 없는 생활을 생각할 수 없다는 사람이 많을 것이다. 바야흐로 애플이나 아마존이 지금의 제조·판매에서 가치창조의 표준을 만들어가고 있다고 해도 과언이 아니다.

현 단계에서 다른 기업이 여기에 끼어들기는 쉽지 않다. 왜냐하면 애플이나 아마존은 이러한 정도의 가치창조를, 이익을 제대로 내면서 실현하고 있기 때문이다.

이러한 방정식은 전통적인 제조업인 자동차 산업과 전통 유통업에도 흘러들어 오고 있다.

테크놀로지 기업으로서 전기자동차를 매력적으로 만들어 조기에 포지션을 획득한 곳이 바로 테슬라이다. 테슬라는 단순히 전기자동차를 제안하는 것에 그치지 않고 스포츠카로서의 성능이나 자율주행이라는 최첨단 기술로 사람들을 매료한다. 하지만 테슬라는 신흥 자동차회사라는 점도 작용해서인지 2019년도까지 계속 적자를 기록했음에도 불구하고 장래에 흑자로 전환될 때는 업계에서 독주를 할 것으로 자본시장은 판단했다. 테슬라의 주식 시가총액이 도요타를 넘어 1위에 오른 것은 그러한 사실을 여실히 드러내고 있다.

코스트코는 창고 같은 매장, 저렴한 가격, '코스트코 사이즈'라 불리는 대용량 상품으로 쇼핑의 장을 제공하고 있다. 코스트코는 모두 교외에 있고, 고객은 대량 구입을 위해 차를 타고 매장에 오기 때문에 기존의 상점가 등은 대항하려고 해도 할 수 없다. 코스트코의 가치창조가 대단하다는 것을 알고 있어도, 가치획득 방식이 전통 유통업과는 전혀 다르므로 똑같이 이익을 낼 수 없기 때문이다.

엔터테인먼트라고 하는, 제조업이라고 부를 수도 있고 유통업이라고 부를 수도 있는 업계에서 가치획득에 큰 변화를 몰고 온 기업은 넷플릭스다. 넷플릭스는 정액제 구독자가 가져다주는 안정적인 이익을 통해 새로운 가치창조를 실현하고 있다. 실제 할리우드 영화업계도 전전긍긍하고 있다. 아카데미상에서조차 넷플릭스 작품이 수상 후보작으로 오르는 것은 예삿일이고, 실제로 수많은 주요 상을 수상하기도 했기 때문이다.

이들 기업은 가치창조도 훌륭하지만, 사실은 그들만의 독특한 가치획득으로 혁신에 성공한 경우다. 〈도표 2-1〉에서 보면 오른쪽 상단의 '가치창조·이익혁신'에 성공한 기업인 것이다. 이들은 세로축의 가치획득(Y)로 어떤 것이 가능한지를 생각하고, 가치창조를 추진하면서도 업계 상식에 구애받지 않는 형태로 이익을 내거나(Y2) 혹은 설립 때부터 업계 경쟁사가 일반적으로 채용하는 이익화 방법을 쓰지 않고 업계에 이익혁신을 일으키는 새로운 비즈니스로서 등장하고 있다(Y1).

혁신적인 가치창조를 추진하고자 하면 가로축(X)에 집중한다. 그런 기업일수록 다른 각도로 시야를 넓힌다. 즉, 세로축(Y)으로 눈을 돌려 새로운 가치획득 방법이 없는지를 모색한다. 바로 이익혁신에 도전하는 것이다.

도표 2-1 Ι 어느 쪽이든 이익혁신이 중요하다

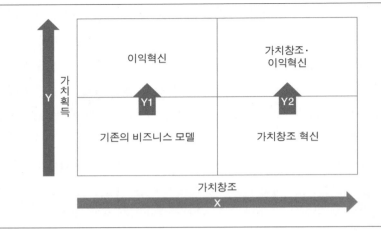

2. 혁신적인 기업은 가치획득도 혁신적이다

이제 애플, 아마존, 테슬라, 코스트코, 그리고 넷플릭스의 5개사를 통해 이익 혁신이 어떻게 수치로 나타나는지 보도록 하자.

애플: 두드러지는 '제품'과 '서비스'로 가치획득

애플은 제조부문이 없는 무설비(팹리스) 생산 방식을 취하고 있다. 외주생산이 므로 제품 제작에 비용이 많이 들기 때문에 판매 규모를 키워서 조금이라도 비 용을 낮추거나 판매가를 높이지 않으면 이익이 나지 않는다. 하지만 일반 스 마트폰 가격이 1000달러를 넘는다면 전혀 팔리지 않겠지만, 애플의 아이폰은 팔린다. 브랜드 가치를 높여 고객의 지불의욕을 높여왔기 때문이다. 그와 동

도표 2-2 | 애플의 매출구성비(단위: 백만 달러)

	2018년 9월 말 결산	2019년 9월 말 결산	2020년 9월 말 결산
수익(매출액)			
아이폰	164,888	142,381	137,781
맥	25,195	25,740	28,622
아이패드	18,380	21,280	23,724
웨어러블, 홈 & 앱의 액세서리	17,381	24,482	30,620
서비스	39,748	46,291	53,768
매출액 합계	265,595	260,174	274,515

자료: *Apple Form 10-k annual report* (2020)에 근거해 작성함.

시에 전 세계에서의 대량판매로 비용을 낮추고 가치창조를 성립시켜 왔다.

다만 애플이라고 해도 여기서 한층 더 이익을 얻는 것은 쉽지 않다. 제조기업이라면 이익을 늘리기 위해 가격을 좀 더 올리고 싶겠지만, 이미 고가인 애플 제품은 더 이상 가격을 인상할 수 없다. 그래도 여전히 이익을 증가시키고자 한다면 어떻게 해야 할까?

답은 애플의 연차 보고서에 있다. 애플은 2020년 9월 결산기에 약 2745억 달러의 매출을 기록했다.[1] 그중 절반 이상은 아이폰(1378억 달러)에 의한 것으로, 애플의 매출에 가장 크게 공헌하고 있다는 것을 알 수 있다. 그다음으로 매출에 공헌을 하고 있는 것은 놀랍게도 제품이 아니라 '서비스'다.

이것은 아이튠즈 및 앱스토어에서의 애플리케이션 매출에 아이클라우드 (iCloud), 애플뮤직(Apple Music) 등의 구독 서비스를 합한 것이다. 그 비중은 해마다 증가해 지금은 맥 컴퓨터의 매출(286억 달러)을 넘는다. 맥과 아이패드(iPad)를 합산해도 여전히 이를 웃도는 538억 달러를 벌어들이고 있는 것이다(〈도표 2-2〉).

---

1   이 장에서는 이후 0.1억 달러를 반올림해 표기하기 때문에 '약'은 생략한다.

도표 2-3 ㅣ 애플의 손익계산서(단위: 백만 달러)

	2018년 9월 말 결산	2019년 9월 말 결산	2020년 9월 말 결산
수익(매출액)			
제품(프로덕트)	225,847	213,883	220,747
서비스	39,748	49,291	53,768
매출액 합계	265,595	260,174	274,515
매출원가			
제품(프로덕트)	148,164	144,996	151,286
서비스	15,592	16,786	18,273
매출원가 합계	163,756	161,782	169,559
매출총이익	101,839	98,392	104,956
영업비용			
연구개발비	14,236	16,217	18,752
판매비 및 일반관리비	16,705	18,245	19,916
영업비용 합계	30,941	34,462	38,668
영업이익	70,898	63,930	66,288

자료: *Apple Form 10-k annual report* (2020)에 근거해 작성함.

그러면 이익은 어떠한가? 2020년 손익계산서를 보자(〈도표 2-3〉). 손익계산서에서는 제품과 서비스 각각의 비용을 알 수 있기 때문에 이익에 대한 영향력이 보인다. 2020년 결산에서 제품은 매출액 2207억 달러에 매출원가 1513억 달러로, 매출총이익은 694억 달러고 매출총이익률은 31.5%다. 고가의 디지털 기기를 구입하도록 하기 위해서는 아무리 고객의 지불의욕을 높인다고 하더라도 매출원가는 높아질 수밖에 없으므로, 매출총이익 수준은 평범한 수치가 되었다.

한편 서비스는 매출액이 538억 달러, 매출원가가 183억 달러, 매출총이익률은 무려 66.0%나 된다. 게다가 유통은 온라인뿐이며 영업비용도 실물을 수반

하는 제품에 비하면 거의 들지 않는다. 그 덕분에 제품과 서비스를 합친 애플 전체의 이익률은 최종적으로 38.2%까지 높아졌다. 서비스로부터의 이익에 의해서 전체 이익을 끌어올리는 가치획득을 실행하고 있는 것이다. 그 결과 제 경비를 차감한 영업이익률은 24.2%를 달성했다. 이처럼 애플은 제품 판매와 서비스의 양쪽을 일체화해 이익을 높이는 것에 성공했다.

가치창조 혁신의 성공 사례로 소개되는 경우가 많은 애플이지만, 제품을 팔아서 얻는 이익만으로는 불안하다고 느꼈을 것이다. 아이폰 매출 규모가 크기 때문에 언뜻 고민이 없어 보이지만 애플 나름의 답답함이 있었을 것이다. 이대로 계속 제품을 만든다 해도 언젠가 가치창조는 막히고 동시에 가치획득도 한계에 이르는 것은 아닐까 하면서 말이다. 그것이 애플을 움직였다. 서비스 부분을 확대해 아이폰을 비롯한 제품과 서비스 양쪽에서 상호 보완적인 가치 획득을 실현하도록 비즈니스를 변혁시켰다.

애플은 제품을 개발해 판매하는 기업으로서는 쉽게 하지 않는 방법으로 이익을 창출하고자 했다. 게다가 그 이익혁신은 꽤 이른 단계부터 시작되었다. 바로 2003년에 시작한 아이튠즈다. 아이튠즈는 인터넷으로 음악을 1곡 단위로 과금해 판매하는 서비스였다. 휴대용 음악 플레이어인 아이팟(iPod)의 최초 발매에 맞추어 시작한 아이튠즈는 업계가 생각지도 못한 방법으로 제품과 서비스를 잘 융합했고, 결과적으로 본업의 이익을 높일 수 있는 초석을 마련할 수 있었다.

사실 아이튠즈 아이디어는 애플만의 오리지널 서비스는 아니다. 당시 개인 간 음악 파일을 공유하는 프로그램인 '냅스터(Napster)'가 인터넷을 경유해 음악을 다운로드하는 장을 제공하면서 음원의 저작권이 무시되어 물의를 빚고 있었다. 애플은 냅스터의 방식을 합법화하는 형태로 가치창조를 변환하고, 나아가 가치획득까지 실현해 냈다. 아이튠즈 자체가 기존의 가치창조에서 이익 혁신을 실현한 사업이기도 한 것이다.

애플의 가치획득은 현재도 진화하고 있다. 음악은 아이튠즈에서 발전해 2015년부터는 애플뮤직이라는 이름으로 정액제 구독을 시작했다. 물론 음악에만 머무르지 않고 영화, 게임, 온라인 스토리지(online storage)로까지 확대되고 있다. 2020년 10월에는 이들 서비스를 모두 통합해 정액제 구독을 한층 강화한 '애플원(Apple One)'을 제공하기 시작했다. 이러한 시도를 통해 애플은 다른 제조기업과는 크게 다른 가치획득을 실현했다. 제품의 매출 향방은 예측하기 어렵지만, 구독 서비스의 매출이라면 예측이 가능하다.

지속적으로 과금할 수 있다는 사실을 의식해 더욱 새로운 서비스 확충에 중점을 둔 방향성은 2018년부터 3년간의 수치에서도 확인할 수 있다. 전체 매출 중 서비스의 비중이 15.0%(2018년), 17.8%(2019년), 그리고 19.6%(2020년)로 늘어난 것이다.

제조기업은 제품 판매를 통한 가치획득만을 고집하지 않아도 된다. 애플의 이익혁신을 보면, 지속적으로 이익을 내기 위해서는 가치창조뿐만 아니라 가치획득 방법을 유연하게 진화시켜 나가는 용감함이 필요하다는 것을 알 수 있다.

아마존: 본업이 아닌 다른 수익원으로 가치획득

지난 20년 동안 우리의 쇼핑체험을 크게 바꾼 곳이 아마존이다. 아마존이 성장하고 진출하는 업계와 시장에서는 다양한 기업이 영향을 받는 이른바 '아마존 이펙트(Amazon effect)'가 일어나 모든 소매업에 격렬한 지진을 일으켰다. 아마존은 오프라인 매장의 장점을 모두 흡수한 사용자 인터페이스를 설계해 많은 소비자들이 온라인 쇼핑을 지지하도록 만들었다.

이후 중국의 알리바바를 제외하고 아마존에 비견되는 온라인스토어는 아직 나타나지 않고 있다. 라쿠텐(樂天市場, 일본 최대 인터넷 쇼핑몰)이라고 해도 일본

도표 2-4 ㅣ 아마존의 수익원(단위: 백만 달러)

	2018년 12월 말 결산	2019년 12월 말 결산	2020년 12월 말 결산
수익(매출액)			
온라인스토어	122,987	141,247	197,346
오프라인 점포	17,224	17,192	16,227
서드파티 입점료	42,745	53,762	80,461
각종 서비스 회비	14,168	19,210	25,207
AWS	25,655	35,026	45,370
기타	10,108	14,085	21,453
연결매출액	232,887	280,522	386,064

자료: *Amazon Form 10-k annual report* (2020)에 근거해 작성함.

내에서의 활동이 고작이며 서비스 내용이나 거래 규모는 아마존에 비해 크게 뒤떨어진다.

아마존은 모든 고객에게 다가가려는 원투원(ont to one) 마케팅을 축으로 하면서 사용자 리뷰 개시, 신속 배송, 무엇이든 취급하는 상품 구색, 반품의 용이함, 사이버먼데이 등의 특가판매를 통해 사용자가 다시 구매하고 싶어지는 장치를 연속적으로 투입한다. 그러한 가치창조로 고객의 지불의욕을 높이고 동시에 가격도 억제해 고객가치를 극대화했다.

아마존 정도의 대규모 온라인스토어라면 원하는 만큼의 이익을 얻고 있으리라고 생각하는 사람이 많을 것이다. 적어도 온라인스토어만으로 싸운다면 그에 따라 이익을 얻을 수 있는 가격 설정이나 비용 체제를 갖추고 있을 것이라고 말이다. 그러나 사실 아마존은 온라인스토어만으로는 충분한 이익을 확보하지 못한다. 그래서 부족한 이익을 다른 곳에서 얻고 있다. 이것이야말로 아마존의 이익혁신이다. 아마존 재무제표에 있는 사업 부문 정보에서 그것을 확인할 수 있다. 우선 아마존의 수익원을 보자(〈도표 2-4〉).

2020년 12월 말 결산 당시 아마존은 3861억 달러의 수익(매출)을 계상했다. B2C 영역만 보면 온라인스토어(1973억 달러) 외에도 홀푸드나 아마존북스 등 오프라인 매장에서의 매출(162억 달러), 마켓플레이스에서의 서드파티 판매자 입점료(805억 달러), 그리고 아마존프라임을 비롯한 각종 서비스 회비(252억 달러)가 있다.

아마존의 수익원이 온라인스토어와 오프라인 점포, 그 주변 서비스로 구성되어 있음은 쉽게 상상할 수 있을 것이다. 그러나 아마존에는 그 외에도 큰 수익원이 있다. 바로 B2B 영역의 서버 렌털 사업인 아마존 웹서비스(Amazon Web Services, 이하 AWS)다. AWS는 454억 달러의 수익을 내고 있다. 온라인스토어 사업과 비교하면 23.0%의 수익밖에 안되지만, 이것이 아마존으로서는 이익혁신이 된다.

가치획득을 확인하기 위해 사업 부문 정보를 보자(〈도표 2-5〉). 아마존은 2020년도에 229억 달러의 영업이익을 냈다. 매출액의 5.9%에 해당하는 숫자이며, 이전 연도에서도 대략 5%대를 보이고 있다. 금액으로도 비율로도 소매유통업치고 숫자를 잘 내고 있는 것처럼 보인다. 그런데 자세히 보면 여느 소매유통업과는 완전히 다르다.

우선 수익적으로 주력을 이루고 있는 B2C 판매 사업의 2020년도 숫자를 보자. 북미 지역에서는 2363억 달러의 매출 규모에 비해 영업이익이 87억 달러, 영업이익률은 겨우 3.7% 정도다. 북미 이외에서는 1044억 달러 매출에 영업이익 7억 달러, 영업이익률은 고작 0.7% 정도밖에 안 된다. 소비자 대상 판매사업으로는 벌이가 거의 없는 상황인 것이다.

2020년도는 코로나19로 인한 온라인 쇼핑 특수로 영업이익이 크게 늘어났지만, 그 이전인 2018년과 2019년에는 북미 이외의 지역에서는 마이너스다. 그야말로 적자를 각오하고 고객가치를 만들어내고 있는 것이다. 아마존이 이 정도라면 다른 기업이 여유로운 흑자 상태로 편안하게 있을 리 만무하다.

오프라인 매장을 전개하는 백화점 업태나 일용 잡화, 서적을 취급하는 소매

도표 2-5 | 아마존의 사업 부문 정보(단위: 백만 달러)

	2018년 12월 말 결산	2019년 12월 말 결산	2020년 12월 말 결산
북미			
매출	141,366	170,773	236,282
영업비용	134,099	163,740	227,631
영업이익	7,267	7,033	8,651
북미 이외			
매출	65,866	74,723	104,412
영업비용	68,008	76,416	103,695
영업이익	- 2,124	- 1,693	717
AWS			
매출	25,655	35,026	45,370
영업비용	18,359	25,825	31,839
영업이익	7,296	9,201	13,531
연결			
매출	232,887	280,522	386,064
영업비용	220,466	265,981	363,165
영업이익	12,421	14,541	22,899
영업외손익	- 1,160	- 565	1,279
법인세 등	- 1,197	- 2,374	- 2,863
지분법 적용회사에 대한 지분 상당액	9	- 14	13
당기순이익	10,073	11,588	21,331

자료: *Amazon Form 10-k annual report* (2020)에 근거해 작성함.

유통업은 사실 물건을 팔아 이익을 창출하는 것만으로는 가치획득을 성립시키기 어렵다. 게다가 '적자를 각오한 가치창조'로 공세를 펴는 아마존 이펙트에는 맞설 도리가 없다. 이것이야말로 아마존의 진정한 무서움이다.

아마존은 가만히 적자를 감수하고 있는 것이 아니라 B2B사업인 AWS라는 수익원, 이른바 이익원을 가지고 있다. AWS는 앞서 말한 바와 같이 매출액 454억 달러(2020년)로, 매출 규모로는 북미와 그 밖의 지역에서 총 3407억 달러를 벌어들이는 B2C사업에 크게 못 미친다. 매출로만 비교하면 AWS는 전체의 11.8% 정도밖에 되지 않아 매력적이지 않아 보인다.

그러나 이익에 초점을 맞추면 그 인상은 전혀 다르다. 영업이익으로 비교하면 B2C사업은 총 94억 달러(북미 87억 달러 + 북미 외 7억 달러)인 반면 AWS는 135억 달러다. B2C 대비 압도적인 이익을 자랑한다.

AWS의 이익이 없다면 아마존의 영업이익률은 상당히 낮아진다. 물론 B2C에서는 고객의 지불의욕을 높이기 위해 연구개발비에 상당한 비용을 투입하고 있기에 이익이 낮은 것도 납득이 간다. 그러나 자금이 없으면 연구개발비도 마련할 수 없으므로, AWS의 이익을 성장을 위해 사용하고 있는 셈이다. 본업인 온라인스토어와는 별도로 수익원을 확보해 기업 활동을 유지하고 있는 것이다.

정리하면, 아마존은 본업에서는 적자 각오로 최대한 가치창조에 매진하는 한편 가치획득도 꼼꼼히 챙긴다. 그 가치획득 방법이 본업이 아닌 다른 수익원에 의존하는 이익혁신에 의한 것이다. AWS에 의한 이익원을 포함한 비즈니스 모델을 만들어낸 아마존과 소매유통의 수익원만 가지고 있는 기업과는 승부가 되지 않는다. 소매유통업은 물건 판매 외 다른 수익원을 포함한 이익혁신을 실행하지 않으면 미래가 없는 것이다.

테슬라: 경쟁사에게서 가치획득

테슬라의 이익혁신도 독특하다. 테슬라는 고객을 명확히 타기팅한 후, 그 고객이 최대한으로 가치를 느끼는 자동차를 제공하며 가치창조를 수행해 왔다.

2012년 이후에 판매한 고급 세단 모델 S와 고급 SUV 모델 X는 독자적인 자율주행 기술과 가속 성능을 무기로 여타 고급차와 구별되는 가치창조로 고객의 지불의욕을 최대한으로 높여왔다.

그리고 모델 S 및 모델 X에서 얻은 이익으로 모델 3을 개발, 2017년부터 판매를 시작했다. 모델 3은 발매 당시 5만 달러대의 가격으로 발표되어 미국 전역에서 히트했고, 그렇게 테슬라는 보급 가격대의 자동차 시장에 본격적으로 진입한 뒤 전 세계적으로 제품을 널리 판매하기 위해 모델 3의 생산거점을 일부 중국으로 이전했다. 전 세계에 제공할 수 있는 체제를 만들고 동시에 큰 비용 절감을 실현해 가격을 한층 더 내리고자 한 것이다.

신흥 자동차회사로서 테슬라의 이 같은 가치창조 스토리는 화려하게 비친다. 그러나 일반적인 경우라면 이 같은 가치창조를 계속할 수 있을까 싶을 정도로 재무상황은 안정적이지 못했다. 테슬라의 가치획득은 사실 자동차 판매로만 이뤄지는 것은 아니다. 독특한 가치획득에 의해 실현되어 온 것이다. 그것은 손익계산서와 사업 부문 정보를 보면 잘 알 수 있다.

우선 테슬라의 손익계산서를 보자〈도표 2-6〉. 이 도표를 보면 테슬라가 계속 적자였다는 것을 알 수 있다. 저가의 모델 3이 본격적으로 전 세계에 유통되기 시작한 2018년에도 영업이익 단에서는 3.9억 달러 적자, 2019년 역시 0.7억 달러의 영업적자다. 2020년에 드디어 20억 달러의 영업이익, 그리고 처음으로 8.6억 달러의 세후이익을 달성해 최종적으로 흑자를 실현했다. 하지만 그래도 차를 만들어 판매하는 가치창조로는 큰 폭의 적자상태인 것이다.

사실 테슬라는 적자를 보완하기 위한 가치획득 방법을 알고 있었다. 그것은 바로 탄소배출권의 판매다. 〈도표 2-7〉을 보면 그 사실을 똑똑히 알 수 있다. 휘발유차를 만드는 기업은 환경을 파괴하기 때문에 일정 정도 생산량에 제한이 걸려 있고, 이 제한을 넘어 생산 판매하면 엄청난 벌금이 부과된다. 창업 이래 100% 전기차를 판매하는 테슬라는 배기가스 규제에 걸리는 차가 없기 때

도표 2-6 | 테슬라의 재무 데이터(단위: 백만 달러)

	2018년 12월 말 결산	2019년 12월 말 결산	2020년 12월 말 결산
수익(매출)			
자동차 판매	17,632	19,952	26,184
자동차 리스 매출	883	869	1,052
자동차 관련 수익 합계	18,515	20,821	27,236
발전 시스템 및 충전기	1,555	1,531	1,994
서비스 및 그 외	1,391	2,226	2,306
총수익	21,461	24,578	31,536
매출원가			
자동차 판매	13,686	15,939	19,696
자동차 리스 매출	488	459	563
자동차 관련 수익 합계	14,174	16,398	20,259
발전 시스템 및 충전기	1,365	1,341	1,976
서비스 및 그 외	1,880	2,770	2,671
총매출원가	17,419	20,509	24,906
매출총이익	4,042	4,069	6,630
영업비용			
연구개발비	1,460	1,343	1,491
판매비 및 일반관리비	2,835	2,646	3,145
구조개혁비 및 기타	135	149	—
총영업비용	4,430	4,138	4,636
영업이익	- 388	- 69	1,994
이자비용	663	685	748
이자수익	24	44	30
그 외 손익	22	45	- 122
세전당기순이익	- 1,005	- 665	1,154
법인세	58	110	292
당기순이익	- 1,063	- 775	862

자료: *Tesla Form 10-k annual report* (2020)에 근거해 작성함.

도표 2-7 ㅣ 테슬라의 사업 부문 정보로 보는 배출권 관련 사정

	2018년 12월 말 결산	2019년 12월 말 결산	2020년 12월 말 결산
수익(매출)			
매수 보증이 없는 자동차 판매	15,810	19,212	24,053
매수 보증이 있는 자동차 판매	1,403	146	551
자동차 규제 크레딧	419	594	1,580
에너지 생성 및 충전지 판매	1,056	1,000	1,477
서비스 및 기타	1,391	2,226	2,306
매출 및 서비스 수익의 합계	20,079	23,178	29,967
자동차 리스	883	869	1,052
에너지 생성 및 충전지 리스	499	531	517
총수익	21,461	24,578	31,536

자료: *Tesla Form 10-k annual report* (2020)에 근거해 작성함.

문에 차를 한 대 만들 때마다 탄소배출량의 잉여가 발생한다. 이것을 다른 회사에 판매해서 이익을 창출하는 것이다. 〈도표 2-7〉의 사업 부문 정보에 있는 '자동차 규제 크레딧'이란 바로 이것을 말한다. 다시 말해 경쟁기업에 탄소배출권을 판매한다는, 누구도 생각지 못한 아이디어로 이익혁신을 이룬 것이다.

〈도표 2-6〉을 보면 테슬라의 최종 손익은 2018년에 (-)10.6억 달러, 2019년 (-)7.8억 달러, 2020년에 8.6억 달러인 것으로 나타났다. 그것과 함께 〈도표 2-7〉의 사업 부문 정보를 보면 배출권이 가져다주는 적자 보충 효과를 명확히 확인할 수 있다. 테슬라가 판매한 배출권(자동차 규제 크레딧)은 2018년 4.2억 달러, 2019년에 5.9억 달러, 2020년에 15.8억 달러나 된다.

만약 탄소배출권이 없었다면 어땠을까? 2018년은 (-)14.8억 달러, 2019년은 (-)13.7억 달러가 된다. 흑자를 이룬 2020년에도 (-)7.2억 달러의 적자가 발생하고 만다. 테슬라는 이 가치획득 방법으로 자동차 제조라는 가치창조를 유지

도표 2-8 | 탄소배출권 판매를 통한 가치획득에서 졸업한 테슬라

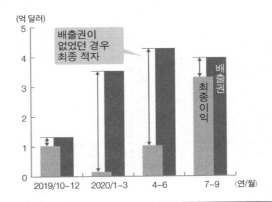

자료: ≪日本經濟新聞≫ 2020년 11월 22일 자에 근거해 작성함.

할 수 있었다. 즉, 탄소배출권 판매라는 가치획득이 테슬라의 재무적 손실을 최소화하고 자동차 제조사로서의 입지를 다지며 이익을 창출하는 데 공헌한 것이다.

그래도 다른 자동차 제조사 수준의 생산 체제를 만들고 품질과 이익을 양립하기에는 시간이 걸릴 것이다. 그만큼 자동차 산업에 진출하는 것 자체가 대단한 일이다.

많은 자동차회사가 이산화탄소를 배출하지 않는 탄소 중립의 전기자동차나 수소 자동차를 개발하기 시작했다. 이에 따라 자체적으로 탄소배출량을 상쇄할 수 있으며, 언젠가는 휘발유차 자체가 줄어들 것이기 때문에 탄소배출권은 빠르게 가치를 잃게 될 것이다. 테슬라는 그 미래를 충분히 이해하고 있기에 일찍부터 자동차 제조라는 본업의 가치창조로 가치획득이 가능한 구조를 확립하려고 한 것이다. 이제는 탄소배출권 없이도 이익을 내는 체질로 변모하기 시작했다(〈도표 2-8〉).

테슬라는 더욱 새로운 이익혁신을 계획하고 있다. 2020년 이후 출시되고 있는 테슬라 차에는 그 어느 때보다 성능을 높인 FSD(완전자율주행)라고 하는 인공지능이 탑재되어 소프트웨어를 통한 운전 성능의 업데이트가 가능해졌다. 기존 차종에서도 소프트웨어 업데이트를 실시했지만, FSD 탑재 차량은 자율주행 기술의 정도가 높아 보행자 인식이나 신호 판독 등에 대해 보다 정밀한 업데이트가 가능하다. 그리고 이 업데이트를 구독으로 전개할 가능성이 시사되었다.

2020년 5월에 그 소문이 돌자 테슬라의 기업가치는 그동안 세계 1위였던 도요타를 제쳤다. 자동차 자체의 가치창조뿐만 아니라 소프트웨어라는 새로운 수익원이 현실화되면서 테슬라는 향후 더 큰 이익을 얻을 것으로 투자자들이 평가한 것이다.

제조기업은 제품을 만들고 판매해 이익을 얻는 것이 가장 바람직하다. 하지만 그러기 위해서는 엄청난 노하우와 기술이 필요하고 시간과 투자가 필요하다는 것을 테슬라는 인지하고 있었다. 테슬라는 다른 수익원으로 가치획득을 하면서 본업의 가치창조를 유지하고 경영 파탄을 피했다. 그것을 실현한 테슬라의 이익혁신은 훌륭하다고밖에 표현할 말이 없다.

코스트코: 회비로 가치획득

코스트코 홀세일(Costco Wholesale)은 창고형 대형 할인마트다. 회사명에 '홀세일'이라는 명칭이 붙은 것은 원래 비즈니스 고객을 타깃으로 도매를 의도했기 때문이다. 도매가이므로 법인용도(소매업)인 고객이 많았지만, 지금은 도매가 격대 그대로 일반 소비자도 구입할 수 있다. 그 '독특함'과 '이득감'으로 일반 소비자의 지지를 얻어낸 것이다.

개업 당초부터 회비를 지불하고 회원이 되어야 이용이 허가되는 '회원제' 유통기업이라는 점도 특징이다. 회원 수는 2020년 8월 말 결산 당시 1억 명을 넘

도표 2-9 | 코스트코의 회원 수(단위: 1000명)

	2018년 8월 말 결산	2019년 8월 말 결산	2020년 8월 말 결산
개인 회원 수(유료)	40,700	42,900	46,800
법인 회원 수(유료)	10,900	11,000	11,300
유료 회원 수	51,600	53,900	58,100
가족 카드(무료)	42,700	44,600	47,400
가트 보유 총수	94,300	98,500	105,500

자료: *Costco Wholesale Form 10-k annual report* (2020)에 근거해 작성함.

었다. 바로 이 회원제로 이익을 얻는 것이 코스트코의 이익혁신이다. 유료회원의 내역은 법인이 20%, 개인이 80% 정도라고 추정하고 있다(〈도표 2-9〉).

코스트코의 매력은 '코스트코 사이즈'라 불리는 대형·대용량 상품을 압도적인 저가로, 그것도 거대한 창고형 점포에서 판매하고 있다는 점이다. 그 같은 독특한 고객체험을 통해 고객을 놀라게 하며, 매료해서 재구매자로 만들고 있다. 그러면 이 저가판매라는 가치창조는 어떻게 실현되고 있는 것일까?

주목해서 보아야 할 것은 매출총이익률이다. 상품을 매입하고 판매함으로써 이익을 얻는 유통업은 매출총이익률을 40% 정도 확보하는 것이 상식이다. 매출총이익은 종업원의 급여나 임대료 같은 고정비의 자원이 된다. 그래서 매출총이익률이 낮아지면 금세 경영이 불안정해진다. 코스트코의 가치획득이 뛰어난 것은 다른 유통업처럼 대량 판매로 비용을 대폭 압축해 이익을 내는 가치창조 방정식에서 탈피하고 있기 때문이다. 이에 대해서는 〈도표 2-10〉의 손익계산서에서 확실히 드러나고 있다. 2020년 8월 말 결산의 데이터에서 코스트코의 매출총이익은 183억 달러(매출 1632억 달러, 상품원가 1449억 달러)로 매출액의 11.2%다. 다른 연도를 계산해도 마찬가지로 판매를 통해 얻을 수 있는 총이익률은 10% 내외밖에 안 된다.

이런 경향은 창업 이래 계속되고 있다. 저렴한 가격으로 고객을 기쁘게 하

도표 2-10 | 코스트코의 재무 데이터(단위: 백만 달러)

	2018년 8월 말 결산	2019년 8월 말 결산	2020년 8월 말 결산
수익(매출액)			
매출액	138,434	149,351	163,220
회비	3,142	3,352	3,541
매출총이익	141,576	152,703	166,761
영업비용			
상품원가	123,152	132,886	144,939
판매비 및 일반관리비	13,876	14,994	16,332
개업준비비용	68	86	55
영업이익	4,480	4,737	5,435
그 밖의 수익(비용)			
이자비용	159	150	160
이자수익	121	178	92
세전당기순이익	4,442	4,765	5,367
법인세	1,263	1,061	1,308
비지배지분 포함 당기순이익	3,179	3,704	4,059
비지배지분 당기순이익	45	45	57
당기순이익	3,134	3,659	4,002

자료: *Costco Wholesale Form 10-k annual report* (2020)에 근거해 작성함.

지만, 비용은 다른 유통업과 동일하게 든다. 그 증거로 매출총이익에서 판관비 163억 달러를 공제하면 영업이익은 19억 달러가 되고, 영업이익률은 겨우 1.2%밖에 안 된다는 사실을 들 수 있다. 상품 판매로는 전혀 벌지 못하는 상황인 것이다. 하지만 이는 코스트코가 의도적으로 만들어낸 가치획득이다.

사실 코스트코는 '판매로는 이익을 내지 않는다'고 정해두고 있다. 그럼 무엇으로 이익을 내고 있는 것일까? 바로 '회비'다. 코스트코는 판매와는 별도로 회비라는 수익원이 있다. 코스트코에서 쇼핑을 즐기려면 회원이 되어야 하며, 처음 방문할 때에는 연회비 지불이 필요하다. 미국에서는 최저 60달러에서 120달러까지 여러 종류의 연회비가 있고, 각각 할인율이 다르다. 2021년 현재 일본에서 개인회원 회비는 4400엔과 9000엔 두 종류가 있다.

게다가 연회비니까 1년 치를 지불해야 한다. 선결제이므로 코스트코로서는 사전에 자금을 확보할 수 있다. 여기에는 어떤 비용도 들지 않기 때문에 100% 코스트코의 이익이 된다. 그렇게 얻는 자금이 있기 때문에 아무리 판매에서 이익이 적어도 별도의 투자나 융자에 의지하지 않고 고객의 돈으로 여유롭게 경영을 하고 성장할 수 있다. 회비라고 하는, 코스트코의 기발한 가치획득 방식 덕분이다.

계속 분석해 보면, 매 기간 회비는 매출의 2% 정도의 비율에 상당하며, 게다가 이 금액은 코스트코의 세후 이익과 거의 비슷하다. 2018년의 회비가 31억 달러에 세후 이익은 31억 달러, 2019년에는 34억 달러에 37억 달러, 2020년은 35억 달러에 40억 달러로 꽤 근접한 액수다. 즉, 회비가 거의 최종 이익이 되고 있다는 것이다. 만약 회비를 받지 않으면 이익은 거의 없는 것이 된다.

코스트코는 가격, 사이즈, 창고형 매장 등의 가치창조가 눈에 띄지만, 그것은 회비를 통한 이익창출이라는 독특한 가치획득이 있기 때문에 빛을 발한다. 경쟁사의 가치획득 방식과는 선을 그은 이익혁신이 유통업계에 지각 변동을 일으킨 것이다.

넷플릭스: 구독으로 가치획득

넷플릭스는 지금까지 주류를 차지했던 DVD 대여업계에 '구독' 시스템을 도입하면서 이익혁신을 일으켰다. 넷플릭스는 CEO인 리드 헤이스팅스(Reed Hastings)가 비디오·DVD 대여 체인점인 '블록버스터'에서 빌린 영화 〈아폴로 13〉을 돌려주는 것을 잊어버리는 바람에 막대한 연체료를 부과 받은 것이 계기가 되어 탄생했다는 유명한 일화가 있다.[2] 이야기의 진위는 그렇다 치고, 이 일화가 넷플릭스의 가치획득의 변혁으로 이어졌다. 넷플릭스는 개당 대여료와 고액의 연체료로 이익을 얻는 기존 대여업계의 방식에서 정액요금을 지속적으로 받는 방식으로 바꾸었다. 이로 인해 넷플릭스의 가치창조 방향도 크게 전환되었다.

넷플릭스의 원형은 자사 웹사이트에서 DVD를 선택하면 이를 집으로 보내주는 우송 대여사업이다. 이 사업은 1997년 설립 당시부터 획기적이라는 평을 받았는데, 왜냐하면 비디오·DVD를 한 개당 '시간대여'하는 것이 일반적이었을 때 넷플릭스는 미리 정한 개수 내에서 몇 번이고 빌릴 수 있는 정액제 구독을 실시했기 때문이다.

많은 DVD를 보고 싶은 사람은 잦은 빈도로 빌려서 많은 영화를 볼 수 있고, 천천히 보고 싶은 사람은 오랫동안 그 영화를 집에 둘 수 있다. 정액요금만 내면 연체료는 일절 부과되지 않는다. 이 가치획득이 많은 고객에게 받아들여져 정액 구독제의 우송형 렌털 서비스가 유행했다. 그 후 인터넷의 광대역화로 DVD 우송이 온라인 스트리밍으로 대체되었고, 그것이 지금까지 주류를 이루게 된 것이다. 현재의 넷플릭스의 원형이 여기에 있다.

대략 10달러 내외, 극장에서 보는 영화 한 편 정도의 요금으로 1개월에 몇 편, 몇 시간이라도 무제한으로 볼 수 있다. 유명한 영화뿐 아니라 TV예능·드라마도 무수히 올라오고 있다. 게다가 넷플릭스에서만 볼 수 있는 오리지널 작품도 질이 매우 높아 많은 팬들을 매료시키고 있다.

넷플릭스의 가치획득을 수치로 보면 〈도표 2-11〉과 같다. 2020년 12월 말 결산 당시 넷플릭스의 매출액은 250억 달러, 영업이익으로 46억 달러를 계상

---

2   훗날 이 이야기는 넷플릭스가 지어낸 것이 아닌가 하는 의심을 샀다. 자세한 것은 Keating(2013)을 참조.

도표 2-11 ㅣ 넷플릭스의 성장(단위: 백만 달러)

	2016년 12월 말 결산	2017년 12월 말 결산	2018년 12월 말 결산	2019년 12월 말 결산	2020년 12월 말 결산
매출액	8,831	11,693	15,794	20,156	24,996
영업이익	380	839	1,605	2,604	4,585
영업이익률	4%	7%	10%	13%	18%
당기순이익	187	559	1,211	1,887	2,761

자료: *Netflix Form 10-k annual report* (2020)에 근거해 작성함.

하고 있다. 본격적으로 세계 진출을 시작한 2016년 12월 말 결산의 매출액이 88억 달러, 영업이익이 3.8억 달러였던 것과 비교하면 불과 4년 만에 이룬 놀라운 성장세다.

가치획득에서 주목할 것은 역시 영업이익률이다. 2016년에 4%에 불과했던 영업이익률이 2020년도에는 18%까지 높아졌다. 이는 비용 절감만으로는 설명이 되지 않는다. 실은 회원 수를 대폭 늘리면서 회비 인상을 단행한 것이 큰 역할을 했다. 즉, 정액제 구독에서 매출을 증대시키면서 한편으로 영업이익을 그 이상으로 성장시킨 것이다.

넷플릭스의 회원 수는 코로나19가 한창이던 2020년에는 전년도보다 3657만 명 늘어나 회원수가 2억 명에 달했다(〈도표 2-12〉). 그들의 회비가 바로 넷플릭스의 가치창조를 유지시켜 주는 자원이 되고 있다.

구독은 회원을 유지하는 것이 생명선이다. 넷플릭스 이후에 출현한 다른 업체들도 이제 모두 구독을 채택해 비슷한 동영상을 제공하고 있다. 이 사정만을 보자면 다른 업체와의 차이가 없어지고 있는 것이다. 정액제 구독이라는 편리성을 내세우는 것만으로는 가격경쟁에 돌입할 뿐이다.

하지만 넷플릭스는 타사와 달리 오리지널 작품으로 이용자를 끌어들인다는 가장 큰 특징이 있다. 오리지널 작품에 아낌없이 투자하고 빅데이터로 고객의

도표 2-12 ㅣ 넷플릭스의 회원 수 추이(단위: 1000명)

	2016년 12월 말 결산	2017년 12월 말 결산	2018년 12월 말 결산	2019년 12월 말 결산	2020년 12월 말 결산
유료회원 수	89,090	110,644	139,259	167,090	203,663
유료회원 수의 순증가수	18,251	21,554	28,615	27,831	36,573

자료: *Netflix Form 10-k annual report* (2020)에 근거해 작성함.

취향을 분석해, 거절하기 힘든 양질의 콘텐츠를 끈질기게 고객에게 제안하며, 계속 보지 않을 수 없는 수준까지 서비스의 질을 높이고 있다.

영상 유통업이었던 것이 분명한데, 어느새 영상 제작에까지 발을 들이면서 넷플릭스는 '콘텐츠업계의 SPA(제조에서 판매까지의 전 과정을 제조사가 맡는 것)'라고 할 수 있는 가치창조를 하고 있다. 이것이 고객의 지불의욕을 높이는 데 성공하고, 거듭 회비를 인상하는데도 회원 수가 계속 증가하고 있는 이유다.

이익혁신에 의한 가치창조의 변혁은 넷플릭스의 가치창조를 크게 변화시켰다. 넷플릭스는 콘텐츠를 제작하는 수많은 회사 중 하나라는 영역을 넘어 작품을 제작해 유통하는 거대 스튜디오가 되었으며, 넷플릭스의 경쟁자는 이제 동영상 유통업체가 아니라 할리우드 메이저 스튜디오다.

파라마운트 픽처스, 유니버설, 워너브라더스와 같은 기존 메이저 스튜디오는 투자자로부터 많은 자본을 조달하고 거액의 비용을 들여 제작하고 이익을 얻는 가치획득 방식을 취한다. 여기에는 세 가지 큰 문제가 있다. 첫째, 뜻대로 자본조달이 되지 않아 제작이 좌절되곤 한다. 금융위기 등의 영향으로 예상대로 자금이 모이지 않는 경우가 있다. 둘째, 출자자나 스폰서에 대한 배려 때문에 작품의 질에 문제가 생길 수 있다. 간혹 출자자가 작품에 간섭함으로써 작풍이 왜곡되는 경우가 있어 제작진과의 마찰이 일어난다. 셋째, 흥행하지 않으면 투자회수가 어려워진다. 영화는 흥행 성공 여부를 예측하기 어렵기 때문에 제작을 해도 흥행할지

어떨지는 개봉을 해보지 않고는 알 수 없다. 투자회수가 안 되면 자본조달에 차질이 생겨 다음 작품을 제작하기 어려워진다.

이에 반해 넷플릭스의 가치획득은 이용자로부터 정액의 회비를 징수하고, 그 자금을 바탕으로 콘텐츠를 제작해 더 많은 이용자를 모으는 방식을 취한다. 제작에 충당되는 자금은 이용자의 회비로 조달하고, 부족한 만큼만 조달하면 된다.[3] 그렇기 때문에 기본적으로는 이용자의 취향에 맞는 작품을 만들 수 있다.

이용자로부터 얻은 빅데이터를 작품에 활용하면 이용자가 기뻐할 확률이 높고, 이것이 화제를 불러일으켜 새로운 이용자를 끌어들인다. 이 선순환은 예측 불가능한 사업이라는 영화를 확실하게 흥행할 수 있는 포인트에 맞춰 제작하고 이익을 획득할 수 있는 제품으로 승화시켰다.

실제로 양질의 작품들이 쏟아져 나오면서 이제는 할리우드 메이저 영화사들이 독점하던 아카데미상에 많은 넷플릭스 작품이 후보작으로 올라 수상에까지 이르고 있다. 이용자로부터 회비를 징수하는 가치획득이 제작 자금 걱정을 덜어주고, 이것이 제작자의 마음의 여유로 연결되면서 양질의 작품을 탄생시킬 수 있었던 것이다.

1997년 DVD 대여업계에서 일으킨 이익혁신은 거대한 영화산업을 뒤흔들었다. 가치획득은 가치창조에도 영향을 준다. 이익혁신은 업계의 상식을 무너뜨리고 완전히 새로운 가치관을 형성하기도 하는 것이다.

3. 이익혁신의 성과

지금까지 이익혁신으로 성과를 거둔 다섯 개의 회사를 살펴봤다. 다섯 개 회

---

3   Mullins(2014)는 이를 '고객의 자금으로 성장하는 방법(customer-funded growth)'이라고 한다.

사 모두 가치획득이 돌출되어 있었기 때문에 큰 이익을 얻을 수 있었다. 그리고 세상을 깜짝 놀라게 할 정도의 혁신을 실현한 기업이라도 본업의 가치획득만으로 그 만큼의 이익을 낼 수 있는 것은 아니라는 사실 또한 존재한다.

애플은 제품뿐만 아니라 서비스라고 하는 이익 폭이 큰 사업을 통해서, 아마존은 EC사업뿐 아니라 AWS로, 테슬라는 자동차 판매뿐 아니라 탄소배출권 판매로, 코스트코는 상품 판매뿐 아니라 고객으로부터 받는 회비로 가치획득을 하고 본업을 유지해 왔다. 이처럼 자사가 속해 있는 업계에서 이익이 잘 나지 않을 때는 더더욱 본업 외에 다른 가치획득 방법이 없는지 생각해 봐야 할 것이다.[4]

다섯 기업 각각의 가치획득은 지금은 널리 알려져 있지만, 그들은 모두 일찍이 가치획득에 주목해 독창적인 이익창출 방법을 고안해 내고 이를 가치창조와 잘 조합해 독자적인 비즈니스 모델로 정착시켰다.

지금까지의 가치획득 이야기를 사업평가로 연계시키는 경우에는 무엇이 보이게 될까. 그것을 나타낸 것이 〈도표 2-13〉이다. 여기에서는 2020년 결산기 데이터를 가지고 확인해 보기로 하자.

우선 재무 분야에서는 익숙한 투하자본이익률(ROIC)을 보면, 각자 돈을 버는 열쇠가 되는 수익원을 잘 구사해 가치획득을 성립시켜서 각사 모두가 최종적으로는 일정한 이익률을 달성하고 있는 것을 알 수 있다.

이 수치가 기대 수준을 넘어섰는지도 체크해 두자. 투하자본이익률에서 가중평균자본비용(WACC)[5]을 빼면 어느 정도 기대 수준을 넘었는지를 알 수 있

---

4   한편 넷플릭스는 월 회비를 받는 가치획득으로 DVD 대여사업에서 벗어나 오리지널 영상 콘텐츠 제작을 실현하고 있다.
5   가중평균자본비용은 자본시장이 기업에 기대하는 자본이익률을 뜻한다. 이 명칭은 값을 구하는 방법으로 인해 붙었다. 이자발생 부채와 주주의 자본에 따른 각각의 자본비용(기대수익률)을 각 자본의 구성 비율에 따라 시장가치로 가중 평균해 값을 구한다.

도표 2-13 ┃ 5개 사의 성과 데이터

	애플	아마존	테슬라	코스트코	넷플릭스
투하자본이익률(ROCI)	29.7%	14.7%	6.7%	17.4%	14.6%
기대 수준	7%	7.25%	8%	6%	6.5%
기대 이상의 이익률	22.7%	7.5%	-1.3%	11.4 %	8.1%
돈벌이의 열쇠	서비스	AWS	탄소배출권	연회비	구독

주: 모두 2020년 결산기의 수치
ROCI는 각 기업의 Form 10-k의 재무정보, WACC는 finbox.com의 수치를 사용해 계산함.

다. 도표에서 보듯이 다양한 수익원을 가지고 있는 애플(22.7%), 아마존(7.5%), 코스트코(11.4%), 그리고 넷플릭스(8.1%)가 기대 이상의 이익률을 만들어내는 데 성공했다. 한편 테슬라는 기대 수준에 살짝 미치지 못했지만(-)1.3%, 탄소배출권 판매로 번 돈으로 이루어낸 설비 투자도 만만치 않고, 경쟁이 심한 자동차업계에서 그나마 큰 손실은 막았다고 볼 수 있다.

실제로 가치창조에 뛰어나다고 생각되는 기업은 가치획득에서도 꽤 깊은 궁리를 하고 있는 것을 볼 수 있을 것이다. 이 사실은 답답함이 감도는 전통적인 제조기업과 유통기업도 예외는 아니다.

이들 다섯 개 기업은 '터무니없는 방법으로 돈을 버는 특별한 기업'으로 보이지만, 각각의 기업을 개별로 보면 배워야 할 것이 사실 그리 많지는 않다. 중요한 것은 '어떻게 이익을 창출하고 있는가'에 주목하는 것이다. 체계적인 방법론을 가지고 그것을 분석하다 보면 맥락 없는 수익원을 찾는 데 엄청난 시간을 소비할 필요 없이, 효율적이며 효과적으로 이익혁신을 할 수 있을 것이다.

3장

가치획득의
시야를 넓히다

포인트

- 대표적인 가치획득 유형을 한눈에 보다
- 제품 판매 외에 어떤 가치획득 방법이 있을까?
- 가치획득은 수익원으로 이루어진다

키워드

- 제품 판매 외 다른 가치획득 방법
- 30가지 가치획득 유형
- 이익을 창출하는 구조
- 다양한 수익원

이익혁신은 가치창조로는 이익이 나지 않는 시대에 '상식에 얽매이지 않는 새로운 가치획득 방법을 창출'하는 것을 의미한다. 2장에서 살펴본 다섯 기업도 혁신적인 가치획득으로 비약적인 발전을 이루었다.

그러면 실제로 우리가 이익혁신을 해야 할 때, 현재 채용하고 있는 가치획득을 어떻게 변혁시킬 수 있을까? 이 장에서는 현시점에서 활용할 수 있는 가치획득 방법을 30가지 유형으로 나누어 설명한다.

가치획득을 유형별로 분류한 사례는 이전에도 존재했다. 가장 오래된 분류이자 유명한 것이 1997년에 에이드리언 슬라이워츠키(Adrian Slyworzky)가 제시한 '이익모델'이라고 불리는 22분류다.[1] 이 분류는 기본적으로 이익을 내는 방법에 주목하고 있는데, 여기에는 가치창조 개념도 포함되어 있어서 현재 이야기하는 비즈니스 모델에 가깝다고 할 수 있다. 하지만 이 분류는 당시로서는 획기적이었으며 지금도 여전히 참고가 되는 단서를 제공해 준다. 초기의 비즈니스 모델 분류이기에 그중에는 유사한 것들도 꽤 있고 중복도 여럿 보인다.

이 같은 사례는 이후에도 종종 있었다. 특히 인터넷 전성기를 경험하면서 새로운 이익의 획득 방법이 도출되어 2014년에 올리버 가스맨(Oliver Gassman) 등이 '표본분류'라는 55종류의 유형을 제시했다.[2] 이것은 모든 유형을 망라한다는 의미에서 현재도 유명하지만, 원래 이 표본분류는 비즈니스 모델의 분류를 목적으로 하고 있으므로 아무래도 고객을 기쁘게 하는 방법이나 비용 절감 방법과 같은 가치창조 쪽에 초점이 기울어져 있다. 즉, WTP와 비용과 관련한 가치창조에 의한 이익창출이 중심이어서 엄밀히 구분하면 반드시 이익만을 직시한 분류인 것은 아니다.

---

1 슬라이워츠키는 그의 저서에서 이익을 만들어내는 방법을 '이익패턴', '이익모델', 그리고 '이익중심의 비즈니스 디자인'이라고 부른다. 분류는 이후 23개로 개량되었다. 자세한 것은 Slyworzky and Morrison(1997)과 Slyworzky(2002)를 참조.
2 자세한 것은 Gassman et al.(2014)을 참조.

한편 빌 올렛(Bill Aulet)은 가치획득으로만 좁혀 17개의 유형을 열거하고 있다.[3] 하지만 이 분류도 병렬로 늘어놓기에는 사뭇 고개를 갸웃거리게 하는 것이 있다. 사업에서 이익을 얻기 위한 순수한 가치획득 방법(코스트플러스 및 정기구독 등) 외에도 이 장에서 후술하는 수익원(광고나 거래수수료)을 들고 있기도 하고, 추상도의 레벨이 다른 구체적인 개별 사례(휴대전화 플랜이나 주차 미터)를 그대로 열거하고 있는 점에서는 위화감도 느껴진다.

이상을 감안해 필자는 이익혁신에 초점을 맞추어 가치획득으로 과녁을 좁혀 정리할 필요가 있다고 느꼈다. 그래서 이 장에서는 가치획득을 사업활동에서 이익을 회수하는 시스템으로 파악해 그 구체적인 지침이 되는 30가지 가치획득 유형을 제시한다. 이 30가지 유형은 이미 잘 알려진 것들을 모두 망라해 카탈로그 같은 느낌으로 확인할 수 있도록 했다. 유사한 가치획득도 정리해 가능한 한 누락되지 않게 정리했고, 유사한 유형들은 중복되지 않게 했다. 추후 어떻게 가치획득을 하면 좋을지 고민할 때 참고로 봐주기 바란다.

1. 새로운 가치획득으로

현재의 가치획득을 새로운 가치획득으로 바꾼다. 이것이 이익혁신의 목표다. 가치획득이란 기업이 사업 활동에서 이익을 얻는 것이며, 그 방법은 〈도표 3-1〉과 같이 30가지 유형으로 분류할 수 있다. 제조기업이나 유통기업의 대부분이 채용하고 있는 가치획득은 '① 제품 판매'다.

---

[3] 올렛이 제시한 17개의 유형은 다음과 같다. 일괄선불+보수비, 코스트플러스, 시간청구, 정기구독, 라이선스 공여, 소모품, 고액제품의 판매, 광고, 수집한 데이터 및 접근권, 거래수수료, 종량제, 휴대전화 플랜, 주차미터, 온라인 소액결재, 공유, 프랜차이즈, 운용과 관리이다. 자세한 것은 Aulet(2013)을 참조.

도표 3-1 | 대표적인 30가지의 가치획득을 통한 사업이익을 만드는 방법

가치획득	개요	대표 사례
① 제품 판매	모든 제품의 가격에 일정한 이익 폭을 붙인다.	도요타, 유니클로
② 서비스업의 물건 판매	서비스업이 물건 판매를 조합해 이익을 높인다.	ANA
③ 제품 믹스	이익률이 다른 제품을 조합해 사업의 이익을 창출한다.	유통업, 리조트업
④ 주변 제품	주요 제품과 함께 판매하는 제품의 이익률을 높인다.	음식점
⑤ 멀티 컴포넌트	내용은 같은 제품이나, 상황에 따라 이익률을 변동시킨다.	코카콜라
⑥ 부가서비스 (보험-파이낸스)	주요 제품만으로는 부족한 이익을 판매 시의 서비스로 보완한다.	애플케어
⑦ 사후 서비스 (유지·보수)	제품을 활용하는 때의 보조 서비스로 이익을 얻는다.	야나세
⑧ 서비스화(컨설팅화)	제품을 활용 시 보조 서비스로 이익을 얻는다.	IBM
⑨ 주요 고객 외 지불자	메인 타깃으로부터는 낮은 이익을, 그 이외로부터는 높은 이익을 얻는다.	어린이 영화, 뷔페
⑩ 옥션	지불자가 입찰을 하게 해서 대상 제품의 이익을 많이 회수한다.	구글 애드워즈
⑪ 다이내믹 프라이싱	지불자의 상황에 따라 같은 제품의 청구액을 바꾼다.	테마파크
⑫ 정액제 구독	기간마다 정액의 이용료를 회수해, 시간을 들여 이익을 쌓아간다.	소니, 세일즈포스
⑬ 선불제 구독	선불로 이용료를 받고, 향후의 이익을 확정시킨다.	신문, 잡지
⑭ 종량제 구독	이용량에 따라 이용료를 회수하고, 시간을 들여서 이익을 쌓는다.	데아고스티니, AWS
⑮ 재구매	유저 1명이 몇 번이고 사는 것을 전제로 이익을 얻는다.	디즈니랜드
⑯ 롱테일	제품 라인업의 풍부함으로 집객을 해, 잘 팔리는 상품으로부터 이익을 얻는다.	아마존(스토어 사업)
⑰ 리스	일정기간의 이용계약을 맺고 시간을 들여 이익을 회수한다.	오릭스
⑱ 레이저 블레이드 (소모품)	본체는 이익률을 낮게 하고, 부속품은 이익률을 높여서 시간을 들여 이익을 얻는다.	닌텐도, 캐논

가치획득	개요	대표 사례
⑲ 멤버십(회비)	회비 회수와 본업의 이익을 합쳐 이익을 낸다.	코스트코
⑳ 프리미엄	본체는 무료로 하고, 부속품은 이익률을 높게 해 시간을 들여 이익을 회수한다.	DeNA, 겅호
㉑ 부산물	사업활동으로 생겨난 부산물을 고객 이외의 지불자에게 제공해 대가를 수령한다.	테슬라, JR도쿄역
㉒ 콘텐츠	콘텐츠와 IP(지적재산권)의 전용을 이익의 중요한 기둥으로 한다.	루카스필름
㉓ 수수료	고객 이외의 라이벌이나 거래처로부터도 수수료를 받아 이익을 얻는다.	라쿠텐, 마켓플레이스
㉔ 우선권	우선적으로 이용할 수 있는 권리를 이익의 주요한 기둥으로 한다.	후지큐 하이랜드
㉕ 삼자 간 시장	광고주로부터 광고료를 이익의 주요한 기둥으로 한다.	리크루트
㉖ 매치메이킹	제공자와 이용자를 연결하는 대가를 이익의 주요한 기둥으로 한다.	메르카리
㉗ 앰버서더	소개자에게는 요금을 대폭 면제해 주어 집객과 고객 육성으로 이익을 만든다.	MS오피스, 바리스타
㉘ 스노브 프리미엄	같은 제품에 높은 금액을 지불하는 사람을 설정해 이익을 회수한다.	아멕스 블랙
㉙ 프랜차이즈	성공한 사업 수법의 이용 허락의 대가를 이익의 주요한 기둥으로 한다.	세븐일레븐
㉚ 데이터 접근권	축적한 데이터에 접근하는 권리를 이익의 주요한 기둥으로 한다.	기노쿠니야 서점 펍라인

하지만 보다시피 가치획득은 제품 판매 외에도 29가지 방법이 더 있다. 제품 판매 말고도 활용할 수 있는 새로운 가치획득이라는 관점에서 이 30가지 가치획득을 살펴봐주면 좋겠다.

① 제품 판매

제품 판매는 취급하는 제품을 판매하고 거기에서 확실하게 일정의 이익을 회수하는 가치획득이다. 이 방식은 제조기업과 유통기업이 오래전부터 채용해 왔다.

원가에 일정한 이익률을 얹어 고객에게 판매하는 것으로 기대이익을 회수한다. 이를 여러 차례 반복해 최종적으로 매출과 이익을 실현한다. 제품이 잘 팔리는 상황에는 이 방법이 제일 위험 부담이 적다.

제조기업의 대부분은 제품 판매로 성장을 이루어냈다. 일본에서는 도요타와, 유니클로를 운영하는 퍼스트리테일링이 대표적이다. 생산 체제를 정비해 고객을 만족시키면서도, 저비용으로 제조 가능한 체제를 만들고 거기에 일정한 이익을 붙여 가격을 설정한다. 그 때문에 가격 설정이 무엇보다 중요한 의사결정이 된다.

유럽의 고급 브랜드 기업도 마찬가지다. 페라리와 에르메스 그리고 루이비통을 운영하는 LVMH도 제품 판매로 이익을 획득한다. 단, 이 회사들은 이익률을 높게 책정하므로[4] 고객의 지불의욕을 항상 향상시키고자 하는 여러 방안을 만들고 있다.

하지만 이 가치획득은 디지털에 의한 파괴적 혁신이나, 불황이나 전염병 등의 유사시에 따른 구매력 저하 등으로 인해 많은 제조기업들에게는 더 이상 통용되지 않기 시작했다. 다만 서비스업이 이 가치획득을 활용한다면 타사와는 다른 새로운 가치획득이 될 가능성이 있다. ②에서 소개하는 내용이 그것이다.

---

4   이들 기업은 실제로 높은 ROE를 자랑한다. 2020년도 페라리의 ROE는 37.2%로 유럽 톱 순위다. 에르메스도 19.9%를 기록해 10위에 랭크인하고 있다.

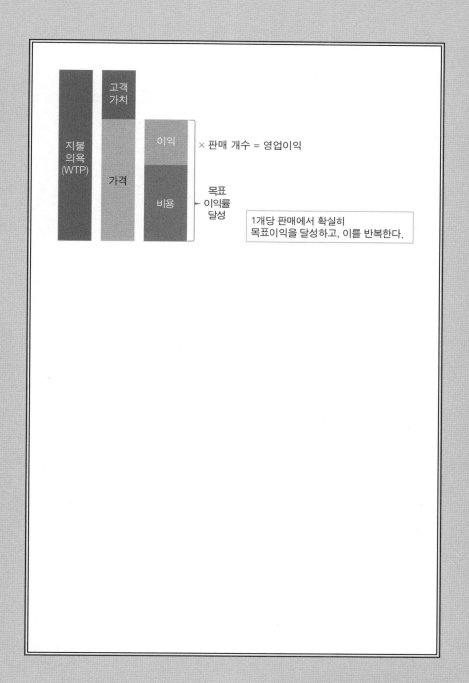

지불
의욕
(WTP)

고객
가치

이익

가격

비용

× 판매 개수 = 영업이익

목표
이익률
달성

1개당 판매에서 확실히
목표이익을 달성하고, 이를 반복한다.

② 서비스업의 물건 판매

서비스업에서 물건 판매란 레저나 놀이, 또는 금융서비스 등의 서비스업에 의한 물건 판매를 가리킨다. 때로는 오리지널 상품을 기획해 유형의 제품으로 만들어 팔기도 한다. 유형의 제품 판매는 제조나 유통기업으로서는 당연한 가치획득이지만, 무형을 취급해 온 서비스기업 입장에서는 오히려 참신한 가치획득이 될 수 있다. 서비스를 판매해 이익을 창출하는 업계에 유형의 제품이라는 다른 수익원이 생기는 것이다.

ANA(전일본공수, 일본의 항공회사)가 코로나19 사태 때 보여준 '무조건 이익을 내겠다'는 자세는 바로 이와 같은 것이었다. 세계인의 이동이 멈춘 2020년, 전 세계는 해외여행은커녕 국내여행조차 쉽지 않은 상황이었다. 항공업계의 모든 기업이 파탄 위기에 놓였다. 이런 가운데 ANA 또한 비용을 지탱할 만한 매출을 확보하지 못해 자금 부족에 빠졌다. 달러 수익원인 국제선은 날지 못하고 국내선 수요는 대폭 저하되어, 항공운임으로 돈을 버는 가치획득은 곤경에 처했다.

ANA는 항공운임으로는 충분한 이익을 획득할 수 없다는 것을 깨닫고, 항공운임이 아닌 다른 것으로 수익을 창출하는 방법을 모색하기 시작했다. 그것은 지금까지의 무형의 서비스를 유형으로 판매하는 '제품 판매'를 수익원으로 삼은 것이다.

ANA는 기내식을 '가정 기내식'으로 만들어 온라인 사이트에서 팔기 시작했다. 그 밖에도 라운지에서만 먹을 수 있는 카레, 국제선 비즈니스 클래스에서 제공하던 와인 등을 판매했다. 게다가 기내 서비스에 사용되는 접시나 컵 등의 테이블웨어, 기내에서 사용하는 카트도 10만 엔 이상에 판매했다. 새 비행기에서 사용될 예정이었던 비품을 묵혀두지 않고 활용한 것이다.

결정적인 것은 'ANA 콜렉터스 굿즈'라고 하는 시리즈의 판매다. 폐기한 기체의 스러스트 레버는 120만 엔, 조종간은 75만 엔, 콕핏 패널은 22만 엔에 판매했다. 게다가 비행기의 시트 샘플(목업)도 75만 엔과 80만 엔에 제공되었다. 상당한 수요가 예상되었는지 추첨제로 판매했다. 이처럼 ANA가 실시한 유형의 제품 판매는 임시방편이었지만, 이 일을 계기로 ANA는 '비항공 수입'의 중요성을 깨달았다.

코로나19 사태를 거친 2021년, ANA는 비항공 수입을 5년 후에는 두 배인 4000억 엔으로까지 키우기로 결정했고, 동시에 수많은 서비스를 총괄하는 '슈퍼앱'을 구축해 'ANA 경제권'을 창출할 것을 선언했다. 수익원의 다양화를 계기로 ANA는 전체적인 비즈니스 모델을 혁신하기에 이르렀다.

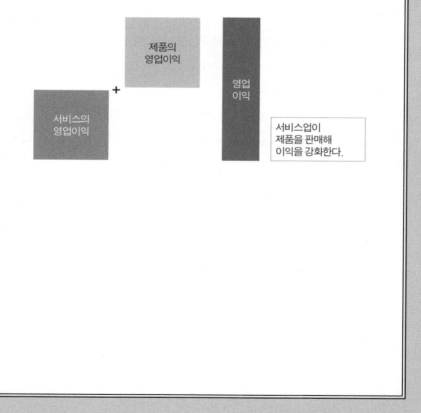

③ 제품믹스

제품믹스는 이익률이 다른 제품을 조합해 목표로 하는 이익률을 달성하는 가치획득이다. 연관성이 있는 제품을 조합하는 방법과 마찬가지로 서비스를 조합하기도 하기 때문에 '서비스 믹스'라고도 불린다.

슈퍼마켓을 비롯한 소매유통업은 제품믹스를 영리하게 잘 활용하고 있다. 고객은 슈퍼마켓이 뿌리는 전단지에 게재된 할인상품을 보고 방문한다. 계란을 한 팩에 100엔에 제공하는 것은 고전적인 미끼상품이지만 아직도 잘 기능한다.

계란을 사러 온 고객은 그것만 구입하고 돌아가지 않는다. 채소와 생선, 육류 등도 장바구니에 담아 계산대로 향한다. 이때 장바구니 안에 있는 상품의 전체 매출총이익률이 목표로 하는 매출총이익률을 초과하도록 쇼핑 설계를 한다. 이익을 고려하지 않는 특가품으로 고객을 끌어들이고 평소보다 약간 높은 이익률을 붙인 상품을 함께 구입하게 하는 것이다.

100엔 균일 매장이나 접시당 균일한 가격대를 적용한 회전초밥집도 제품믹스를 활용한 좋은 예다. 모든 상품의 가격이 동일해도 각각의 원가율과 이익률은 다르다. 그것들을 잘 조합해 최종적으로 이익을 창출한다.

제품믹스는 단일 매장이나 영업팀 내에서만 완결되는 것이 아니다. 매장이나 카테고리가 바뀌어도 성립한다. 예를 들어 스키장 리조트를 생각해 보자. 4인 가족이 간다면 우선 슬로프 가까운 곳에 숙소를 잡고, 리프트권을 구입한다. 빈손으로 갔다면 스키 세트를 대여한다. 별도 요금을 지불해 자녀를 초보자용 스키 스쿨에 보낸다. 점심은 스키장 내의 식당에서 먹는다. 호텔에서는 저녁 식사비와 숙박비, 목욕비를 포함한 금액을 지불한다. 돌아오는 길에 특판 시설에서 호텔이 자랑하는 특산품을 구입한다.

자, 여기까지 얼마나 많은 수익원이 있었는지 알 것이다. 이익률이 다른 각각의 수

익원을 결합해 리조트 기업은 목표로 하는 이익률을 달성한다. 호시노리조트(星野 リゾート) 등 리조트업의 가치획득이 그 대표사례다.

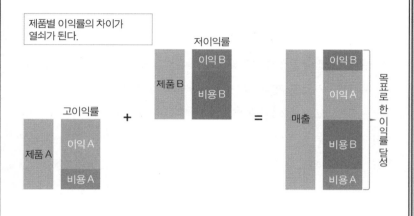

④ **주변 제품**

주변 제품은 주요 제품 외의 제품을 이익의 핵심으로 삼는 가치획득이다. 제품믹스와 기본 구조는 같지만 약간 다르다. 이 약간의 차이가 최종적으로 큰 차이로 나타난다.

규동(일본식 소고기 덮밥) 체인점에서는 대표 메뉴인 규동의 매출총이익률보다 실은 계란이나 된장국 같은 사이드 메뉴의 이익률이 더 높다. 주요 제품을 잘 만들어서 이를 차별화해 높은 가격을 받는 것이 마케팅의 정석이나, 이 정석을 배신하는 경우는 많다. 맥도날드의 가격표를 봐도 분명하다. 햄버거가 110엔, 음료 M 사이즈가 220엔, 감자 M 사이즈가 280엔이다. 누가 봐도 햄버거의 원가가 높은데 가격은 제일 저렴하다. 그러나 이를 세트로 구입하도록 해 고객은 저렴함을 느끼고 회사는 목표로 하는 이익률을 달성할 수 있다. 주요 제품을 저렴하게 제공하고, 그 주변 제품에서 이익을 얻는 것이다.

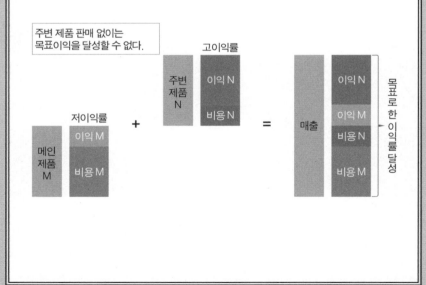

⑤ 멀티 컴포넌트

멀티 컴포넌트(multi-component)는 기본적으로 동일한 제품의 이익률을 다르게 제공함으로써 최종적으로 목표로 하는 이익을 얻는 가치획득이다.

탄산음료가 좋은 예다. 슈퍼마켓은 물론 요식업에도 제공하고 있으며, 자동판매기에서도 판매하고 있다. 그러나 각각의 이익률은 다르다. 요식업에서의 이익률이 가장 높고, 다음이 자판기다. 슈퍼마켓에서는 비교적 저렴하게 팔리는 경우가 많아 높은 이익률을 기대할 수 없다.

이익을 생각하면 요식업이나 자판기에서 많이 팔리면 좋겠지만, 그러려면 브랜드 인지도를 높여두지 않으면 안 된다. 브랜드 인지는 이익률이 낮은 슈퍼마켓을 통해 일상적으로 형성되어 가기 때문에 슈퍼마켓에서의 판매를 무시할 수 없다. 실제로 코카콜라는 이 방법으로 브랜드 인지도를 높였다.

이익률이 낮은 것에는 광고 홍보의 역할을 주는 것이다. 탤런트는 TV 출연료는 적게 받고 영화와 광고 출연으로 이익을 얻는다. 문화인은 홍보의 장에서는 많은 보수를 요구하지 않고 강연료를 비싸게 받아 이익을 거둬들이고 있다.

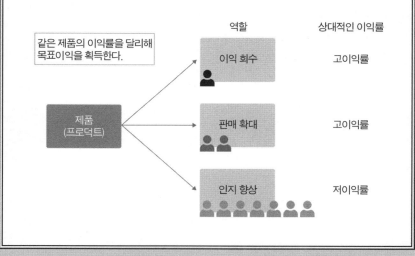

⑥ 부가서비스(보험·파이낸스)

부가서비스란 고객에게 제품을 판매할 때 다른 수익원을 추가해 더 많은 이익을 얻는 가치획득이다. 내구 소비재의 경우 보험이나 파이낸스는 구입 시의 걱정거리나 부담을 축소해 주기 때문에 추가로 지출이 생겨도 고객이 납득한다.

10만 엔이 넘는 스마트폰을 구입할 때는 파이낸스를 이용하는 고객이 많다. 각 회사가 판매하는 스마트폰은 성능이 비약적으로 높아짐에 따라 고가가 되었다. 통신기업은 자사의 스마트폰을 사용하게 하기 위해 '할부'라는 파이낸스를 제공해 단말기 가격에 그 대가를 포함시킨다. 사용자 입장에서는 일시불로 구입하는 것보다 다소 비싸기는 하지만 초기 부담 없이 소유할 수 있다는 점에서 이용 가치가 높다.

스마트폰은 파이낸스뿐만 아니라 '보험'이라는 부가서비스도 추가할 수 있다. 고객은 장기간에 걸쳐 단말기 요금을 지불하므로 제조사가 제공하는 독자적인 보험 서비스를 이용한다. 애플이 제공하는 애플케어(AppleCare) 등이 대표적인 사례다. 보험이라는 추가 요금을 지불하면 액정 깨짐을 비롯한 파손에 대한 수리비용을 경감해 준다.

제품 판매에서는 이익률이 높지 않아도 부가서비스는 이익률이 높기 때문에 그것을 합해 목표로 하는 이익을 획득할 수 있다.

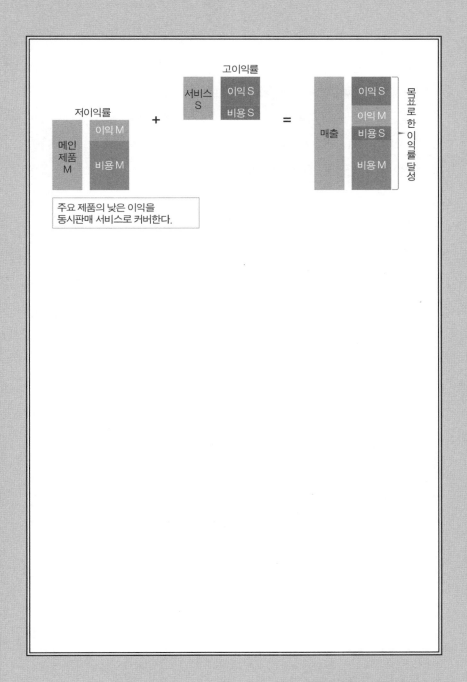

⑦ 사후 서비스(유지·보수)

사후 서비스는 구입 후에 수익원을 추가해 시간을 들여 이익을 얻는 가치획득이다. 사후 서비스에 해당하는 '유지·보수'는 구입 이후에 구성하기 쉬운 수익원 중 하나다. 보험이 구입 시점에 부가하는 수익원이라면 유지·보수는 이른바 '애프터서비스'의 대표 격으로, 보수점검이나 수리로 이익을 얻는다.

알기 쉬운 것으로는 자동차 대리점을 떠올리면 된다. 수리 공장을 병설하는 대리점은 이익의 핵심이 유지·보수이므로 신차를 판매해 얻는 마진보다 수리 대금 쪽의 이익률이 높다.

유지·보수는 고객이 제품을 사용한다면 반드시 필요한 사안이므로, 고객으로부터 유지·보수의 의뢰를 받기 위해서는 고객과의 관계성 구축이 필요하다. 최근에는 소프트웨어나 IoT 기기의 유지·보수가 원격으로 제공되기도 한다. 요금은 사전에 징수하거나 정기적으로 징수할 수도 있다.

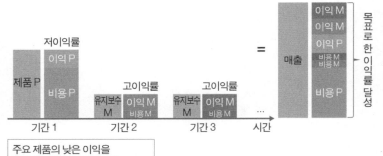

주요 제품의 낮은 이익을
판매 후 서비스로 커버한다.

⑧ 서비스화(컨설팅화)

서비스화는 제조기업이 제품과 관련된 서비스를 수익원으로 삼고 이익을 얻는 가치획득이다. 서비스기업에는 당연한 수익원을 유형의 제품에 붙여 이익을 얻는 것이다.

⑥에서 소개한 부가서비스인 보험·파이낸스, ⑦의 유지·보수와 비슷한 부분도 있는데, 서비스화(servitize)는 B2B 기업도 대상 범위에 포함되는 등 좀 더 광범위하게 사용자를 보조하는 역할을 맡는다는 점이 다르다.

B2B에서는 고객 기업이 그 기자재를 사용해 생산성을 높이지 않는 한 계속적인 구매는 생각하기 어렵다. 쓰는 방법을 모르거나 쓰기 어려운 경우에도 계속 구매는 없다. 그래서 기업은 업무 효율을 높이기 위한 컨설팅 제공 등 고객에게 다가가는 서비스 부분에 주력해 이익을 창출한다.

과거 IBM은 B2C용과 B2B용 하드웨어를 판매했는데, 실제로는 B2B 서비스에서 큰 이익을 얻고 있었다. 그 결과 하드웨어 제조에 비용이 든다는 점, 무엇보다 그 이상으로 서비스의 이익이 매력적이라는 점 때문에 하드웨어 판매에서 철수하고 서비스를 본업으로 하는 가치획득으로 변혁을 이루어냈다.

서비스화는 넓게는 서비스하는 행위 그 자체를 수익원으로 하기 때문에 구입 전에 수익원을 설정하기도 한다. 이를테면 서비스의 장기계약 및 하드웨어 등의 내구소비재의 구입 전에는 상담이나 카운슬링을 하는 일이 그 예일 것이다.

변호사 사무실 등에서는 통상적으로 사전 상담료를 받는다. 컨설팅 기업도 프레젠테이션 수수료를 받는 일이 있다. 보다 일반적으로는 퍼스널 트레이닝을 하는 체육관에서는 본격적으로 이용하기 전에 사전 체험료를 받기도 한다.

이와 같이 실제 계약에 들어가기 전 단계에서도 수익원을 설정하는 것이 가능하며, 본계약을 하면 사전 요금을 감면해 주는 등의 특전을 붙이는 것으로 구입 전

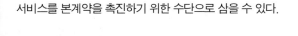

서비스를 본계약을 촉진하기 위한 수단으로 삼을 수 있다.

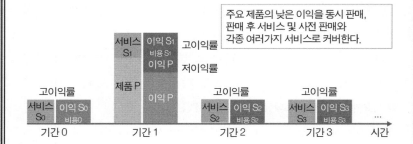

⑨ 주요 고객 외 지불자

주요 고객 외 지불자는 제품 및 서비스의 주요 고객 외에 지불자를 늘리고, 그 고객에게서 많은 이익을 얻는 가치획득이다. 보통은 주요 고객으로부터 많은 이익을 얻으려고 하는데, '그 밖의 지불자'로부터 이익을 얻는다는 점이 독특하다.

이 방식은 일본에서 성공 사례를 많이 볼 수 있다. 애니메이션 영화 등이 바로 그것이다. 〈포켓몬스터〉나 〈명탐정 코난〉 등의 애니메이션 영화는 일본 흥행 수입 순위 1위에 올라 있다.

애니메이션 영화의 주요 고객은 어린이다. 어린이 요금은 약 1000엔이다. 하지만 사실 이익의 핵심은 함께 오는 어른이다. 성인 요금은 약 2000엔으로, 아이의 두 배다. 한 명의 아이가 부모님과 함께 오면 총 5000엔의 과금에 성공한다. 동일한 좌석에 앉아 동일한 영화를 보기 때문에 비용이 따로 들지 않으면서 이익률이 압도적으로 높아진다.

비슷한 사례는 뷔페식당에서도 볼 수 있다. 가족용 뷔페는 기본적으로 주요 고객을 아이로 설정하는 곳이 많지만, 이익의 대부분은 동반하는 어른이 가져다준다.

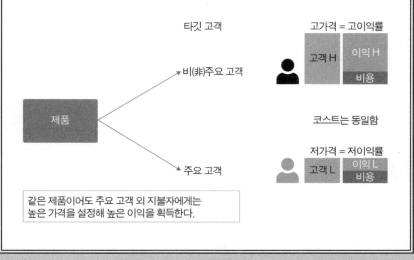

같은 제품이어도 주요 고객 외 지불자에게는
높은 가격을 설정해 높은 이익을 획득한다.

⑩ 옥션

옥션은 동일한 재화 및 서비스에 대해 보다 높은 금액을 지불하는 사람에게서 이익을 얻는 가치획득이다. 어떻게든 그것을 손에 넣고 싶어 하는 고객이 실질적으로 이익에 크게 공헌하는 것이다. 특히 희귀한 제품이나 서비스라면 이를 더 실현하기 쉽다. 같은 서비스라도 다른 가격을 설정하면 다양한 지불자를 불러들일 수 있다.

그림이나 골동품 및 앤티크를 취급하는 소더비(Sotheby's)와 크리스티(Christie's) 등의 경매회사가 바로 이 같은 가치획득을 채용하고 있다. 경매회사의 이익은 판매 시의 수수료로, 대상이 되는 물품의 가격이 높아질수록 많이 늘어난다. 앤티크를 경매에서 낙찰받는 것은 대부분의 사람에게는 인연이 먼 일이지만, 디지털 시대가 되면서 이 가치획득은 보다 가까워졌다.

구글도 이 방식을 채용하고 있다. 구글 검색 광고에서 가장 상단에 자사 사이트를 내고 싶다면 입찰에 참가할 수 있다. 이렇게 희소한 것에 대한 경쟁을 통해 높은 이익을 안겨줄 지불자를 불러들이는 것이 관건이다.

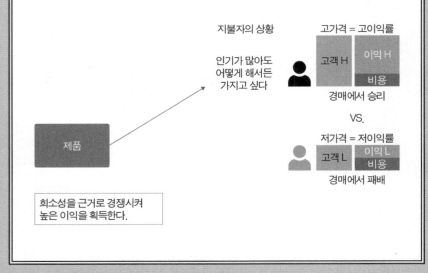

⑪ 다이내믹 프라이싱

다이내믹 프라이싱(dynamic pricing)은 완전히 똑같은 제품이나 서비스라도 수요 증감에 따라 가격을 변경해 이익을 얻는 가치획득이다.

가장 알기 쉬운 것은 레저 시설의 성수기와 비수기의 요금 설정이다. 공휴일이나 연휴에는 레저 시설 이용료가 비싸진다. 수요가 많아짐에 따라 높은 요금을 지불 해도 좋은 사람으로부터 높은 이익률을 취하는 것이다. 예산이 맞지 않는 사람은 단념하고, 결과적으로 그 시기에는 비싼 가격으로 숙박할 수 있는 사람만이 지불 을 한다. 이 방식은 이른바 '시세'로 가격을 정하는 것이라 할 수 있다.

최근에는 이를 경험이나 '촉'에 의존하지 않고 시스템을 사용해 실시간으로 적용하 고 있다. 그것이 최근의 다이내믹 프라이싱의 특징이다. 오사카에 있는 유니버설 스튜디오 재팬(USJ)은 2019년부터 일일권 가격을 실시간 입장객 수에 맞춰 바꾸 고 있다. 이들은 AI를 도입해 과거 데이터와 현재의 입장객 수를 반영해 가격을 결 정한다.

도입 이전에는 일률적으로 7900엔이던 일일 요금이 비수기에는 7400엔까지 떨어 지고, 성수기에는 8900엔까지 오른다. 더 높은 요금이라도 기꺼이 납득하고 입장 하는 고객에서 높은 이익률을 획득한다. 이로 인해 입장을 포기하는 고객도 있 어 장내 혼잡도 완화된다.

이 방식은 배차 서비스인 우버에서도 이미 활용하고 있다. 우버는 수요 증가에 따 라 실시간으로 요금이 오르는 구조를 채용하고 있다. 예를 들어 비가 오면 배차 요 청이 많아지므로 요금이 올라가는 시스템이다. 그래도 배차를 의뢰하는 고객은 고 이익률 고객으로서 우버의 이익에 공헌한다.

언뜻 보면 '⑤ 멀티 컴포넌트'와 비슷하지만 크게 다르다. 멀티 컴포넌트는 기본 제 품을 기반으로 하면서도 고객의 상황에 따라 다른 제품을 제공한다. 반면 다이내믹 프라이싱은 완전히 동일한 제품을 '시간에 따라' 탄력적으로 가격을 변동해 제공한다.

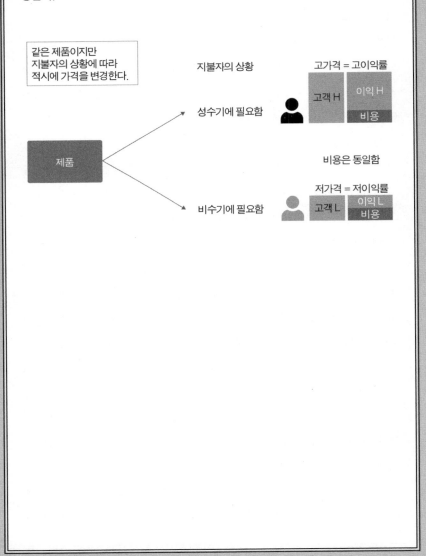

⑫ 정액제 구독

정액제 구독은 구독 중에서도 유저에게 정액을 과금한다는 점에서 특징이 있고, 월이나 연 단위로 무제한 이용할 수 있는 서비스를 유저에게 제공하고 시간을 들여 이익을 얻는 가치획득이다. 판매 시점에서 전액을 회수하는 것과 달리 판매 후 소액을 천천히 과금하고, 이익을 회수하고도 지속적으로 과금함으로써 이익을 확대해 간다. 시간을 들여 이익을 얻는 전형적인 방법이다.

유저 입장에서는 얼마를 이용하든 부과되는 금액은 일정하므로, 특히 헤비 유저에게는 가성비가 좋다. 애플뮤직(Apple Music)이나 스포티파이(Spotify) 등의 음악 서비스, 넷플릭스나 디즈니플러스 등의 동영상 서비스는 건당 지불하던 이전 방식에 비하면 가성비도 좋고 편리성도 더해졌다. 기업 입장에서도 유저가 정액으로 지불해 주고 있기 때문에 장래 이익을 계산하기 쉽다. 특히 이익에 대해 걱정하는 기업에서는 이만큼 바람직한 형태는 없다.

그래서 한번 서비스를 이용한 유저를 어떻게 지속적으로 사용하게 하는가가 관건이다. 기업도 여러 가지 내용의 업데이트를 수행하면서, 유저에게 봉사하기 때문에 쌍방에게 메리트가 생겨나는 것을 기대할 수 있는 가치획득이다.

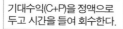
기대수익(C+P)을 정액으로 두고 시간을 들여 회수한다.

⑬ 선불제 구독

선불제 구독은 예전에 신문이나 잡지에서 주로 채용한 구독의 원형이다. 원칙적으로는 매번 과금을 하지만 연초나 월초에 일시불로 먼저 받는다. 기업으로서는 지출보다 자금이 먼저 들어온다는 점에서 꽤 매력적이다.

이 방식은 이용자에게도 장점이 있다. 계속이용을 하면 일일이 구입해야 하는 번거로움이 없어지는 데다 많이 이용할수록 회당 요금이 낮아지기 때문이다. 지하철 정기권이나 테마파크의 연간 이용권이 여기에 속한다.

최근에는 구독제 붐으로 인해서 음식업이나 서비스업 등에서도 이 유형을 볼 수 있지만, 정착과 성공에는 풀어야 할 과제가 많다. 특정 신문이나 잡지, 매일 아침 마시는 우유, 가는 횟수를 알 수 있는 테마파크 등 충성도가 높은 카테고리거나 또는 매일 이용하는 지하철 같은 인프라 레벨이 아닐 경우에는 성립이 거의 불가능할 만큼 어려울 것이기 때문이다.

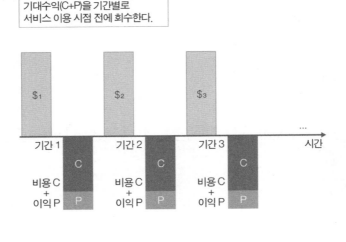

기대수익(C+P)을 기간별로
서비스 이용 시점 전에 회수한다.

⑭ 종량제 구독

종량제 구독은 사용량에 따라 요금을 징수하는 가치획득이다. 이 방법은 이용자가 많이 이용해야 수익이 나고, 또 이익을 회수할 수 있다. 선불제와 달리 이용 후에 요금을 징수하지만 전혀 이용하지 않았을 때에는 요금이 발생하지 않는다는 점에서 정액제와도 차이가 있다(기본료를 설정하고 있는 경우는 기본료만 징수). 사용빈도를 알 수 없는 이용자나 모든 것을 처음에 지불할 여력이 되지 않는 이용자에게 장점이 있다.

전형적인 예가 서버다. 2장에서 소개한 AWS는 서버를 이용한 만큼 요금을 지불하는 형태를 취한다. 자사 서버를 구축하는 대신 이용한 양에 따라 서버 요금을 내는 형태를 취한다. 비행 거리에 따라 과금하는 롤스로이스와 GE 등의 항공기 엔진도 종량제다. DX, IoT, 고속통신과 디지털의 보급으로 종량제 구독은 비약적으로 발전했다.

하지만 디지털로 연결되어 있다고 해서 무조건 성립하는 것은 아니다. 기술보다 중요한 것은 고객을 배려하는 자세다. 그런 자세가 있으면 아날로그적인 방식으로도 성립된다. 사실 일본은 오래 전부터 종량제 정기구독을 실행해 왔다. 바로 '선용후리(先用後利)'의 신념 아래 1690년에 등장한 '도야마의 상비약(富山の置き薬)'[일본 도야마(富山)현의 약 판매상들이 상비약을 채운 약 상자를 가정에 보급한 후 정기적으로 방문해 사용한 약에 대해서만 비용을 받는 것 - 옮긴이]이다.

종량제 구독은 제품을 먼저 제공하고 나중에 천천히 이익을 얻기 때문에 실행하려면 여유 자금이 필요하다.

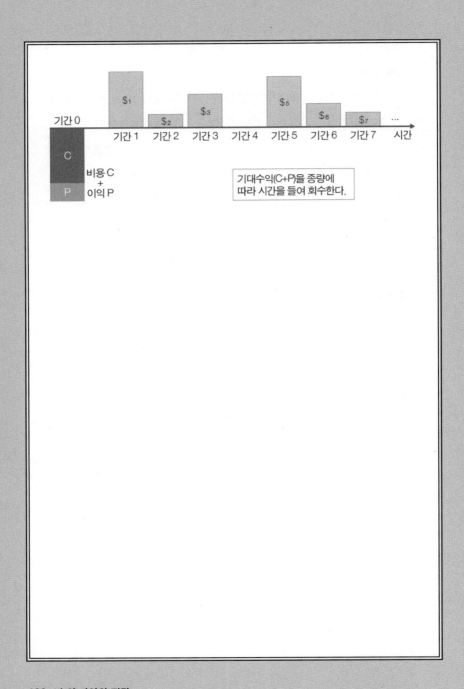

기간 0

$1
$2
$3
$5
$6
$7
...

기간 1   기간 2   기간 3   기간 4   기간 5   기간 6   기간 7   시간

C

비용 C
+
이익 P

P

기대수익(C+P)을 종량에
따라 시간을 들여 회수한다.

⑮ 재구매

재구매해 주는 고객이 있다는 것을 전제로 이익을 설계하는 가치획득이다. 기업에 재구매 고객은 안정적으로 수익을 가져다주는 고마운 존재다.

그러나 이 가치획득은 '재구매 고객이 있으면 좋겠다'는 어설픈 희망사항이 아니라 '재구매 고객이 없으면 성립되지 않는' 가치획득이다. 따라서 재구매 빈도를 높여 이익을 얻으려면 고객이 재구매하지 않으면 안 될 정도의 점착성이나 중독성이 있는 장치를 마련해 두지 않으면 안 된다.

도쿄 디즈니 리조트를 운영하는 오리엔탈랜드(オリエンタルランド)가 바로 이 수법을 사용하고 있다. 90%가 재방문 고객이라고 하는데, 사실은 90%가 재방문할 것을 전제로 다양한 투자계획이 세워지고 있는 것이다.

어떤 기업이든 이 가치획득 방법을 통해 팬을 만들어 안정적으로 이익을 얻는 것은 가능하다. 다만 이때는 재구매 고객으로부터 시간을 들여 이익을 얻는 구조가 필요하다는 것을 잊어서는 안 된다.

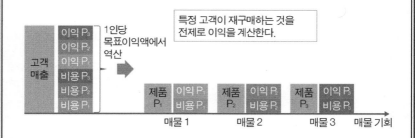

⑯ 롱테일

롱테일(long tail)은 잘 팔리지 않는 제품을 준비해 놓고, 그것으로 고객을 유인해 팬이 되게 한 다음, 많은 물건을 사게 해 최종적으로 이익을 만드는 가치획득이다. 눈에 띄는 상품을 준비한다는 면에서 보면 '③ 제품믹스'에 가까운 인상을 갖지만, 새롭게 제품을 추가하는 것은 아니다. 풍부한 상품 구색을 어필하면서 최종적으로 자사의 팬으로 만드는 것이 목적이다.

아마존이 다른 곳을 압도하고 있는 것은 그 풍부한 상품 구색인데, 거기에는 1년에 몇 개 팔릴까 말까하는 제품들이 차지하는 비중이 높다. 일반인에게는 팔리지 않는 제품이라도 특정 팬들에게는 중요한 경우가 있다. 그렇기 때문에 그 분야의 팬들이 느끼기에 매력적인 상품구색을 갖추고, 그들을 유인해 원하는 제품과 함께 다른 곳에서도 파는 제품들도 아마존에서 구입하게 하는 것이다. 팔리지 않는 제품은 회전율이 나쁘고 비효율적이어서 이익에 도움이 되지 못하지만, 그것을 통해 인기 제품도 구입하도록 해 이익을 내는 방식이다.

이를 성립시키기 위해서는 특정 제품을 자사에서 취급하고 있다는 사실을 어필할 필요가 있다. 즉, 인터넷 검색이나 입소문 등으로 특정 분야의 상품 구색이 풍부하다는 것을 알리는 장치가 불가결하다.

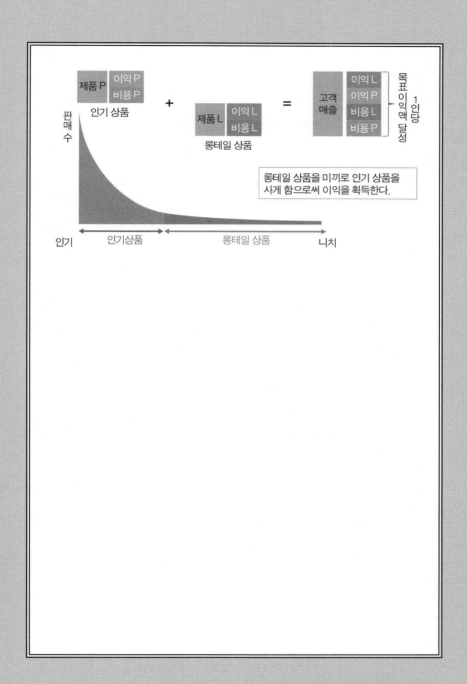

판매 수

제품 P · 이익 P / 비용 P
인기 상품

＋

제품 L · 이익 L / 비용 L
롱테일 상품

＝

고객 매출 · 이익 L / 이익 P / 비용 L / 비용 P
1인당 목표 이익액 달성

롱테일 상품을 미끼로 인기 상품을
사게 함으로써 이익을 획득한다.

인기 ◄── 인기상품 ──►◄── 롱테일 상품 ──► 니치

⑰ 리스

리스는 고객이 내구 소비재를 구입할 때 그 자리에서 전액 지불하는 것이 아니라 분할로 지불하도록 함으로써 시간을 들여 이익을 얻는 가치획득이다. 사용자로 하여금 도입에 고액의 비용이 드는 상품에 대해 지불하기 쉽도록 하는 역할을 담당한다.

대표적인 예가 업무용 차량이다. 예를 들어 5년 후에 일정액의 평가액을 잔존시키고 나머지 금액을 분할로 하는 경우, 계약 만료 시에는 잔존가액을 지불하고 자동차를 구입할 것인지, 리스회사에 반환해 계약을 종료할 것인지, 새로운 리스계약을 할 것인지를 선택한다.

일단 계약을 하면 기간 동안에는 지불이 확정되고, 사용자는 중지할 수 없다. 따라서 리스회사는 계약 기간 동안 이익이 확정된다. 자동차를 출고하면서 지불한 자산원가와 이자를 계약 기간 동안 차분히 회수하는 것이다.

리스는 이 밖에도 복사기나 PC 등 B2B 분야에서 많이 채용하고 있다.

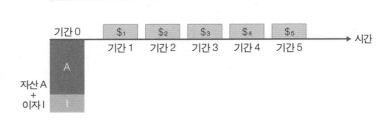

⑱ 레이저 블레이드(소모품)

레이저 블레이드는 질레트(Gillette)사의 창업자인 킹 질레트(King Gillette)가 자사의 면도기 본체(레이저)와 교체날(블레이드)의 이익률을 달리해 가치획득을 한 것에서 붙은 이름이다. 이것은 소모품이라고 하는 수익원을 가지고 지불 타이밍을 뒤로 미루어 이익을 내는 방법이다.

목표로 하는 이익률보다 낮게 설정된 제품과 높게 설정된 제품을 준비해, 전자로 고객을 끌어들이고 후자로 이익을 얻는다. 여기까지는 사실 제품믹스와 다르지 않다. 레이저 블레이드의 특수성은 제품믹스를 시간을 들여 완성시키는 데 있다. 전형적인 방법이 본체는 이익률을 낮게 하고, 사용에 따라 필요한 소모품이나 부속품의 이익률을 높게 책정해 천천히 이익을 획득하는 것이다

지금도 많은 제품에서 이 방식을 채용하고 있다. 가장 대표적인 예는 프린터와 잉크 카트리지다. 카트리지의 이익률을 높게 설정하는 대신 프린터 본체의 가격을 원가에 가깝게 또는 적자가 될 정도로 설정한다. 따라서 프린터만으로는 부족하고 카트리지를 몇 번은 바꾸어야 목표로 하는 이익을 달성할 수 있다.

본체에서도 소모품에서도 동일하게 높은 이익률을 달성하려는 경우는 레이저 블레이드라고 할 수 없다. 본체가 비싸게 설정되면 많은 고객을 끌어들이기 어렵고, 이 가치획득은 깨져버린다.

가정용 게임기에서도 레이저 블레이드가 아직까지 채용되고 있다. 본체는 이익이 나지 않도록 하고, 소프트웨어의 이익을 높게 설정한다. 게임기는 하드웨어와 소프트웨어의 관계를 명확하게 구분할 수 있으므로 이 관계를 만들기 쉽다.

자사의 가치획득을 이 레이저 블레이드로 한다면, 우선은 본체 혹은 본체로서 기능할 만한 것과 소모품 및 부속품을 전부 나열해 본다. 그리고 후자에 높은 이익을 매길 수 있을지를 생각한다. 부속품에 대한 요금 지불은 본체 구입 이후에 발생하므로,

고객과의 관계를 지속적으로 유지해 나가는 것이 필수적이다.

레이저 블레이드를 실행할 때 가장 주의해야 할 점은 '전용품'이다. 본체는 반드시 전용 부속품을 두고 다른 제품과 병용할 수 없도록 해두지 않으면 이익이 나지 않는 본체를 구입한 후 타사의 값싼 소모품을 이용하고 만다.

실제로 캐논은 프린터 본체를 저가로 판매했지만, 재활용 카트리지를 판매하는 업체에서 캐논 프린터기에 맞는 카트리지를 저렴하게 팔아버리는 사태가 일어났다. 캐논은 소모품으로 이익을 회수할 기회를 놓치고 가치획득은 실패하고 말았다. 이건은 재판으로까지 확대되었지만 좀처럼 결말이 나지 않았고, 결국 캐논은 프린터기에 IC칩을 붙여 자사 제품 외 카트리지의 사용이 불가하다는 임시방편의 방어 장치를 마련하는 것으로 마무리되었다.

'전용'이라고 해도 이 같은 문제는 일어날 수 있다. 애초에 소모품이나 부속품이 타사와 호환되는 경우는 이 모델이 성립될 수 없다. 예를 들어 '⑦ 사후 서비스'에서 예시로 든 자동차 대리점의 경우, 판매에서는 이익률을 낮추고 병설 수리 공장에서 이익률을 높여도 어느 공장에서든 수리 가능하다면 고객은 보다 저렴한 쪽으로 흘러가 버린다.

일용 잡화에서 볼 수 있는 샴푸와 리필품은 레이저 블레이드로서 기능하기 어렵다. 빈 용기에는 어떤 샴푸든 넣을 수 있기 때문이다. 그 때문에 각 제조사는 샴푸 본체와 리필품에서 이익률의 차이를 크게 두지 않는다.

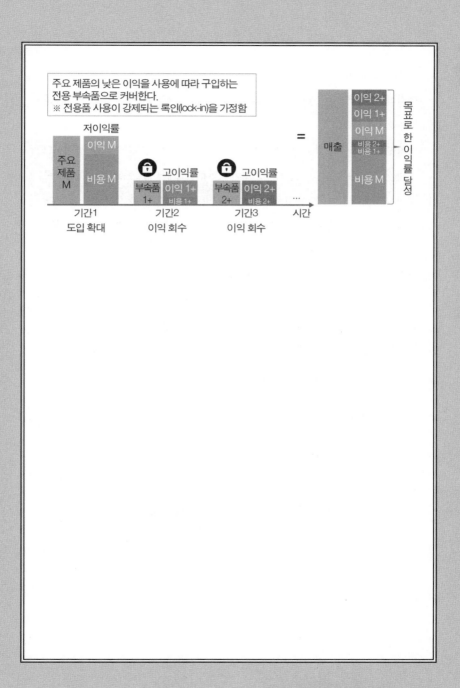

⑲ 멤버십(회비)

멤버십은 '회비'라는 수익원을 마련하고 시간을 들여 여러 번 회수함으로써 이익을 얻는 가치획득이다.

회비를 이익 회수의 핵심으로 삼고 본업인 판매를 보조 수익원으로 삼는, 통상적으로는 생각할 수 없는 방식을 취한 기업이 2장에서 소개한 코스트코다. 유통업으로서의 이익률 제고는 포기하고 목표로 하는 이익은 회비에서 얻기로 결정한 것이다. 이와 달리 멤버십은 본업 이외의 회비를 이익의 주 기둥으로 삼는 것이 특징이다.

연회비의 경우에는 1년분을 선납받을 수 있으므로 자금 흐름으로서는 최고의 조건이라고 할 수 있다. 다만 연회비를 선납받으려면 상당한 회원 혜택이 필요하다.

어느 기업이나 회비를 수익원으로 삼는 것은 가능하다. 그런데 회원제라고 하면서도 회비를 무료로 하는 기업이 많다. 그만한 혜택이 없어서일까?

회비를 지불하고서라도 회원이 되고 싶다는 생각을 불러일으키는 서비스를 제공할 수 있느냐가 멤버십을 생각하는 데 중요한 포인트가 된다.

정액 회비(M)와 판매이익(P)의 합계로 사업 이익을 만든다.

⑳ 프리미엄

프리미엄(freemium)은 주요 제품인 본체의 이익을 제로로 하고 부속 서비스에 높은 이익률을 부여하되, 게다가 그 수령을 나중으로 미루면서 이익을 얻는 가치획득이다. 프리미엄은 크리스 앤더슨(Chris Anderson)의 저서 『프리(Free)』(2009)를 통해 그 명칭이 널리 퍼졌다.

레이저 블레이드는 낮은 이익률이기는 하지만 본체의 요금을 받는다. 이에 반해 프리미엄은 본체를 완전히 무상(프리)으로 하고 있는 점이 다르다. 디지털이 대두되면서 확립된 가치획득이라고 할 수 있다.

레이저 블레이드는 '제품'을 제공하기 때문에 한계비용[5]이 든다. 반면 디지털에서는 앱, 소프트웨어를 제공해도 한계비용은 제로다. 연구개발비 등의 고정비는 들지만, 제품 제공에 따른 추가 비용이 들지 않아 무상으로 제공해도 추가 현금 지출이 없다.

프리미엄을 잘 활용하고 있는 업계는 온라인 게임이다. 게임 자체는 무료로 즐길 수 있지만, 단계를 클리어하거나 레벨업을 앞당기기 위해서는 유료 아이템을 구입해야 한다. 이것이 이익을 낳는 수익원이 된다.

디지털기업에서는 프리미엄이 당연한 가치획득 방법이지만, 제조기업이나 유통기업에서 실행하는 것은 위험하다. 만약 어떤 본체를 무료로 제공해 버리면 한계비용에 따른 현금 지출이 발생하고, 더구나 부속품을 구입해 줄지 어떨지도 불명확해 비용 회수조차 기대하기 어렵기 때문이다.

다만 휴대전화나 워터서버 등의 제품은 본체를 무료로 제공하는 '프리미엄 비슷한

---

5   제품이나 서비스를 추가적으로 1단위 생산할 때 드는 비용의 증가분. '증가분 비용'이라고도 불리며 이 용어가 더 알기 쉽지만, 일반적으로 '한계비용'으로 사용되고 있다.

방식을 전개한다. 이러한 제품은 통신, 생수통이라고 하는 부속 서비스가 없으면 기능하지 않고, 물론 그것은 전용 제품이어야 한다. 그리고 지불을 계약으로 묶어 두기 때문에 확실하게 이익을 얻을 수 있다. 이런 의미에서 이 방식은 프리미엄이라기보다 레이저 블레이드에서 본체를 무료로 하는 가치획득이라고 할 수 있다.

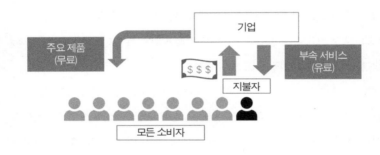

㉑ 부산물

부산물은 제조 과정에서 발생하는 부수적인 것으로, 주요 고객 외의 누군가에게 이 부산물을 판매·구사해 이익을 얻는 가치획득이다. 따라서 본업에서 가치창조가 목표로 하는 이익을 내지 못해도 다른 지불자로부터 얻는 부차적인 권리가 전체 이익에 크게 공헌할 수 있다. 보통 부산물은 일부러 창출하는 것이 아니기 때문에 원가가 들지 않는 매출총이익률 100%의 수익원이라고 할 수 있다.

2장에서 자세히 살펴보았듯, 테슬라는 자동차 구입 고객 이외의 대상에게서도 이익을 얻는다. 바로 탄소배출권을 구입하는 경쟁기업이다. 이를 통해 테슬라는 자동차 판매만으로는 부족한 이익을 보전하고, 이익을 강화하려고 궁리를 거듭해 왔다.

스위스 기업 베스터가드 프랑센(Vestergaard Frandsen)은 특수수지로 만든 빨대형 정수기 '라이프스트로(LifeStraw)'를 개발했다.[6] 이 빨대를 사용하면 박테리아나 기생충을 99.9% 제거할 수 있어서 오염수를 식수로 바꿀 수 있다. 이 제품을 식수 문제를 안고 있는 지역에 판매하려고 했지만, 개발도상국의 일반 가정에서 구입하기에는 가격이 너무 비싸다는 것이 문제가 되었다. 그래서 이 회사는 일반 가정에서도 구입 가능한 저렴한 가격으로 제품을 제공하기 위해 고객 이외의 지불자를 찾아다녔다. 그것이 규정 이상의 이산화탄소를 배출하는, 배출권을 원하는 기업이다.

일반적으로 오염수를 식수로 마시기 위해서는 불을 피워 끓여야 하며, 끓이기 위해서는 석유나 목재를 태워야 한다. 라이프스트로는 그럴 필요가 없기 때문에 이산화탄소 배출이 없다. 그래서 UN의 관련 기관과 비정부조직에 이 이야기를 전해 탄소배출량 인증을 획득하고, 그 크레딧을 판매해 수익화함으로써 최종적으

6　이 사례는 Michel(2015)에 기초하고 있다.

로 라이프스트로를 무상으로 제공하는 데 성공했다.

비슷한 사례는 건물의 공중권에서도 찾아볼 수 있다. 지역에 따라서는 건물 높이의 제한으로 규정 이상의 높이로 건물을 세울 수 없는 경우가 있다. 그런데 만약 규정 이하의 높이밖에 되지 않는 건물이라면 높이에서 잉여가 발생해 그것을 판매할 수 있다.

일본에서의 성공 사례는 도쿄역 복원 프로젝트가 있다. 2012년에 JR동일본은 도쿄역 역사를 완전히 새롭게 단장했다. 총공사비는 약 500억 엔으로, 꽤 비싼 건설비였지만 향후 도쿄역의 편리성이나 브랜딩에 필요한 투자였다.

JR은 이 공사를 공중권 덕분에 추가 자기자본 지출 없이 해냈다. 도쿄역은 지하 2층, 지상 3층의 저층 구조인데, 이 입지는 부지 면적에 대해 9배의 연면적이 되는 고층 빌딩의 건설이 가능했다. 그래서 상공 부분의 잉여 권리를 '공중권'이라는 형태로 주변 기업에 매각했다. JR은 도쿄역을 이용하는 고객이 아닌 다른 지불자로부터 수익을 얻음으로써 자사 이익을 줄이지 않아도 된 것이다.

이 가치획득을 도입할 때는 고객 외 다른 지불자를 찾는 것부터 시작해야 효과가 있다. 경쟁기업이나 동업자로부터 이익을 얻는 다소 황당해 보이는 방법이지만 의외로 찾기 쉬울 수 있다.

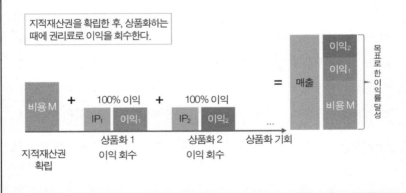

㉒ 콘텐츠

콘텐츠(IP)는 본업에서 만들어낸 정보자원이다. 그리고 이 정보자원을 여러 곳에 활용해 이익을 창출하는 것을 의미한다. 이 방법은 주로 저작물에서 많이 볼 수 있다. 가장 큰 돈이 움직이는 곳은 만화, 영화, 게임 분야다. 조지 루카스는 영화 〈스타워즈〉를 제작할 때 메이저 영화사인 20세기 폭스에 배급을 의뢰했다. 그러나 당시만 해도 우주를 주제로 하는 영화는 성공을 예상하기가 어려웠기에 맡기를 주저했다. 그래서 루카스는 배급해 주는 조건으로 감독 보수를 거의 받지 않겠다는 계약을 제안하고, 그 대신 스타워즈에서 발생하는 상품화권을 라이선스로 갖는 것을 계약에 포함시켰다.

결과적으로 영화는 대성공을 거두었고 20세기 폭스는 많은 이익을 얻었다. 물론 루카스도 막대한 이익을 거두었다. 관련 굿즈가 대거 만들어지면서 불티나게 팔렸기 때문이다. 루카스는 영화라는 본래의 가치창조로는 원하는 만큼의 이익을 얻지 못했지만, 최종적으로 콘텐츠를 전용해 관련 굿즈를 제작한 회사로부터 라이선스 수익을 받음으로써 막대한 이익을 얻은 것이다. 게다가 이 이익은 매출총이익 기준으로 100% 순이익이다.

한편 고객에게서는 이익을 취하지 않고 다른 지불자에게서 목표로 하는 이익을 얻는 경우가 있다. 산리오(サンリオ)는 헬로키티 제품을 자사에서 제조·판매하다가 2008년부터 모든 것을 라이선스화해 테마파크나 운영회사에 빌려주고 거기서 이익을 얻는 가치획득으로 바꾸었다.

이처럼 정보 콘텐츠는 IP(지적재산)으로도 불리고 있으며, 제작 시부터 다중 이용을 전제로 한 가치획득을 구상한다.

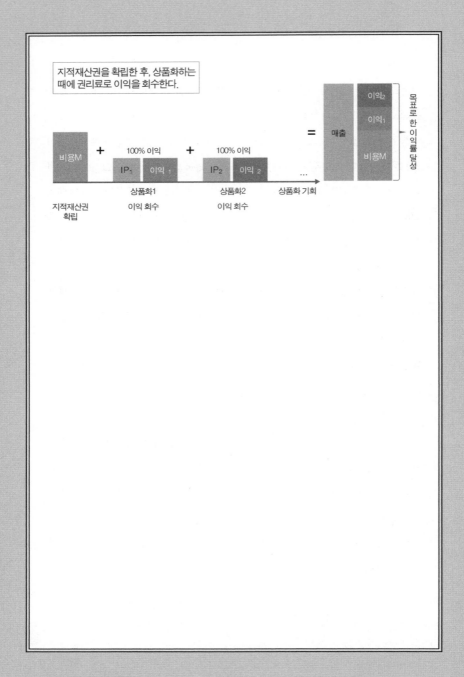

지적재산권을 확립한 후, 상품화하는
때에 권리료로 이익을 회수한다.

비용M

＋

100% 이익

IP_1 이익 1

＋

100% 이익

IP_2 이익 2

...

상품화1
이익 회수

상품화2
이익 회수

상품화 기회

지적재산권
확립

＝

매출

이익2

이익1

비용M

목표로 한 이익률 달성

㉓ 수수료

본업의 고객 외 다른 지불자, 특히 B2B 기업으로부터 수수료(fee)를 받고 이익을 내는 가치획득이다.

가장 흔한 사례로 자동차 딜러가 고객에게 보험이나 은행 대출을 알선하고 수수료를 받는 경우가 있다. 즉, 고객 외의 지불자로부터 수수료를 받아 이익을 얻는다. 수수료는 큰 액수는 아니지만 순이익률이 거의 100%이므로 목표이익 달성에 크게 공헌할 것이다.

또 동업자로부터 수수료를 받기도 한다. 아마존의 EC 사이트에서는 본업인 물품 판매 이외에도 '마켓플레이스'를 운영하고 있다. 마켓플레이스에서는 아마존이 출점료를 부과하면서 업자에게 사이트 공간을 빌려주고, EC 사이트의 고객이 아닌 지불자(즉, 사업자)로부터 제품이 아닌 수익원(출점료)을 얻고 있다.

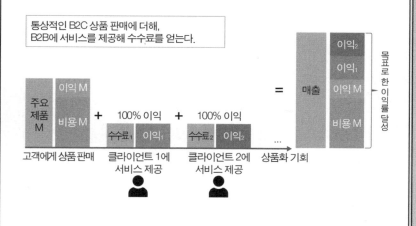

㉔ 우선권

우선권(priority)은 어떤 이유로 제품을 빨리 손에 넣기 원하는 고객이나 우선적으로 서비스를 받고 싶은 고객에게 원하는 혜택을 주고 이익을 얻는 가치획득이다.

예를 들어 혼잡한 테마파크에서는 입장권 및 놀이시설 이용권 외에 줄을 서지 않아도 되는 우선권을 판매해 여기에서 이익을 얻고 있다. 이 우선권은 매출총이익률 100%를 실현할 수 있는 가치획득이지만, 남발하면 오히려 혼잡이 일어나 가치를 잃게 된다.

최근 극장에서는 스크린이 가장 잘 보이는 위치에 일반석보다 고급스러운 의자가 놓인 특등석을 제공하고 있다. 물론 여기에는 설비 투자가 필요하므로 비용은 들지만, 같은 가동률을 유지하면서도 추가요금을 얻을 수 있다는 점에서 장기적으로 보면 바람직한 수익원이다.

우선권을 활용하려면 무엇보다 우선적으로 서비스를 받기 위해 추가요금을 마다하지 않는 고객이 어느 정도 존재하는지를 파악하는 것이 포인트다.

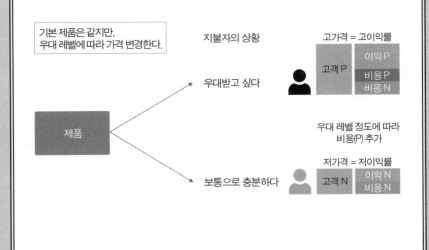

㉕ 삼자 간 시장

삼자 간 시장은 광고라는 수익원을 중심에 두는 가치획득이다. 사람을 모을 수 있는 능력을 살려 광고 공간을 타사에 빌려주고 그 대가를 얻는다.

이전부터 방송사들은 광고로 가치획득을 실현하고 있다. 시청자에게서는 요금을 받지 않고 광고주에게 광고 공간을 빌려주고 거둬들이는 이익만으로 성립하는 구조다. TV 방송국은 정부에 의한 인가 사업이기 때문에 수가 한정되어 있고, 개국할 때에는 이미 일정 정도의 시청자 수를 기대할 수 있기 때문에 이 구조는 바로 성립된다.

잡지는 독자에게도 구입비를 징수하고 광고주에게도 과금하는 것이 일반적이다. 하지만 이익의 절반 정도가 광고주의 광고료로 채워진다.

인터넷 시대가 열리면서 구글과 페이스북이 이 방식으로 막대한 이익을 얻고 있다. 디지털 플랫폼을 토대로 하는 삼자 간 시장의 가치획득으로 이 두 기업은 비약적인 발전을 이루었다.

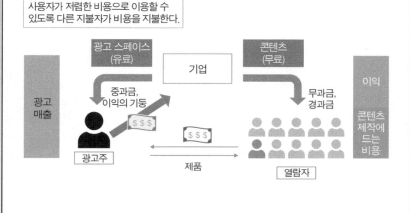

㉖ 매치메이킹

매치메이킹(match making)이란 구매자와 판매자 등 거래 참가자의 지불을 조합해 이익을 만드는 가치획득이다. 주로 부동산 중개업 등에서 활용해 온 오래된 모델이지만, 디지털 시대를 맞아 플랫폼을 활용하면서 비약적으로 발전했다.

온라인 중고거래 사이트 '메르카리(メルカリ)'는 바로 이 방법으로 비즈니스를 확대했다. 메르카리는 구매자에게는 수수료를 받지 않지만, 물건이 팔렸을 때 판매자에게 판매금액의 10%를 수수료로 징수하는 것으로 이익을 창출하고 있다. 거래 건당 이익액은 크지 않지만 많은 이용자가 매일 거래를 하기 때문에 소액의 수수료가 축적되어 최종적으로 큰 이익을 만들어준다.

판매자는 사업자인 경우도 있기에 수수료는 그들에게서만 받는 것이 일반적이다. 그 수수료가 이익이 되기 때문에 중개업자는 더 많은 구매자가 모이는 시스템을 구축해 더 많은 거래가 이뤄지도록 해야 한다.

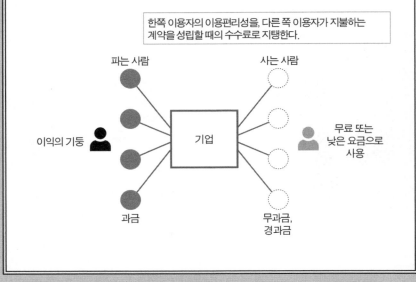

㉗ 앰버서더

앰버서더(ambassador)는 '대사'나 '사절'을 뜻한다. 기업의 제품을 현재의 고객 외의 사람들이 쓰게 해서 그들로 하여금 제품을 널리 퍼뜨리도록 하는 방법이다. 현재의 고객으로부터 통상적인 이익을 얻으면서, 나아가 제품 사용자를 한층 더 확대하고 싶은 경우에 앰버서더를 설정한다.

앰버서더에게는 협력의 대가로 제품 대금이나 이용료를 낮게 하거나 경우에 따라서는 무료로 해준다. 기업 입장에서 그들은 이익률이 낮은 지불자이지만, 굳이 앰버서더를 세우는 것은 제품을 널리 알려주는 역할을 담당하기 때문이다. 더불어 일반적인 프로모션 비용에 비해 적은 비용으로 활용할 수 있으므로 비용 대비 효과를 생각하면 전체적으로 비용 절감의 효과도 볼 수 있다.

어도비의 '크리에이티브 클라우드(Creative Cloud)'나 마이크로소프트의 '오피스 365(Office 365)' 등의 교육 목적 사용자는 앰버서더에 해당한다. 이 회사들은 앰버서더가 된 교직원들에게 상당히 저렴한 가격으로 소프트웨어를 제공하고 있는데, 그 이유는 그들이 교육현장에서 해당 소프트웨어를 사용할 경우 많은 잠재고객이 생겨나기 때문이다. 앰버서더에게 특별히 싼 가격으로 제품을 제공하는 것은 많은 사용자를 집객할 수 있다고 예상해서다. 특히 학생 사용자들은 졸업 후에도 동일한 소프트웨어를 계속 사용하면 정규 요금을 지불하는 일반 사용자로 성장해 나간다.

이렇게 앰버서더를 세워 인지도를 얻고 제품을 확대한 사례가 또 있다. 네슬레(Nestlé)의 커피머신 '네스카페 바리스타(Nescafé Barista)'다. 매월 일정량의 커피를 주문하면 커피머신 본체는 무료로 제공된다. 커피 값은 네슬레에게 내야 하지만, 그 금액은 회사가 부담한다. 커피값은 한 잔당 20엔 정도이니 회사 입장에서도 부담이 크지 않다.

이러한 시스템을 통해 제품의 장점을 느낀 직원은 개인적으로 네스카페 바리스타를 가정에 도입해 정상요금을 지불하고 사용한다. 지속적으로 사용하면 네슬레로서는 고객 확대에 성공한 셈이 된다.

앰버서더는 일반 고객보다 이익 면에서는 도움이 되지 못하지만, 신규 고객 개척이라는 점에서 절대적인 영향력을 가지고 있으며, 시간을 들여 이익을 획득하는 데 절대적인 영향력을 가진다. 이 방법을 도입할 때에는 엠버서더를 누구로 설정할 것인지, 그들이 어떻게 돌아다니면서 퍼뜨리도록 할 것인지를 검토해야 한다.

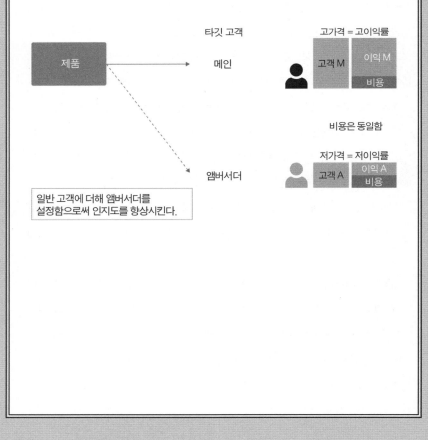

㉘ 스노브 프리미엄

스노브 프리미엄(snob premium)이란 거의 동일한 서비스에 대해 특별히 높은 요금을 지불해 주는 지불자로부터 초과분을 받아 이익을 얻는 가치획득이다. 주로 회원제를 활용하는 기업에서 이 방법을 채용하는데, 회비에 따라 차등을 두어 많은 돈을 지불하는 고객에게 '특별함'을 부여한다. 그 특별함이 고객에게는 높은 사회적 지위가 된다.

이를 가장 잘 활용하고 있는 것이 아메리칸 익스프레스(American Express, 아멕스) 카드다. 아멕스는 일반 카드인 그린카드, 골드카드 위에 한층 더 상위의 플래티넘 카드를 설정해 놓고 있다. 지금은 누구나 플래티넘 카드 회원이 될 수 있지만, 이전에는 기존 회원의 소개가 필요했다. 연회비도 13만 엔(세금 별도)으로 파격적으로 높다. 해당 카드를 가진 고객에게는 전용 컨시어지 데스크를 제공하거나 여행 관련 준비까지 해주는 등 지위를 느낄 수 있는 다양한 부대 서비스가 마련되어 있다.

이보다 더 상위 클래스로는 아멕스 측의 초대를 받아야 처음으로 회원이 될 수 있는 센추리온 카드가 있다. 연회비는 35만 엔(세금 별도)으로, 이 회사의 최상위 지위다. 그런데 실제 센추리온 회원들이 빈번하게 특별한 서비스를 받을 수 있는 것은 아니다. 그럼에도 이 카드를 원하는 것은 서비스 때문이 아니라 아멕스로부터 인정받았다는 '특별함' 때문이고, 이를 위해 초과 지불을 하는 것이다.

스노브 프리미엄은 기업 측에 브랜드 파워가 없으면 성립하지 않는다. 따라서 일정 정도의 브랜드 파워를 가진 기업이라면 이를 가치획득 방법으로 검토할 여지는 있을 것이다.

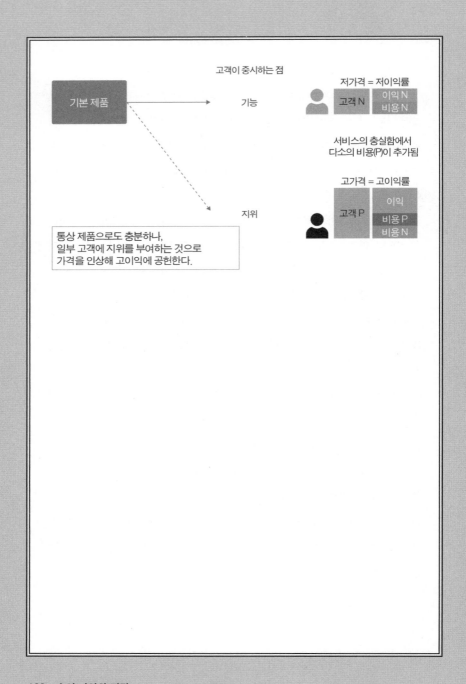

고객이 중시하는 점

기본 제품

기능

지위

저가격 = 저이익률

고객 N | 이익 N
| 비용 N

서비스의 충실함에서
다소의 비용(P)이 추가됨

고가격 = 고이익률

고객 P | 이익
| 비용 P
| 비용 N

통상 제품으로도 충분하나,
일부 고객에 지위를 부여하는 것으로
가격을 인상해 고이익에 공헌한다.

㉙ 프랜차이즈

프랜차이즈는 타인에게 영업권을 내주고, 그 대가를 시간을 들여 얻는 가치획득이다. 프랜차이즈를 제공하는 쪽(프랜차이저, franchaisor)은 사용하는 쪽(프랜차이지, franchaisee)에게 매장 이름이나 제품을 사용할 권리, 원료 매입, 판매, 집객, 채용, 상품 개발 등 비즈니스를 하는 데 필요한 요소들을 제공하고, 이에 대한 대가를 받는다.

자사 또한 가치창조를 하고 거기서 이익을 창출해야 그 방법을 사용할 권리를 타사에 부여하는 것으로 이익을 더해 가치획득을 할 수 있다. 단, 프랜차이지가 비즈니스 모델을 이용하고 싶을 만큼 프랜차이저는 돈을 벌고 있어야 한다. 기업에 이익을 가져오는 것은 자사의 고객과 프랜차이지가 되는 것이다.

세계 최대 프랜차이즈는 맥도날드다. 그 시작은 1955년이다. 맥도날드 형제가 만든 햄버거 가게에 반한 레이 크록(Ray Kroc)은 프랜차이즈 사업을 제안하고 맥도날드 프랜차이즈 1호점을 소유한다. 그리고 맥도날드가 프랜차이저가 되는 '맥도널드 시스템즈'(현재의 맥도날드 코퍼레이션)를 만들었다.

레이 크록은 맥도날드의 가치창조 방법의 이용 허가를 타사에 주고 프랜차이지에게 매상의 몇 퍼센트를 지불하게 했다. 거기에서 자신의 수입을 공제하고 나머지를 맥도날드 본점에 주었다. 맥도널드 본점은 프랜차이즈에서 들어오는 이익으로 본점의 이익을 높였다.

우여곡절은 있었으나 최종적으로 레이 크록이 맥도날드의 권리를 보유하는 현재의 형태가 만들어졌다. 그 시스템은 교묘하게도 토지를 담보로 은행에서 융자를 받고, 그 토지에 매장을 건설해 프랜차이지에게 매장을 장기임대해 주는 형태를 취했다. 토지는 레이 크록이 소유하고, 프랜차이지는 규약에 따라 매장 운영을 할 뿐이다.

은행은 맥도날드의 가치창조를 신뢰했으므로 레이 크록은 순식간에 많은 부동산을 보유하게 되었다. 토지를 마련하고 매장을 세우고 운영 방법까지 가르쳐주는, 모든 것을 풀패키지로 준비해 두고 이를 프랜차이지에 빌려주어 이익을 얻었다. 프랜차이즈라는 가치획득은 이후 세븐일레븐 등의 편의점, 술집 체인, 서점과 영상음악 미디어의 렌털체인 등 다양한 업종으로 확산되었다.

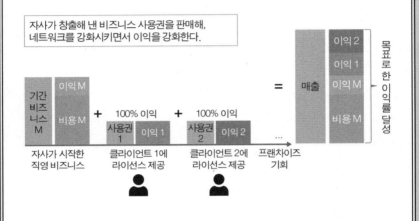

㉚ 데이터 접근권

데이터 접근권이란 기업이 자사의 가치창조를 이루는 동안 축적된 데이터에 대해, 접근권을 원하는 사업자에게 일정 요금을 받아 이익을 내는 가치획득이다. 이전에는 특정 시점의 데이터(데이터 세트)를 한꺼번에 판매했지만, 인터넷이 당연해진 현재는 날마다 업데이트되는 정보의 접근을 허락하고 요금을 징수하는 것이 일반적이다.

이 가치획득을 실행할 경우에는 본업을 통해 축적된 데이터 정보를 누가 원할지 생각하고, 어떻게 정보에 접근할 수 있게 할지 그 제공 방법까지 생각할 필요가 있다. 일본의 대형 서점인 기노쿠니야(紀伊國屋) 서점은 서적 판매뿐 아니라 전국 매장의 포스(POS) 시스템에서 관리되는 판매정보를 '펍라인(PubLine)'이라는 이름으로 공개하고 있다. 자사의 포스 데이터를 타사에 공개한 선구자적 존재라 할 수 있다. 데이터 이용자는 출판사의 편집자나 영업사원 등 다양한데, 그들로서는 트렌드를 알고 경쟁사의 간행물 판매량 등을 점검해 판매 전략을 세우는 데 활용할 수 있어 이용 가치가 높다.

기노쿠니야 펍라인은 데이터베이스 접근권을 계정 한 개당 월 10만 엔(세금 별도)에 제공하고 있는데, 착실하게 계약 수가 증가하고 있다. 자사의 데이터베이스이므로 운용비용도 낮게 억제할 수 있다. 여기서 얻는 이익은 본업인 서적 판매 이외의 이익이므로 중요한 의미를 가진다. 고객이 아닌 거래처로부터 이익을 얻는 특수한 방법이지만, 이 방법은 조건만 갖추면 어느 기업이든 도전할 수 있다.

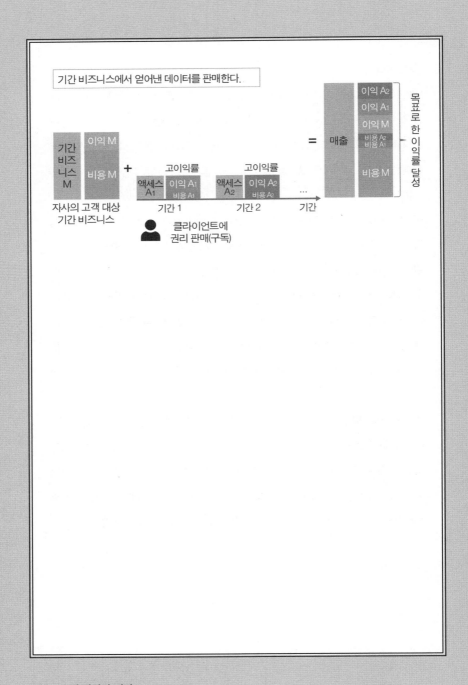

기간 비즈니스에서 얻어낸 데이터를 판매한다.

기간 비즈니스 M
이익 M
비용 M

+

고이익률
액세스 A_1
이익 A_1
비용 A_1
기간 1

고이익률
액세스 A_2
이익 A_2
비용 A_2
기간 2

...
기간

자사의 고객 대상 기간 비즈니스

클라이언트에 권리 판매(구독)

=

매출

이익 A_2
이익 A_1
이익 M
비용 A_2
비용 A_1
비용 M

목표로 한 이익률 달성

지금까지 30가지 가치획득을 살펴보았는데, 이 중 몇 가지는 현재 자사의 가치획득으로 이미 활용하고 있을 것이 분명하다.

여기서 짚고 넘어갈 게 있다. 어느 업계에서는 당연한 가치획득이라도 다른 업계에서는 혁신적인 가치획득이 될 수 있다는 사실이다. 제조기업이라면 제품 판매(①)가 지배적인 가치획득이므로 나머지 29개의 가치획득으로 바꾸는 것이 이익혁신이 된다.

유통기업의 대부분이 제품믹스(③)를 가치획득 방법으로 활용하는 가운데 코스트코는 멤버십(⑲)을 채용했기 때문에 이익혁신을 이룰 수 있었고, 다른 유통기업을 따돌리는 데 성공했다. 디지털 기기나 자동차업계에서는 제품 판매(①)가 중심이지만, 애플은 서비스화(⑧), 테슬라는 부산물(㉑)이라는 가치획득으로 혁신적인 비즈니스 모델을 만들고 지속적으로 성과를 올리고 있다.

또 한 가지 짚고 넘어갈 것은 하나의 사업단위에 한 가지 가치획득밖에 없다는 사실이다. 사업단위란 타깃 고객과 경쟁사가 존재하며 거기에 제품·서비스를 제공하는 사업 그 자체를 의미한다. 그것은 사업부와 같이 조직도에 명확히 눈에 보이는 경우도 있지만, 사업부 안의 소규모 사업과 프로젝트라는, 조직도에서는 보이지 않는 형태로 존재하고 있는 경우도 있다. 어떤 사업이 이익혁신을 실행하면 현재의 가치획득이 별개의 가치획득으로 바뀐다.

가장 알기 쉬운 것으로, 현재의 제품 판매(①)에서 다른 형태로서의 정액제 구독(⑫)으로 전면적으로 이행하는 것이다. 어도비는 판매 형태였던 '크리에이티브 스위트(Creative Suite)'에서 정액제 구독제의 '크리에이티브 클라우드'로 전면 이행했다.

이행 초기에는 두 가지를 모두 유지하고 있었으나, 사용자에 대한 대응 방법과 영업활동의 방식이 완전히 달랐기 때문에 당시는 아직 많은 매출을 자랑하고 있던 제품 판매를 폐지하고 구독 체제 하나만 남긴 것이다.

또한 하나의 사업에 복수의 가치획득이 존재하는 것처럼 보이는 경우가 있으나, 실제로는 다른 사업부문이 혼재되어 있는 경우가 많다. 아마존의 온라인스토어에는 제품 판매(①) 외에 프라임 회원에 대한 정액제 구독(⑫), 마켓플레이스에서 판매자로부터 받는 수수료(㉓)가 있다. 하지만 이들은 사업이 각기 분리되어 있고, 각 사업의 가치창조에 따라 가치획득을 실행하고 있다. 나아가 멀리서 그룹 전체를 바라다보면, 아마존은 종량제 구독(⑭)도 채용하고 있는데, 이는 AWS라는 사업을 별도의 회사에서 전개하고 있다.

이익혁신을 할 때에는 현재의 사업부문의 가치획득을 새로운 가치획득으로 대체하거나, 혹은 가치획득을 늘려 나가는 경우 별도의 사업부문을 만드는 것이 바람직하다.

2. 새로운 가치획득을 창출하기 위해

상술한 30가지 가치획득은 과거 누군가가 만들어낸 이른바 '기성품'이다. 기업은 이 가운데 어느 하나를 골라 자사의 가치획득에 대한 변화에 착수하는 것이 일반적이다.

하지만 본서에서는 '앞으로'를 내다본 이익혁신을 목적으로 두고자 한다. 변화가 심한 지금은 누군가가 만들어놓은 가치획득에 만족하지 않고, 경영자가 직접 방향키를 잡고 스스로의 힘으로 31번째, 32번째의 새로운 혁신적 가치획득을 만들어내야 할 것이다.

그렇다면 아직 이 세상에 없는 새로운 가치획득을 창출하려면 어떻게 해야 할까? 먼저 재료를 갖추어야 하고, 그다음 조립하는 과정을 거쳐야 한다. 여기서 다시 30가지 가치획득을 보기 바란다. 기업가와 경영자가 지혜를 짜내어 만들어낸 것이므로 상당히 종류가 다양하다는 것을 알 수 있다. 이들에게는 아무런 공통점도 없어 보이지만, 가치획득의 내용을 자세히 보면 키워드 하나

도표 3-2 | 대표적인 수익원 예시

수익원	개요
❶ 제품	주요 제품의 원가에 일정한 이익을 붙여 수익을 얻는다.
❷ 소모품	주요 제품에 적합한 소모품으로 수익을 얻는다.
❸ 유지관리	판매 후에 발생하는 유지관리에서 수익을 얻는다.
❹ 서비스	판매 후 사용에 따른 문제 해결에 대해 서비스료를 받아 수익을 얻는다.
❺ 폐기	사용자가 제품을 폐기할 때 도움을 주어 수익을 얻는다.
❻ 회비	무언가의 명목으로 회비를 징수해 수익을 얻는다.
❼ 부산물	본업을 추구하면서 발생하는 부산물과 권리를 판매한다.
❽ 지적재산권	콘텐츠와 IP(지적재산권)를 전용해 수익을 얻는다.
❾ 광고	광고주로부터 광고료를 받아 수익을 얻는다.
❿ 로열티	창조한 사업 및 제품의 이용 허락을 판매해 수익을 얻는다.

자료: *Apple Form 10-k annual report* (2020)에 근거해 작성함.

가 떠오를 것이다. 바로 '수익원(source of revenue)'이다. ①~㉚의 모든 가치획득은 수익원을 통해 생성된다. 〈도표 3-2〉는 30가지 가치획득에 등장하는 주요 수익원을 정리한 것이다. 여기에 제시한 10가지 수익원은 대표적인 것만 나열한 것이지 전부는 아니다.

그러면 이들 수익원으로 어떻게 가치획득을 하고 있을까? 30가지 가치획득 중 많은 제조기업이 채용하고 있는 것은 제품을 판매해 이익을 획득하는 '① 제품 판매'다. 그 수익원은 당연히 10가지 수익원 중 '❶ 제품'이다. 여기서 새로운 가치획득으로 향해 가기 위해서는 수익원을 넓게 인식하는 것이 중요하다. '제품'이라고 하는 현재의 수익원 이외에 새로운 수익원은 없는지 찾아볼 필요가 있다.

그러면 이들 수익원을 활용해서 어떻게 가치획득을 만들어갈 수 있을까? 예를 들어 30가지의 가치획득 중 '⑱ 레이저 블레이드'는 10개 수익원 중 '❶ 제품'

도표 3-3 | 가치획득의 핵심은 수익원

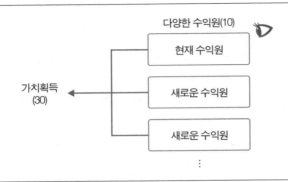

주: 가치획득과 수익원의 괄호 안 숫자는 본 장에서 제시한 유형의 수를 나타낸다.

과 '❷ 소모품'이라는 수익원의 조합으로 되어 있으며, 가치획득 중 '⑲ 멤버십'
은 '❶ 제품'과 '❻ 회비'의 조합으로 이루어져 있다. 가치획득 중 '㉑ 부산물'은
'❶ 제품'과 '❼ 부산물'의 조합이다.

또한 강력한 단독 수익원을 잘 갈고 닦아서 가치획득을 하는 경우도 있다.
'⑫ 정액제 구독'은 단독 수익원인 '❻ 회비'를 정기적으로 거둬 이익을 낼 수
있도록 설계되어 있다.

이처럼 가치획득과 수익원의 관계를 나타낸 것이 〈도표 3-3〉이다. 30가지
의 가치획득은 10개의 수익원이라는 요소에 의해 만들어진다는 것을 알 수 있
다. 새로운 가치획득을 찾기 위해서는 현재의 수익원을 정확히 파악하는 것이
중요하다. 수익원을 여러 개 찾아내어 그들을 조합해 보거나 잘 갈고닦는 것
으로 새로운 가치획득이 태어난다.

역사가 오래된 제조기업 중에는 〈도표 3-2〉의 ❷부터 ❿까지의 수익원을 이
미 검토하고 활용까지 해보았지만 이렇다 할 성과가 없어 중단한 경우도 있을
것이다. 하지만 시대적 배경이나 환경이 바뀌면 이전에 잘 되지 않았던 것이

가능해지는 경우가 있다. 특히 지금은 디지털의 극적인 진보로 IoT나 AI가 자연스럽게 일상생활에 파고들었다. 그로 인해 지금까지 이론으로밖에 실현되지 못했던 수익원이나, 인해전술이 필요해 이익이 나지 않았던 수익원이 갑자기 이익을 창출해 내는 경우가 있다. 기술의 진보는 나날이 발전해 가므로 정기적으로 수익원을 점검하는 것이 중요하다.

여기에서는 대표적인 수익원을 10개만 제시했지만, 수익원은 이것이 전부가 아니다. 가능한 한 많은 수익원을 인식할 수 있다면 그만큼 참신한 가치획득을 창출할 수 있는 기회가 생긴다.

그렇다면 새로운 수익원은 어떻게 찾아야 할까? 다음 장에서는 수익원을 체계적으로 추출하는 방법에 대해 설명하겠다.

4장

수익원을
다양화하다

포인트

- 수익원을 늘리기 위해서는?
- 과금 포인트와 그것의 확장 개념인 과금 플레이어, 과금 타이밍이란?
- 수익원은 이익을 위해

키워드

- 수익원의 다양화
- 새로운 수익원
- 과금 포인트
- 과금 플레이어
- 과금 타이밍

앞 장에서 제시한 30가지 가치획득은 일찍이 여러 기업들이 선제적으로 완성시킨 '이익의 창출 방법'의 이른바 카탈로그이므로 이를 그대로 답습해 자사의 가치획득 방법으로 활용할 수 있다.

하지만 이 책에서는 이를 검토하면서, '앞으로'를 내다본 이익혁신을 목적으로 하고 있다. 그를 위해서 가장 중요한 착안점인 수익원의 다양화에 대해, '과금'이라는 시점으로 다시 바라보는 방법을 소개하고자 한다.

수익원에 대한 관점이 바뀌면, 독자적인 가치획득을 만들어내는 이익혁신에 다가갈 수 있다.

1. 수익원을 논리적으로 추출하다

이 책에서 최종적 목적으로 하는 이익혁신이란, 현재의 가치획득을 새로운 가치획득으로 전환하는 것을 의미한다. 이익혁신을 실현하기 위해서는 우선 '수익원의 다양화'와 그 수익원을 새로운 가치획득으로 만드는 '이익화'라는 두 과정이 필요하다. 그것을 나타낸 것이 〈도표 4-1〉이다. 이 장에서는 가치획득의 토대가 되는 수익원을 추출하는 '수익의 다양화'에 대해 먼저 설명하겠다.

수익은 왜 생기는가?

수익원을 재무나 회계 관점에서 찾으려고 하면 곧바로 사고가 멈춰버린다. 재무 용어나 계정과목에서만 생각하다 보니 이미 확립된 수익원에서 찾을 수밖에 없어, 잠재적 수익원에는 좀처럼 도달하지 못한다. 그렇게 하면 수익원을 다양하게 찾아낼 수 없다.

그러면 어떻게 하면 좋을까? 표면으로 드러나서 인식된 수익원뿐만 아니라

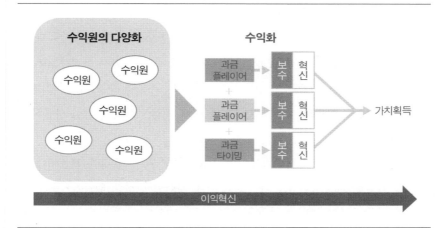

잠재적 수익원까지 폭넓게 수익원을 찾으려면 어떻게 해서 수익이 생기는지를 생각해 볼 필요가 있다. 그러면 '과금'이라는 키워드에 닿게 된다.

과금(charge)이란 문자 그대로 기업이 '요금을 부과한다'는 의미다. 현재 인식 가능한 수익원이란 바로 어떤 제품과 서비스에 과금이 된 것이다. 자사의 현재의 수익원을 생각해 보기 바란다. 그것은 어떤 제품에 대해서 누군가가, 어떤 타이밍에 돈을 지불한 것이다.

이렇게 생각해 보면 새로운 수익원 또한 아직 보지 않은 무언가에 대해서, 누군가가, 어떤 타이밍에 돈을 지불하는 것이 된다. 과금이라는 각도에서 보는 것으로 지불하는 쪽의 마음과 고통을 느끼는 지점을 이해할 수 있는 것이다.

사실 '과금'이라고 하는 말은 지불자에게도 이미 아주 익숙한 말이 되었다. 과금의 본래 의미는 상술한 바와 같이 기업이 무언가에 대한 금액을 지불자에게 부과하는 것이나, 현재는 지불하는 쪽도 '지불한다'는 의미로 '과금했다'라는 말을 사용하고 있다. 특히 게임이나 음악, 동영상 등의 서비스를 이용하는 사람들에게는 이미 당연하게 쓰이는 용어다.

그렇게 생각하면 과금을 하는 쪽의 기업에도 과금을 당하는 쪽의 지불자에게도 이미 익숙해진 '과금'이라고 하는 말을 사용함으로써, 청구하는 측과 피청구 측 모두를 이미지 안에 포함할 수 있기 때문에, 지금까지 상정하지 않았던 새로운 수익원을 추출할 수 있는 것이 가능하다고 말할 수 있다. 이에 본서에서는 수익원을 다양화하는 방법을 찾는 데에 '과금'이라는 개념을 사용하기도 한다.

자사는 어떤 제품이나 서비스에 '과금하고 있는가?', 장래 다른 제품이나 서비스에 '과금할 가능성이 있는가?' 고객 외에 '과금할 대상은 없는가?' 등의 관점에서 '과금'을 활용하면 수익원을 폭넓게 찾으면서도 그 목적성을 잃지 않고 수익원을 다양하게 포착할 수 있다.

그러니 이 책에서는 '과금'이라는 관점에서 다양한 수익원을 찾아보도록 하겠다.

과금 포인트를 찾아라

제조기업은 과금을 '주요 고객에게 요금을 부과하는 것'이라고 정의하겠지만, 사실 과금 대상은 '주요 고객'만이 아니다. 실제로 많은 웹페이지나 동영상 서비스, 애플리케이션 등은 주요 고객에게는 전혀 과금하지 않고, 그 밖의 누군가에게 과금하고 있다.

과금 타이밍도 마찬가지다. 그 타이밍은 '지금'뿐만이 아니다. 현재 유행하고 있는 정액제 구독은 고객의 구매 시점에 과금이 완료되지 않고, 이용이 계속되면서 다액의 지불을 이후에 받고 있다.

이러한 과금이라는 사고방식은 제품 판매라고 하는 단 한 가지의 '과금'에 의해 수익을 얻고 있는 제조기업이나 유통기업에야말로 도입되어야 하는 개념이다.

도표 4-2 | 과금 포인트

	인식하고 있다(현재)	인식하고 있지 않다(잠재)
과금하고 있다	과금 중인 수익원	—
과금하고 있지 않다	과금하고 있지 않은 수익원	잠재적인 수익원

도표 4-3 | 과금 포인트는 잠재적 수익원을 포함한다

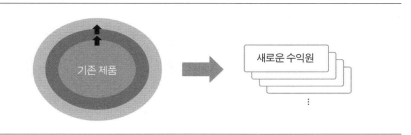

과금이라는 관점에서 보면 많은 수익원을 발견할 수 있기 때문이다.

과금 포인트는 기업이 요금을 받을 수 있는 제품이나 서비스를 말한다. 이미 과금하고 있는 것뿐 아니라 수익원으로 인식하면서도 과금하고 있지 않은 것, 인식조차 하지 못한 잠재적인 수익원까지도 포함하고 있다(〈도표 4-2〉).

과금 포인트라는 시점에서 보면 다양한 수익원을 발견할 수 있다(〈도표 4-3〉). 특히 '제품 판매'라는 가치획득만 추구해 온 제조기업과 유통기업은 먼저 제품 외 다른 수익원을 찾거나, 제품을 축으로 관련 상품이나 주변 서비스 등 과금할 수 있는 포인트를 찾는 일이 실행하기 쉬울 것이다.

그러면 빨리 과금 포인트를 찾으러 가보자.

2. 과금 포인트로 수익원을 다양화하다

제조기업이 새로운 수익원을 찾으려면 어디에 요금을 부과할 수 있는지 과금 포인트를 찾는 것이 효과적이다.

기업에 돈을 지불해 주는 대표주자는 고객이다. 그렇기 때문에 우선은 지금의 고객에게 현재 자사가 보유하고 있는 제품을 중심으로 어디에 과금할 수 있는가를 살펴봐야 한다. 그러면 어떤 수익원을 자사가 가지고 있는지를 파악하기 쉬워진다.

이러한 관점을 통해 또한 생각지 못했던 수익원을 새롭게 찾아내고, 이 외에도 수익원이 될 만한 후보들을 낱낱이 찾아낼 수 있다는 점에서 유익하다. 게다가 제품 중심으로 수익원을 찾기 때문에 제조기업이나 유통기업으로서는 그리 어려운 일이 아니다.

수익원과 제품 다각화의 차이

제조기업과 유통기업의 최대 수익원은 제품이다. 제품에 일정한 이익률을 붙여 가격을 설정하고 고객에게 과금한다. 그러면 기업은 수익을 확정하고 이익을 얻는다. 새로운 수익원을 찾기 위해서는 현재 보유하고 있는 제품 외에 다른 것을 찾을 필요가 있다. 〈도표 4-4〉를 보자.

지금까지 제조기업이나 유통기업에서 수익원을 늘리는 방법으로 실행해 온 것은 이 도표의 위쪽에 있는 '제품 다각화'다. 수익원을 늘린다고 하면 대부분은 '취급하는 제품 수를 늘리는 것'으로 이해한다. 물론 그렇게 해도 수익원이 늘었다고 할 수 있다.

다만 이것은 제품이라는 수익원이 하나 더 생겼을 뿐이며 결과적으로 단일 수익원에서 이익을 얻는 것에는 변함이 없다. 제품 다각화는 수익원의 다양화

도표 4-4 ┃ 과금 포인트에 의한 수익원의 다양화

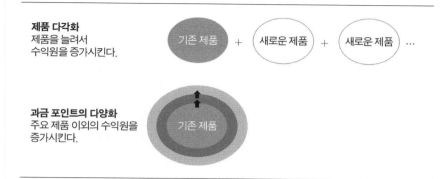

제품 다각화
제품을 늘려서
수익원을 증가시킨다.

기존 제품 + 새로운 제품 + 새로운 제품 ...

과금 포인트의 다양화
주요 제품 이외의 수익원을
증가시킨다.

기존 제품

라고 할 수 없다.

아무리 제품 다각화를 해도 수익원이 제품뿐이라면 이익률을 개선하는 것은 불가능하다. 그리고 신제품으로 히트를 노리는 것은 가치획득이 아닌 가치 창조에 해당하는 활동이며, 그 틀 안에서 엄숙히 도전을 계속한다는 성질을 지닐 뿐이다.

가치획득 관점에서 과금 포인트를 활용하는 이유는 잠재적 수익원을 찾아 이익 구조를 개선하려는 목적이 있기 때문이다. 지금까지와는 다른 가치획득, 즉 이익혁신을 하기 위해서다. 그렇기 때문에 현재 자사의 주요 수익원과는 다른 잠재적 수익원을 찾는 것이 필요하다.

〈도표 4-4〉의 아래쪽은 바로 그것을 보여준다. 제품 다각화가 아니라 잠재적 수익원의 다양화를 생각한다. 기업에 과금해 주는 대표적인 지불자인 고객에 대해 제품 이외에 과금할 수 있는 것을 찾는다. 이것이야말로 과금 포인트다.

과금 포인트는 제조기업과 유통기업이 이전부터 크게 의존하고 있는 '제품에서 벗어나' 수익원을 넓게 포착하는 데 유익하다.

과금 포인트를 찾는 방법

그러면 현재 보유하고 있는 제품을 중심으로 과금 포인트를 찾으려면 구체적으로 어떻게 하면 좋을까? 그 방법을 제시한 것이 〈도표 4-5〉다.[1]

현재 보유한 제품과 관련된 것, 제품을 판매할 때 지원하는 것 등의 관점에서 보면 찾기가 쉽다. 원의 중심부에 자사의 '주요 제품'이 있고 그 주위를 동심원 모양으로 '보완제품'이 둘러싸고 있으며, 또 그 주위를 '보완 서비스'가 둘러싸고 있다. 이것을 보면 현 단계에서 자사의 과금 포인트가 떠오를 수 있다.

원 안에 있는 내용은 대표적인 과금 포인트다. 이 과금 포인트 하나하나가 잠재적 수익원이라고 보면 된다. 주요 제품 주변에 있는 과금 포인트는 대략 정리해도 이만큼이나 있다.

예를 들어 부속품이나 확장 툴, 소프트웨어 등의 보완제품은 주요 제품과 동시에 구입하는 경우도 있고 나중에 구입하는 경우도 있다. 이들은 주요 제품의 성능 저하를 방지하거나, 성능을 향상시키거나, 또는 주요 제품의 가치를 높이는 역할을 한다. 보완제품의 바깥 원에는 물류, 지원, 구입 시의 보증이나 보험 가입 등의 보완 서비스가 있다. 주요 제품을 서비스 면에서 지원하는 것들이다.

여기 있는 것은 하나의 예에 지나지 않는다. 중요한 것은 각 제조기업이 자사의 주요 제품과 관련된 과금 포인트를 찾는 것이다. 이미 인식하고 있는 것도 있고, 간과하고 있었으나 과금 포인트로 삼을 수 있는 것도 있을 것이다. 그

---

1   이 도표는 하버드대학교의 시어도어 레빗(Theodore Levitt)이 1969년에 제시했고, 이후 제프리 무어(Geoffrey Moore)의 저서 『제프리 무어의 캐즘 마케팅(Crossing the Chasm)』에 의해 유명해진 '홀 프로덕트 모델(whole product model)'에 가깝다. 이들은 서비스의 질을 높이기 위한 마케팅 프레임워크로 소개했는데, 이 책에서는 과금 포인트 관점에서 수익원을 발굴하는 프레임워크로 이용한다.

도표 4-5 ㅣ 주요 제품 주변에서 찾는 과금 포인트

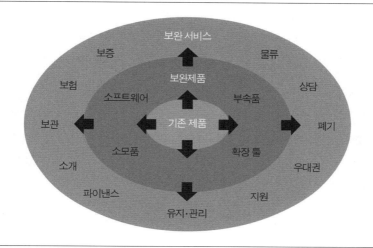

도표 4-6 ㅣ 주요 제품 주변의 과금 포인트와 상대적 이익률

	주요 제품	보완제품	보완 서비스
과금 포인트 (항목)	제품	부속품, 확장 툴, 소모품, 소프트웨어	물류, 상담, 폐기, 우대권, 지원, 유지·보수, 파이낸 스, 소개, 보관, 보험, 보증 등
종류	1개	4개	11개
상대적인 이익률의 경향	낮음	중간	높음

모든 것을 망라해 과금 포인트를 다양하게 추출해 보기 바란다.

이어서 〈도표 4-5〉에 있는 과금 포인트의 상대적 이익률 경향을 나타낸 〈도표 4-6〉을 보기 바란다. 주요 제품에서 보완제품, 보완 서비스로 확장됨에 따라 이미 있는 과금 포인트, 앞으로 시도할 수 있는 과금 포인트가 보이기 때문에

새로운 과금 포인트의 수가 현격히 늘어나는 것을 알 수 있다. 단, 이것들은 어디까지나 잠재적인 수익원이며 실제로 과금할지의 여부는 검토가 필요하다.

검토할 때에는 이익률이 판단 재료가 된다. 브랜딩이 되어 있지 않은 일반적인 하드웨어 제품은 가격을 높게 설정하는 것이 어렵다. 그렇다고 적당한 가격으로 억제하려고 하면 이익률은 필연적으로 낮아진다.

이 경우는 보완제품의 이익률을 높이는 방법이 있다. 부속품, 소모품 등의 보완제품은 주요 제품을 가동시키고 기능이나 디자인을 향상시키기 위한 것이므로 원가 대비 높은 가격을 매기기 쉽다. 일반적으로 주요 제품보다 보완제품의 이익률이 상대적으로 높다.

보험이나 유지·보수 등의 보완 서비스는 주요 제품을 사용하는 사람에게는 필요하지만, 자사에서 취급하지 않는 경우가 많아 타사와 제휴하곤 한다. 그러면 수수료 수입이 들어온다. 금액은 그리 크지 않지만 수고를 덜 들이고 대부분 순이익이 되기 때문에 비교적 이익률이 높다.

이와 같이 자사의 주요 제품 주변에 있는 과금 포인트를 추출해 목록으로 정리해 두면 새로운 가치획득을 창출하기 위한 재료를 갖출 수 있게 된다. 〈도표 4-5〉의 과금 포인트에서 실제로 수익원으로 삼을 것을 찾아 주요 제품과 어떻게 조합하면 좋을지를 생각한다.

과금 포인트 모두 정리해 보기: 테슬라의 과금 포인트

지금까지 서술한 과금 포인트의 개념을 바탕으로 2장에서 다룬 전기자동차(EV) 제조사인 테슬라의 실제 과금 포인트를 사례로서 살펴보고자 한다.

테슬라 제품은 전기자동차다. 그중에서 가장 오래된 것이 고급 세단인 '모델 S'다. 여기서는 모델 S를 〈도표 4-7〉의 중심에 있는 '주요 제품'으로 설정해 본다. 모델 S의 '보완제품'은 와이퍼블레이드나 브레이크패드 등 자동차를 정상

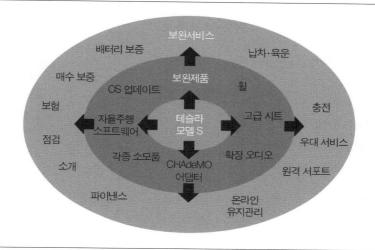

적으로 사용하는 데 필요한 각종 소모품이 주를 이룬다. 그 외 급속충전에 사용하는 차데모(CHAdeMO) 어댑터 같은 부속품도 있다. 고급 시트나 대형 휠, 확장 오디오 시스템 등의 옵션도 보완제품에 해당한다. 또한 테슬라는 OTA(over the air)로 차량 본체가 업데이트되는 자동차이기 때문에 OS 업데이트나 자율주행 소프트웨어의 추가 구입도 보완제품에 해당하며, 이 또한 과금 포인트가 된다.

'보완 서비스'는 테슬라 파트너 대리점으로부터 소개 수수료, 테슬라 충전소인 슈퍼차저(Supercharger)에서의 충전, 리조트와 고급 호텔에 있는 우대주차장 및 충전 레인 등의 우대 서비스, 8년의 배터리 보증, 매각 시의 매입 보증, 구입 시의 파이낸스, 납차·육송 등을 들 수 있다.

한편 테슬라는 모델 S 외에도 SUV 모델 X, 소형 세단 모델 3, 소형 SUV 모델 Y, 스포츠카 로드스터 등을 라인업에 추가해 왔다. 이들은 모델 S 이외의 주요 수익원이기는 하지만, 제품 다각화에 따라 늘어난 라인업이지 주요 제품

도표 4-8 ㅣ 다양화된 과금 포인트

	주요 제품	보완 제품	보완 서비스
과금 포인트(항목)	<u>모델 S</u>	<u>휠</u>, 고급 시트	<u>납차·육송, 충전, 우대 서비스,</u> <u>원격 서포트, 온라인 유지·보수,</u> <u>파이낸스</u>, 소개, <u>점검, 보험,</u> <u>매수보증,</u> 배터리 보증
종류	1개	7개	11개
채용된 수익원	1개	5개	6개
상대적인 이익률의 경향	낮음	중간	높음

주: 밑줄로 표시한 것은 실제 수익원을 가리킨다.

을 둘러싼 과금 포인트는 아니다.

지금까지 서술한 테슬라의 보완제품이나 보완 서비스는 모두가 과금 포인트가 되고, 장래에 수익원이 된다.

그렇다면 테슬라가 실제 수익원으로 삼고 있는 과금 포인트는 무엇일까? 〈도표 4-8〉을 보기 바란다. 테슬라의 과금 포인트 중에서 아직 과금하고 있지 않는 것, 그리고 이미 과금해 수익원으로 삼고 있는 것을 구별했다. 밑줄 친 것이 테슬라의 현재 수익원, 또는 과거에 과금했던 수익원이다.

여기서는 특히 보완 서비스를 봐주기 바란다. 제공하고 있는 서비스를 과금 포인트로 인식하면서도 수익원으로 삼고 있지 않는 것들이 있다. 과금 포인트라고 해서 모든 항목을 수익원으로 하는 것이 아니라 고객이 지불하는 전체 금액을 고려해 수익원을 설계하고 있다고 볼 수 있다. 또한 제공 가격 면에서 보면 주요 제품인 모델 S가 가장 높지만, 이익률은 보완제품이나 보완 서비스 쪽이 더 높아, 최종적으로 이들이 전체 이익에 공헌하고 있다.

수익원은 과금 포인트 관점에서 전부 파악해 두는 것이 좋다. 현재 과금하지 않는 것도 포함해 전부 말이다. 그것들은 언젠가 과금할 가능성이 있다는 것을 충분히 인식하고 있어야 한다. 실제로 테슬라는 처음에는 과금하지 않았던 과금 포인트를 때와 상황에 따라 과금으로 전환해 수익원으로 삼고 있다. 이전에는 무과금이었던 충전도 지금은 테슬라의 수익원이 되었다. 그렇기 때문에 자사가 얼마만큼의 과금 포인트를 가지고 있는지 현황을 아는 것이 중요하다.

더 많은 과금 포인트를 찾기 위해

지금까지 주요 제품을 중심으로 어떤 항목에 과금할 수 있는지에 대해 살펴봤다. 제조기업과 유통기업은 사업의 중심이 '제품'이므로 현재 보유하고 있는 제품을 중심으로 과금 포인트를 찾을 것이다. 현장의 담당자들 또한 현재 보유하고 있는 제품을 기점으로 생각하므로, 지금까지 착수해 오지 않았던 점도 다시금 살펴보고 과금 포인트를 찾아보는 것도 효과는 있을 것이다.

그런데 이 방법은 한계가 있다. 제품 주변에서만 과금 포인트를 찾으면 이미 자사에서 과금하고 있거나 과거에 과금했던 것만 나올 것이다. 특히 지금까지 제품 주변에서 과금 포인트를 찾기 위해 애써온 기업일수록 미지의 과금 포인트를 만날 확률은 거의 없다고 볼 수 있다. 그래서 보다 폭넓게 과금 포인트를 찾기 위해 '확장'의 힘을 빌릴 필요가 있다. 그것이 과금 플레이어와 과금 타이밍이다. 〈도표 4-9〉를 보기 바란다.

첫 번째 확장은 '과금 플레이어'다. 과금 플레이어란 기존 지불자뿐 아니라 앞으로 지불할 가능성이 있는 잠재적 지불자도 포함한다. 즉, 현재의 주요한 지불자 외에 다른 누군가에게 과금할 수 없을까를 생각하는 것이다.

그러면 지불자는 누구인가? 많은 기업에서 지불자라고 하면 명확하게 구분되고 타깃팅된 '주요 고객'을 의미하지만, 과금 플레이어는 주요 고객 외에도 많이 있다. 새로운 과금 플레이어를 발견한다는 것은 이전에는 인식하지 못했던 과금 포인트를 발굴하는 것이 된다.

두 번째 확장은 '과금 타이밍'이다. 과금에서 중요한 것은 지불자에게 '언제 과금하느냐'다. 즉시 과금할 수도 있고 차분히 시간을 들여 나중에 과금할 수도 있다.

제조나 유통기업은 무의식적으로 즉시 과금하는 경우가 많기 때문에 과금 타이밍에 대해서는 그다지 고려하지 않았다. 그러나 정기구독을 실행하는 다른 업계를 보면 많은 기업이 판매 시점에 과금하지 않고 시간을 늦춰 과금하고 있는 것을 볼 수 있다. 게다가 시간을 들여 과금을 축적하면 그 이익의 누계액이 엄청나게 늘어나고 그것이 기업가치를 비약적으로 높여준다.

과금 타이밍은 기업이 지금까지 경험하지 못한 과금 포인트를 찾을 수 있게 해준다. 순서대로 알아보도록 하자.

3. 과금 플레이어 시점에서 과금 포인트를 찾다

과금 플레이어는 다양하게 과금 포인트를 찾기 위한 확장 개념의 하나다. 넓은 범위에서 과금 포인트를 인식하려면 '현재의 고객'에게서 어떻게 돈을 많이 받을까 하는 시점에서, 크게 시점을 전환하는 것이 유효하다. 과금하는 대상, 즉 지불자 자체를 바꿔보는 것이다(〈도표 4-10〉).

과금 플레이어 시점

과금 플레이어는 '지불자'를 의미하며, 현재 지불하고 있는 고객뿐 아니라 지불할 가능성이 있는 잠재적 대상도 포함된다. 즉, 지불해 줄 상대가 고객에 한정되지 않고, 기업에 이르기까지 넓게 확장할 수 있다. 지금은 지불하지 않고 있지만, 장래에는 지불할지도 모르는 대상을 플레이어로 인식해 두면 과금 포인트를 다양하게 발굴할 수 있다.

앞서 언급한 과금 포인트는 주요 고객을 대상으로 추가적으로 과금할 수 없는지를 살피는 것이었다. 제조기업에서 주요 고객은 자사의 제품을 원하고 대가를 지불해 기업에 이익을 가져다주는 존재다. 그래서 지금까지 주요 고객을 육성하고 주요 고객에게 사랑받는 기업을 만들기 위해 노력해 왔을 것이다.

따라서 과금 포인트를 찾을 때 주요 고객을 중심으로 찾곤 하는데, 주요 고객은 과금 플레이어 중 하나에 지나지 않는다는 것을 염두에 두기 바란다. 과금 플레이어는 이 외에도 존재한다. 새로운 과금 플레이어를 찾으면 그것은 새로운 과금 포인트를 찾은 셈이다.

새로운 과금 플레이어를 찾는 방법은 크게 두 가지가 있다. 하나는 주요 고객 이외의 고객을 과금 플레이어로 삼는 방법이다. 게다가 주요 고객 이외의 고객이 더 많이 지불할 가능성도 있다. 두 번째는 기업의 이해관계자로 시야를 넓혀 이들을 과금 플레이어로 만드는 방법이다. '기업에 수익을 가져다주는 것은 고객뿐'이라는 생각은 전통적인 비즈니스를 영위하는 제조기업과 유통기업의 상식이지만, 기업 주변에도 과금 플레이어는 다수 존재한다.

이에 대해 자세하게 살펴보자.

주요 고객 외 다른 과금 플레이어

기업이 과금 플레이어를 찾을 때는 타깃으로 한 고객이 아닌 다른 대상에게 과금할 수 없는지를 생각하는 것이 중요하다. 일반적으로 기업이 '고객'으로 인식하고 있는 상대는 '현재 지불해 주는 사람'이다. 하지만 고객은 또 있다. 〈도표 4-11〉에서 보듯 고객은 대표적인 과금 플레이어가 되는 '주요 고객'과 그 이외의 '고객 관계자'로 나눌 수 있다.

주요 고객이란 주요 제품에 대해 명확하게 타깃팅된 고객이다. 하지만 주요 고객 외에도 지불해 주는 고객이 있고, 경우에 따라서는 주요 고객 이상으로 지불해 주는 플레이어도 있다.

주요 고객 외 과금 플레이어에는 고객 관계자, 상황 우선 고객 등이 있다. 새로운 과금 플레이어를 찾기 위해서라도 우선은 여기에 주목하기 바란다. 각각에 대해 설명하겠다.

도표 4-11 ㅣ 주요 고객과 과금 플레이어를 분리하다

고객 관계자

고객 관계자란 주요 고객 주변에 존재하면서 주요 고객과 동일하게 행동하고 소비하는 사람이나 조직을 의미한다(〈도표 4-12〉). B2C 기업에서 일반 소비자가 주요 고객이라면 그 고객의 부모나 친구, 동료, 연인 등이 고객 관계자가 된다.

고객 관계자 중에서도 주요 고객과 함께 소비하고 지불하는 관계자가 새로운 과금 플레이어의 우선 후보다. 고객 관계자는 주요 고객 이상의 수익을 기업에 가져다주는 경우가 있다. 실제로 B2C 기업에서는 고객 관계자에게 과금하는 가치획득 방법을 많이 활용하고 있다(3장의 〈도표 3-1〉 참조).

가장 알기 쉬운 것이 어린이용 영화다. 주요 고객은 어린이지만, 방학에 맞추어 개봉해 성인이 동반하도록 설계한다. 대부분의 경우 주요 고객인 자녀와 고객 관계자인 어른이 함께 오는데, 사실 그 어른들이야말로 새로운 과금 플레이어가 된다. 게다가 과금액은 주요 고객의 두 배로, 명백히 순이익에 공헌하고 있다. 이들은 영화 제작자(제작사)에게도, 유통하는 판매자(극장)에게도 중요한 과금 플레이어가 된다(3장의 ⑨ 참조).

도표 4-12 | 고객을 둘러싼 관계자

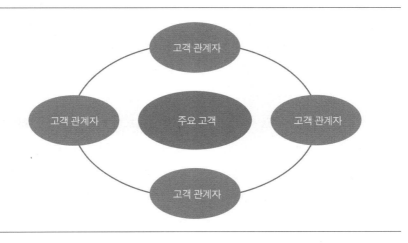

아이와 동반하는 부모는 관람료도 아이보다 많이 내고 매점에서 팝콘이나 굿즈 등을 사기도 한다. 고객 관계자가 과금 플레이어로서 지불하고 있는 것이다. 놀이공원도 이와 같은 구조로 되어 있다. 이와 같이 주요 고객 주변에 있는 고객 관계자를 찾으면 거기에서 과금 포인트를 늘릴 기회가 많아진다.

B2C의 제조기업이나 유통기업은 오랫동안 여성 고객과 남성 고객에게 각기 다른 과금 플레이어의 역할을 하게 했다. 특히 명품 브랜드를 가진 기업은 여성을 주요 고객으로 하고 남성을 고객 관계자로 여겨왔다. 예를 들어 에르메스나 루이뷔통에서는 대부분 여성 고객이 주요 고객에 해당한다.

그러나 실제로 더 많은 돈을 지불하는 사람은 고객 관계자로서 곁에 있는 남성일 때가 많다. 실제 결혼 관련 상품이나 선물 분야에서는 고객 관계자인 남성이 과금 플레이어가 된다. 또한 여성과 동반하는 남성도 여성의 권유로 인해 커플로 구매하는 등 추가 과금이 발생하기도 한다.

이렇게 고객 관계자라는 관점에서 보면 과금 플레이어가 다양해질 뿐만 아니라 고객 관계자가 주요 고객보다 더 많이 지불할 수도 있다는 것을 알 수 있다. 가치창조에서는 주요 고객이 주역이지만, 가치획득에서는 고객 관계자가 주역이 될 가능성이 있는 것이다. 이를 나타낸 것이 〈도표 4-13〉이다. 오른쪽 그림에 '중과금'과 '경과금'이라고 하는 표현은 단순하게 과금액의 대소를 나타낸 것이고, 주요 고객보다 고객 관계자의 과금액이 더 크다는 것을 의미한다.

주요 고객과 고객 관계자를 나타내는 왼쪽 그림과 오른쪽 그림을 함께 살펴보면, 주요 고객의 과금은 비교적 지불이 적은 경과금으로 되어 있다. 여기서 주요 고객은 영화나 놀이공원의 아이들, 명품 브랜드의 여성 고객을 가리킨다. 주요 고객을 둘러싼 고객 관계자는 주요 고객은 아니지만 주요 고객보다 많이 과금해 주고 있다는 의미에서 과금 플레이어의 주역이 되는 것을 알 수 있다.

이는 '이익의 근원은 주요 고객'이라는 마케팅 상식과는 다른 내용이기 때문에 위화감을 느낄지도 모르겠다. 그러나 실제 상거래 현장에서는 지극히 일반

도표 4-13 | 고객 관계자는 과금의 주역이 될 수 있다

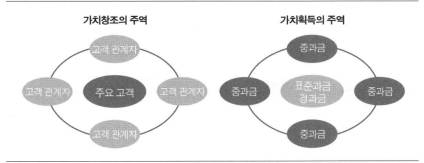

주: 연한 회색으로 표시한 것은 주역이 아님을 뜻한다.

적으로 볼 수 있는 현상이다. 주요 고객이 포화되었을 때 고객 관계자로 시점을 옮기면 새로운 과금 포인트를 발견할 가능성이 있다.

상황 우선 고객

고객 관계자는 주요 고객 주변에 있으면서 중요한 과금 플레이어로서의 역할을 한다. 그들은 주요 고객과의 시간과 경험 공유라는 목적을 중요시하기 때문에 과금에 응한다. 그 목적과 유사한 또 하나의 과금 플레이어가 있다. 바로 상황 우선 고객이다.

상황 우선 고객이란 처한 상황을 최우선으로 해결하기 위해 추가 과금에 응하는 고객을 의미한다. 예를 들어 특별한 날에 특별한 시간을 보내는 경우, 사람은 초과 요금을 내는 경향이 있다. 놀이공원의 우선 승차권 등이 여기에 해당한다. 같은 놀이기구를 사용하는 데 시간을 절약하고 싶거나 스트레스를 없애고 싶은 이유로 초과 요금을 지불하는 고객이 존재하는 것이다(〈도표 4-14〉).

오사카의 유니버설스튜디오 재팬(이하 USJ)은 '익스프레스 패스'라고 하여 이를 과금 포인트로 설정하고 실제로 과금하고 있다. 도쿄 디즈니리조트(이하

4장. 수익원을 다양화하다 157

TDR)에도 동일한 패스가 있지만 TDR은 무상으로 제공하고 있다(2021년 기준).

USJ는 예전부터 중국에서 들어오는 인바운드 고객이 많았으며, 그들은 시간 절약을 위해 하루 만에 인기 있는 놀이기구를 탈 수 있는 익스프레스 패스를 선호한다. USJ에서는 인바운드 고객이 '상황 우선 고객'이 되고 과금 플레이어가 된다. 그리고 익스프레스 패스는 과금 포인트가 되어 USJ의 이익을 강화하고 있다.

USJ는 상황 우선 고객에게 더 과금하기 위해 2019년부터는 '다이내믹 프라이싱'을 도입했다(3장의 ⑪ 참조). 이는 입장객 수가 증감하는 요일이나 시간대의 요금을 탄력적으로 바꾸는 것으로, 이를테면 주말 요금을 높게 설정하거나 입장객이 적은 시간대의 요금을 낮게 설정한다. 상황 우선 고객은 요금보다는 자신의 시간이나 상황을 고려해 중과금에 응하게 된다.

온라인 쇼핑에서 추가 요금을 지불하면서까지 빠른 배송을 선택하는 것도 상황 우선 고객에 해당한다. 누구나 한 번쯤은 어떻게 해서든 지정된 날짜에 도착하도록 추가 요금을 낸 적이 있을 것이다. 급한 용무나 선물 등을 보낼 때는 특히 그렇다. 이럴 때 상황 우선 고객은 중과금에 응하기 쉽다.

기업 주변의 과금 플레이어

여기까지는 주요 고객 주변에 있는 과금 플레이어에 대해 설명했다. 이제 좀

도표 4-15 ㅣ 과금 플레이어가 되는 기업 이해관계자

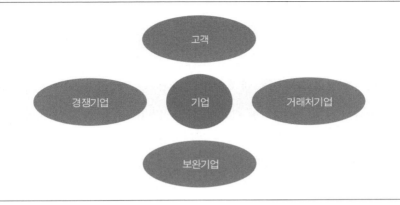

더 범위를 넓혀 또 어떤 과금 플레이어가 존재하는지 보도록 하자.

〈도표 4-15〉를 보면 기업을 중심으로 고객, 거래처 기업, 보완기업, 경쟁기업이라는 플레이어가 존재한다.[2] 이들은 경영학에서 흔히 보는 기업의 이해관계자('스테이크홀더'라고도 한다)인데, 이들 모두가 잠재적인 과금 플레이어가 될수 있다는 점에 착목할 수 있다. 이러한 시점을 갖추는 것으로 과금 포인트의 시야가 넓어지게 된다.

각각의 이해관계자는 어떻게 해서 과금 플레이어가 되는지, 여기에 어떤 과금 포인트가 있는지 순서대로 보도록 하자.

거래처 기업

B2C 기업은 엔드유저에게 제품을 제공하기 위해 거래처 기업(공급처)에서

---

2   거래 관계자 모두가 파트너가 될 수 있음을 보여주는 '가치 상관도'(Nalebuff and Brandenburger, 1997)를 참고했다.

제품과 상품을 납입하며 돈을 지불하는 입장이다. 사업 활동을 위해 거래하고 있는 거래처 기업에 과금할 방법이 없을까?

예를 들어 소매업에서는 오프라인 매장의 일부를 거래하고 있는 업체에 임대하는 것으로 과금하고 있다. 대형 스포츠용품 매장에서 나이키나 아디다스의 특별매장을 본 적이 있을 텐데, 이는 제품을 공급하는 제조기업을 과금 플레이어로, 매장 임대를 과금 포인트로 삼은 것이라 할 수 있다. 나이키나 아디다스로서는 자사 브랜드를 전개하기 위해서 지불하는 비용이기 때문에 광고비로 이 비용을 인식하는 셈이 된다.

소매업은 기본적으로 제조사나 거래처 기업으로부터 상품을 매입함으로써 성립한다. 그리고 그것을 고객에게 전달하는 역할을 하기 때문에, 그 역할을 한층 더 심화할 수 있는 '플랫폼'으로서의 전개를 생각하면 거래처 기업의 과금 포인트를 찾을 수 있을 것이다.

스토리 ㅣ 좋은 예가 전 세계적으로 화제를 모은 스토리(STORY)다. 뉴욕에서 설립된 스토리는 잡지 같은 시점을 가지고, 갤러리와 같이 변화하며, 점포와 같이 판매하는 '리빙 매거진 숍'을 콘셉트로 하는 편집숍이다.

소매업으로서 고객에게 물건을 판매하지만, 그 주된 수익원은 판매가 아니다. 스토리는 자사 매장에 출점하는 제조사로부터 위탁 수수료를 받는다. 재고 부담을 지지 않고 팔린 만큼 수수료를 받는 구조다.

흥미로운 점은 지금부터다. 사실 스토리는 이 약간의 판매 수수료가 아닌 거래처 기업의 광고나 컨설팅을 주된 수익원으로 삼고 있다. 스토리의 창업자인 레이첼 셰트먼(Rachel Shechtman)은 브랜딩의 프로다. 제조사의 상품을 브랜딩해 스타일리시하게 진열하고 큐레이션(소개)한다. 게다가 매장의 주제가 몇 달에 한 번씩 바뀌고, 그에 따라 취급 상품이나 디스플레이도 확 바뀐다.

주제에 따라 제조사의 상품을 소개하는 이 방식은 순식간에 유명해졌다. 구경삼아 들렀어도 뭔가를 사게끔 하기 때문이다. 마치 잡지를 넘겨보며 게재된 상품을 구입하는 듯한 느낌을 준다. 스토리는 이런 제안력을 무기로 소매업을 전개했다.

이 제안은 단순히 매장 매니저의 감과 경험에서 나온 것이 아니라 무수히 배치된 카메라가 고객의 행동을 포착해 그것을 데이터화하고 분석한 후 반영한 결과다. 이러한 마케팅의 증거들을 준비해 두면, 제조사는 사용자의 제품에 대한 인지 및 흥미에 대한 정보를 얻을 수 있고, 스토리는 제품이 팔리지 않아도 거래처 기업의 광고 활동이나 제품 상담 등을 통해 수익을 얻고 높은 이익을 낼 수 있다.

매장 면적당으로 봤을 때 스토리가 뉴욕의 오래된 백화점인 메이시스(Macys)의 12배를 벌고 있다는 설이 있을 정도로, 거래처 기업을 과금 플레이어로 하는 스토리의 가치획득은 주목을 받았다.[3]

하지만 스토리가 명실 공히 실력을 갖추기 시작한 2018년, 스토리는 메이시스에 매각되었다.[4] 과연 메이시스는 스토리의 노하우나 센스를 활용해 메이시스 자체를 개혁할 수 있을까?[5]

베타 | 거래처 기업을 과금 플레이어로 하고 광고나 컨설팅을 주요 수익원으로 삼는 기업은 더 있다. 베타(b8ta)는 IT 계열 스타트업이 출시하는 제품을

---

[3] Stephens(2017)의 기록 및 2019년 6월 필자가 스토리에서 실시한 인터뷰 조사와 현지 조사에 의한다.

[4] 메이시스는 스토리의 창업자인 셰트먼을 '브랜드 체험 임원(brand experience officer)'으로 영입했다. 스토리는 메이시스의 숍인숍(shop in shop)으로서 전개되었지만 안타깝게도 현재 셰트먼은 메이시스를 떠났다.

[5] 메이시스가 인수한 후 스토리는 제대로 작동하지 않고 있다. 그것은 가치획득 중심인 스토리가 가치창조를 중심으로 하는 전통적인 백화점 형태로 물들어 가고 있기 때문이다. 가치획득과 가치창조의 부적합의 결과다. 향후의 움직임을 주목해 보고자 한다.

오프라인 매장에서 판매하고 있는데, 판매 수수료는 받지 않고 다른 수익원으로만 운영되고 있다. 즉, 제품에 대한 지식과 견해를 거래처 기업에 피드백해 주는 일종의 '리서치 업무'를 하는 것이다.

베타는 2015년 샌프란시스코에 등장한 이후 주목을 받았다. 이 회사도 메이시스로부터 출자를 받아 전 세계적으로 확장하고 있다. 이미 일본에도 상륙해 소매업의 개혁을 모색하는 마루이(丸井)그룹과 협업을 벌이고 있다.

기노쿠니야 서점의 '펍라인' ❘ B2C 서적 판매업체인 기노쿠니야(紀伊國屋) 서점은 출판사를 과금 플레이어로 하는 특징적인 수익원을 가지고 있다. 전국 매장의 포스 데이터를 집약해 놓은 '펍라인(PubLine)'을 B2B용으로 제공하고 그것을 수익원으로 삼고 있는 것이다.

펍라인은 기노쿠니야 서점의 매출과 매입, 재고 수량 등 전체 매장의 데이터를 실시간으로 공개하고 있다. 1995년부터 시작한 이 일은 출판업계에서는 이미 표준이 되었고, 이 데이터베이스는 기노쿠니야 서점으로서는 경시할 수 없는 수익원이 되었다.

도표 4-16 ❘ 거래처 기업을 과금 플레이어로 삼다

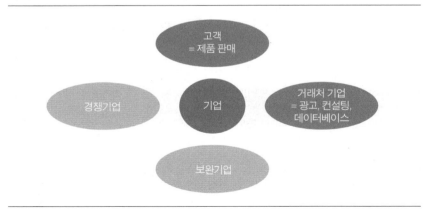

이와 같이 거래처를 과금 플레이어로 하면 과금 포인트는 현격히 증가해 가치획득을 크게 바꿀 수 있다(〈도표 4-16〉). 여기서는 주로 유통기업을 중심으로 소개했지만, 제조기업도 거래처 기업을 살펴보면 새로운 과금 포인트를 찾을 수 있을 것이다.

보완기업

이어서 보완기업을 보자. 보완기업은 보완제품이나 서비스를 제공하는 기업이다. 이른바 자사 제품을 돋보이게 해주는 기업이다. 하드웨어를 만드는 기업이라면 소프트웨어 기업이 보완기업이 된다. 콘솔 본체를 만드는 닌텐도나, 소니 인터랙티브엔터테인먼트(SIE)와 소프트웨어 제조사와의 관계를 생각하면 알기 쉽다.

닌텐도나 SIE에는 '라이선스'라는 과금 포인트가 있다. 소프트웨어 제조사가 소프트웨어를 만들면 그것의 판매량이나 다운로드 수에 관계없이 하드웨어 제조사는 일정한 수익을 얻는다. 하드웨어 제조사에게 소프트웨어 제조사는 과금 플레이어가 되는 것이다.

넷플릭스 ㅣ 보완기업을 과금 플레이어로 하는 흐름이 최근 가전업체에도 영향을 미치고 있다. TV를 만드는 가전업체의 보완기업은 동영상 전송 서비스 업체인 넷플릭스다. 최근의 TV 리모컨에는 넷플릭스 버튼이 별도 배치되어 있는데, 이것이 제조사 입장에서는 과금 포인트다.

TV 제조비용의 절감은 이미 한계에 와 있다. 넷플릭스는 2015년 일본에 본격적으로 진출할 때 일본 가전업체에 리모컨 버튼 배치에 관한 제안을 했다. 그 결과 일본제 TV 리모컨 대부분에 넷플릭스 버튼이 배치되었다.

필자가 제조사를 상대로 실시한 조사에 따르면 TV 리모컨의 평균 제조비용은 대당 약 2달러 정도였다. 넷플릭스는 그중에서 0.8달러를 부담했다. 제조

도표 4-17 | 보완기업을 과금 플레이어로 삼다

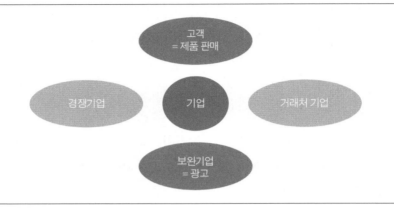

비용의 40%를 부담한 셈이다. 단, 이것은 리모컨의 좋은 위치에 독점적으로 배치할 때의 조건이다. 이에 따라 넷플릭스는 저렴한 비용으로 일본 시장에서 인지도를 높이는 데 성공했다.[6] 가전업체로서도 뜻밖의 과금 포인트가 생겨 비용 절감의 효과를 거두었다.

넷플릭스가 이 방법을 취한 이후 아마존프라임이나 훌루(Hulu) 등 다른 동영상 전송업체도 TV 제조사의 보완기업으로서 과금 플레이어가 되었다. 그 결과 TV 리모컨에 모든 버튼을 넣는 업체도 생겨났다.[7]

리모컨의 제조비용보다 과금 플레이어로부터 얻는 수익이 높아 결과적으로 리모컨으로 이익이 난 업체도 있다. 리모컨은 이제 광고 매체가 되고 과금 포인트가 되어 TV 제조의 비용 절감에 공헌하고 있다.

넷플릭스는 스스로 과금 플레이어가 되어 제조사에 협력을 신청했기 때문

---

6   자세한 것은 川上(2017) 참조.
7   특히 소니 TV에는 동영상 전송 서비스업체의 버튼이 많다.

에, 제조사 측의 적극적인 영업으로 실현된 것은 아니다. 그러나 제조사는 보완기업도 과금 플레이어가 된다는 사실을 인식할 수 있었을 것이다. 실제로 지금은 그것을 매우 당연한 수익원으로 생각하고 있다.

앞으로는 제조기업이 주도권을 가지고 보완기업을 대상으로 어떤 과금 포인트를 발굴할 수 있을지에 대한 논의도 활발해질 것이다. 그러면 과금 포인트를 발견할 기회도 많아질 것이다(〈도표 4-17〉).

경쟁기업

이어 경쟁기업에 대해 살펴보도록 하자. 고객획득에서 동일한 시장을 두고 각축을 벌이는 경쟁기업도 때로는 자사의 과금 플레이어가 되는 경우가 있다.

테슬라 ㅣ 다시 테슬라의 사례를 보자. 2장에서 살펴본 것처럼 테슬라는 탄소배출권을 수익원으로 삼고 있다. 이는 명확히 인식된 과금 포인트이며 경쟁사를 과금 플레이어로 삼는다. 실제로 테슬라는 이 배출권을 피아트, 크라이슬러, 알파로메오 등을 제조하는 다국적 자동차기업 FCA(현 스텔란티스)에 판

도표 4-18 ㅣ 경쟁기업을 과금 플레이어로 삼다

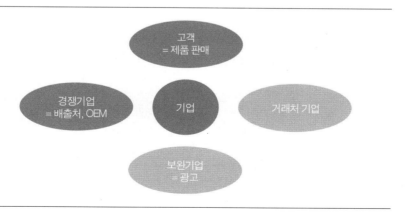

매했다.

　사실 자동차업계나 가전업계에서는 서로를 과금 플레이어로 보고 상호 보완하는 경우가 적지 않다. 같은 업계에서 경쟁하고 있는 사이이기에 서로 보완할 수 있는 어떤 요소가 있기 때문일 것이다. 제조사 간의 OEM이 바로 그 예다. 이런 업계에서는 경쟁사를 과금 플레이어로 삼는 것이 불편하지 않다(〈도표 4-18〉).

　중요한 것은 경쟁기업을 과금 플레이어로 생각할 수 있는지의 여부다. 경쟁기업이라고 해도 과금 플레이어가 될 수 있다는 관점에서 생각한다면 의외의 과금 포인트를 찾을 수 있을 것이다.

과금 플레이어와 과금 포인트

지금까지 설명한 과금 플레이어와 그에 따른 과금 포인트를 정리한 〈도표 4-19〉를 보기 바란다. 여기서는 대표적인 과금 포인트만 열거했는데, 이 밖에도 아직 자사에 잠자고 있는 과금 포인트가 있을 것이다. 또는 시간이 지나고 기술이 진전되었을 때에는 기업과 과금 플레이어 간 관계도 변하기 때문에 수시로 과금 포인트를 들여다보면 새로운 과금 포인트를 발견할 수 있을 것이다.

도표 4-19 | 과금 플레이어와 그에 따른 과금 포인트의 예시

이해관계자	과금 플레이어	과금 포인트
고객	고객 관계자	고객 이외의 과금, 초과 과금
	상황 우선 고객	특전 이용(우대권, 초과 요금)
고객 외	거래처 기업	광고, 컨설팅, 소개, 중개, 데이터 사용, 지적재산권
	보완기업	광고비, 소개, 로열티
	경쟁기업	부산물, 데이터 사용

4. 과금 타이밍으로 시야를 넓히다

지금까지 과금 포인트, 과금 플레이어에 대해 알아보았으니, 이어서 과금 타이밍을 다양화하면 어떤 과금 포인트를 찾을 수 있는지 살펴보기로 하자(〈도표 4-20〉).

과금 타이밍

제조기업과 유통기업은 제품을 판매하는 즉시 과금하는 오랜 상관습이 있기 때문에 즉시 과금 외의 과금 타이밍에 대해서는 생각해 보지 않았을 것이다. 물론 즉시 과금이 제조나 유통기업의 수익을 공고히 해온 것은 사실이지만 한편으로는 일률적인 면이 있다. 과금 시간을 미루면, 즉 고객에게 과금하는 타이밍을 늦춰보면 또 다른 과금 포인트를 발견할 수 있다. 이것이 과금 타이밍이다.

　과금 타이밍에는 판매와 함께 즉시 과금하는 것 말고도 시간차로 과금하는 방식이 있다. 과금 타이밍도 과금 플레이어와 마찬가지로 과금 포인트를 폭넓게 인식할 수 있게 해준다.

도표 4-20 ㅣ 과금 타이밍으로 과금 포인트를 찾다

구입 후의 활동 과정을 보다

상품이나 서비스를 구입한 이후의 고객의 활동 과정을 보면 과금 타이밍이 좀 더 명확하게 보인다. 〈도표 4-21〉을 보기 바란다. 이는 고객이 구입 후 어떻게 현황을 업데이트하고 나아가 업그레이드 하는지 그 과정을 가시화한 것이다.

고객은 구입과 동시에 제품(서비스)과의 관계가 끝나는 것이 아니다. 오히려 구입하고 나서야말로 사용자로서의 진짜 여행이 시작된다.[8] 사용자는 제품을 사용하고, 익숙해지고, 그리고 문제(정리해야 할 일)[9]를 해결한다. 거기서 생활의 '업데이트'가 달성되지만, 사용자의 활동은 아직 끝나지 않는다.

문제가 한 번 해결되었다고 해서 끝이 아니다. 어떤 문제가 해결되더라도 새로운 문제가 나오거나, 보다 쾌적한 사용을 위해 또 다른 문제에 대면해야 하는 경우가 있기 때문이다. 문제는 사용자가 사용하는 동안에는 계속 해결하지 않으면 안 된다.

문제를 계속 해결하면 이번에는 '업그레이드'에 대한 요구가 높아진다. 즉, 소모품이나 옵션, 혹은 기기의 유지·보수 등과 같은 관리가 필요하다. 이렇게 하면 머지않아 그 제품이 자기의 역할을 끝낼 때가 온다. 사용자는 마모나 소모로 인해 더 이상 사용할 수 없다고 판단하기도 하고, 문제를 해결하는 데 더 적합한 제품을 원할 수도 있다. 그것이 제품의 졸업, 즉 폐기다.

이러한 과정을 거쳐 사용자는 보다 상위의 성능으로 진화한다. 유지·보수에

---

[8] 이러한 다이어그램은 일견 '커스터머 저니(customer journey)'나 '서비스 블루프린트(service blueprint)'라고 생각하기 쉽다. 그러나 '구입 후 활동'은 보다 명확하게 구입 이후의 활동에 중점을 두고 있다. 자세한 내용은 川上(2019)를 참조하기 바란다.

[9] 정식 명칭으로는 'Jobs to be done', 일본어로는 '정리해야 할 용무'라고 번역된다. 이 개념은 클레이튼 M. 크리스텐슨(Clayton M. Christensen) 등의 저서 『성장과 혁신(The Innovator's Solution)』(2002)에 소개되어 유명해졌다.

서 레벨업까지의 일련의 활동은 사용자의 생활을 다음 단계로 진화시키기 위한 업그레이드 활동이라고 할 수 있다. 〈도표 4-21〉은 사용자 입장에서 본 구입 후의 활동인 동시에, 기업 입장에서는 판매 후의 과금 타이밍을 판별하고 잠재적인 과금 포인트를 탐색하기 위한 자료가 된다.

제조기업이나 유통기업은 극단적으로 말하면 구입 시점밖에 보지 못한다. 그러나 과금 타이밍이라는 관점을 도입하면 구입 후에도 사용자가 이러한 활동을 하고 있는 것을 분명히 알 수 있다. 그리고 그 활동에는 과금 포인트가 많이 숨어 있다.

과금 타이밍을 늦추면 새로운 과금 포인트가 보인다

〈도표 4-22〉는 구입 이후에 요금을 부과할 수 있는 과금 포인트를 개관해 정리한 것이다. 제조기업과 유통기업은 제품이 판매되는 시점을 가장 중요한 과금 포인트로 여겨왔다. 그러나 이 도표를 보면 구입 이후에도 과금 타이밍이 몇 번이나 있다는 것을 알 수 있다. 따라서 제조기업이나 유통기업이 과금 포인트를 다양화하기 위해서는 과금 타이밍을 구입 이후로 보는 것이 중요하다.

구입한 후에 '사용', '익숙해짐', '문제 해결', '유지·보수' 등을 거쳐 '폐기', 새

도표 4-22 Ⅰ 과금 타이밍의 다양화에 따른 과금 포인트

고객 활동	사용	익숙해짐 (제대로 활용)	문제 해결	유지·보수	폐기	레벨업
과금 포인트	추가적인 제품					
	애플리케이션					
	커뮤니티					
	어시스탠스-담당자 데스크			카운슬링		

	• 소모품
	• 정액 서비스
	• 종량 서비스
	• 미리 받는
	  서비스
		확장 틀		• 필드 서비스
				• 보험 패키지
				• 상시보수
					폐기작업
					회수
						• 확장 서비스
						• 다른 제품에
						  의 이행

주: 구입 후에 발생하는 사용 이후의 활동을 기술하고 있다.

로운 제품의 구입에 이르는 '레벨업'까지의 과정을 자세히 들여다보면 많은 과금 포인트를 발견할 수 있다. 게다가 각 과정에서 과금 포인트가 한 개만 있는 것이 아니다. 과금 타이밍이라는 관점에서 보는 것만으로 다양하면서 풍부한 새로운 과금 포인트의 세계가 단번에 펼쳐지는 것이다.

소모품이나 옵션을 비롯한 '추가 제품', '애플리케이션'은 '사용'에서 '레벨업'까지 전 과정에 걸쳐 관여할 수 있다. 둘 다 디지털 시대에 고객에게 다가가기 위해서는 필수이기 때문이다.

'커뮤니티'도 전 과정에 걸쳐 있다. 커뮤니티란 고객끼리 교류하는 자리다. 기업이 직접적으로 관여하지 않고 보조 역할만 하지만, 문제 해결을 도모하고 싶은 고객이나 이후의 업그레이드에 대해 고민하는 고객들은 커뮤니티가 중요하기 때문에 이를 기업에 요구한다. 이때 기업이 회원 조직으로 커뮤니티를 운영한다면 이것도 과금 포인트가 될 수 있다.

그러면 각 과정별로 좀 더 상세하게 보자. '사용'에서는 앞서 말한 추가 제품,

애플리케이션, 커뮤니티 외에도 고객이 제품을 사용할 때 특정 서비스를 함께 이용하는 경우라면 여기에도 과금 포인트가 숨어 있다. 예를 들어 '정액 서비스', '종량 서비스', '사전에 받는 서비스' 중 어느 하나로 과금할 수 있을 것이다.

제조기업과 유통기업은 구입 시에 이익을 얻어왔으나, '사용' 시점 이후에 과금을 할 수 있다면, 이미 과금이 종료된 과금 플레이어로부터 더욱 과금할 수 있는 찬스가 있다는 의미에서 강력한 가치획득이 된다.

사용자가 계속적이며 정기적으로 돈을 지불해 준다면, 이만큼 바람직한 일은 없다. 이러한 구독을 포함한 구입 후 계속적인 수익을 발생시키는 시스템은 '리커링 모델(recurring revenue model)'이라고 하는데, 이에 대해서는 6장에서 상술하기로 한다.

'사용'에서 이어지는 활동인 '익숙해짐'에서 특징적인 과금 포인트는 '확장 툴'이다. 사용법이 익숙해진 사용자에게 제품의 기능을 업데이트할 수 있도록 보조적으로 판매한다.

제품을 '사용'하고 '익숙'해진 다음 '문제 해결'한 사용자의 다음 과정은 '유지·보수'가 된다. 현장 출동 서비스나 유지·보수 패키지 서비스, 상시 보수 등의 과금 포인트가 발생한다.

여기까지의 4개 과정은 공통적으로 '어시스턴스 데스크'가 중요한 역할을 한다. 어시스턴스는 말 그대로 사용자를 돕는 지원센터나 고객센터를 가리킨다. 사용자가 제품을 사용하고 익숙해지게 하며, 제품의 문제를 해결하려면 도와주어야 할 일이 많이 있다. 그것들을 잘 도와주지 못하면 사용자는 제품에 대해 불만을 가질 것이다. 최악의 경우 제품 이용을 그만둘지도 모른다. 그러므로 사용자의 이용 지속을 촉진하는 의미에서도 상당히 중요한 의미를 가지고 있다. 애플리케이션으로 자동화할 수 있으면 좋겠지만, 그것만으로 대응할 수 없는, 보다 고도의 문제가 발생하는 경우가 있다.

그때를 대비해 전용 핫라인을 준비하거나 인적 자원을 투입할 필요가 있다.[10] 과거 제조기업에서는 이러한 일련의 활동을 '서비스화'라고 불렀지만, 최근에는 디지털 시대를 거쳐 더욱 고도화되어 '고객의 성공'이라고 부른다.

'폐기'와 '레벨업'은 제품이 역할을 끝내고, 다음 제품으로 향하는 과정이다. 여기서는 기본적으로 고객의 고민을 들어주고 다음 과정으로 이끄는 것이 중요하다. 따라서 '상담'이 과금 포인트가 될 수 있다. 이는 보통 다른 제품의 영업활동으로 여겨지기도 하지만, 잠재적으로 과금도 가능하다. 실제로 서비스업에서는 세컨드 오피니언으로서 과금하기도 한다.

'폐기'에서는 실제 폐기 작업의 지원이나 인수도 과금 포인트가 된다. 여기서는 사용해 온 제품이 더 이상 사용자의 수준에 맞지 않으며, 나아가 생활을 더 좋게 하거나 생산성을 더욱 높이기 위해 사용자가 제품의 폐기를 결단하게 하는 것이 중요하다. 그런 다음 '레벨업'에서 확장 서비스를 제공하고, 나아가 자사가 보유하고 있는 상급 제품으로 이행하게 한다. 이것도 과금 포인트가 된다.

테슬라 모델 S의 구입 후 활동 과정과 과금 포인트

그러면 앞에서 소개한 활동 과정을 실제의 기업에 대입해 보면 어떻게 될까. 그것을 보인 것이 〈도표 4-23〉이다. 실제 사례로서 이 책에서 종종 등장했던 테슬라 모델 S의 구입 후 '사용'과 '레벨업' 사이에 어떤 과금 포인트가 숨어 있는지 살펴보도록 하자.

〈도표 4-23〉을 보면 테슬라의 '사용'에서 '레벨업'에 이르기까지 공통된 과금

---

10   이러한 고객 터치 포인트는 단계적으로 구분해 고객에게 제공하는 것이 일반적이다. 디지털만으로 일 대 다수를 대응하는 것을 '테크터치(tech touch)', 인적 자원을 투입하는 것을 '하이터치(high touch)', 그리고 개별 대응을 하되 메일이나 전화 등 원격으로 하는 것을 '로터치(low touch)'라고 한다. 자세한 내용은 川上(2019)를 참조하기 바란다.

도표 4-23 ㅣ 테슬라 모델 S의 과금 포인트

고객 활동	사용	익숙해짐 (제대로 활용)	문제해결	유지·보수	폐기	레벨업
과금 포인트	옵션, 소모품					
	어플리케이션					
	어시스턴트 · OS업데이트				카운슬링	
	•타사 충전의 차지 서비스 •상시 충전료	•자율주행 •주행거리 확장* •업데이트		•필드서비스 •보험패키지 •상시보수	매수보증	신차 구입 우대

주 1: 밑줄로 표시한 것은 실제 수익원을 가리킨다.
주 2: *은 과거 60kWh 모델 S에서 제공되었던 수익원을 뜻한다.

포인트는 옵션, 소모품, 그리고 자동차를 가동시키기 위한 스마트폰용 애플리케이션이다. 이것들은 모델 S의 사용자라면 없어서는 안 되는 것이므로 과금 포인트가 되기 쉽다. 그 밖에 '사용'에서 '유지·보수'까지는 '고객센터'와 차량의 'OS 업데이트' 서비스 같은 과금 포인트가 있다.

각 활동 과정별로 보면 '사용'에서는 타사 충전의 충전료나 상시 충전료가, '익숙해짐'에서는 자율주행이나 주행거리 확대가, '유지·보수'에서는 보수 패키지, 상시 보수 등이 과금 포인트가 되고 실제 사용자로부터 과금하고 있다.

제품 판매라는 단일 수익원에만 의존해 온 제조기업이나 유통기업으로서는 이만큼의 과금 포인트를 가지고 있는 테슬라를 보고 놀랄지도 모르겠다. 물론 과금의 실현에는 테슬라의 디지털화가 크게 연관돼 있다. 자동차 자체의 IoT나 자동차산업의 디지털 기술의 진화가 과금 포인트를 많이 창출해 주었기 때문이다.

그러나 과금 포인트가 있다는 것과 그것이 실제로 수익원으로서 가동되고 있다는 것은 다른 이야기다. 예를 들어 테슬라는 완전자율주행(FSD) 기술의 기능 충실화가 눈부시지만(2장 참조), 이를 과금 포인트의 하나로 인식하는 것으로 끝낼 것인지, 아니면 과금 타이밍을 늦추어 구독화할 것인지는 하늘과 땅만큼의 차이가 있다. 테슬라는 항상 수익원을 생각하기 때문에 당연히 후자를 택할 것이다. 실제 테슬라용으로 만들어진 충전소 '슈퍼차저' 역시 다른 제조사의 전기자동차들에도 개방하기로 결정한 바 있다.

이와 같이 테슬라는 새로운 과금 플레이어에 주목하고 새로운 과금 포인트를 발굴하는 등 항상 가치획득의 관점에서 수익원을 찾아 계속 시행착오를 하고 있다.

제조기업과 유통기업도 제품 판매라는 단일 수익원의 발상에서 벗어나 과금 포인트로 이어질 만한 것에 대해 즉시 검토해야 한다. 그 힌트가 되는 것이 지금까지 살펴본 활동 과정이다. 구입 이후의 고객의 활동 속에 과금 포인트가 숨어 있다. 〈도표 4-21〉은 어디까지나 하나의 예시지만, 이를 참고하면서 각 과정에 따른 자사의 과금 포인트를 추출해 보기 바란다.

5. 자사만의 과금 포인트 리스트업하기

이 장에서는 가능한 한 폭넓게 과금 포인트를 파악하기 위해 제품 주변을 살필 뿐 아니라 과금 플레이어와 과금 타이밍이라는 확장 개념을 도입해 어디에 과금 포인트가 숨어 있는지도 탐색했다. 지금까지의 설명을 다시 한 번 간단하게 정리해 두겠다.

먼저, 가장 수익원으로 암묵적으로 상정되어 있는 제품 이외에, 그 주변에 어떤 과금 포인트가 있는지를 확인했다. 과금 플레이어는 지불자로서 암묵적으로 상정되어 있는 주요 고객에서 그 외의 참여자로 확장했을 경우 어떤 과금 포인트가 있는지를 살펴보았다. 과금 타이밍은 지불 시기로서, 구입 당시라고 암묵적으로 정해져 있던 것을 구입 이후로 늦췄을 때 어떤 과금 포인트가 있는

도표 4-24 | 파악 가능한 과금 포인트

접근		카테고리	과금 포인트
현시점의 주요 제품에 대한 인식 16(7)		주요 제품	주요 제품
		보완제품	부속품, 소모품, 확장 툴, 소프트웨어
		보완 서비스	물류, 파이낸스, 보관, 보험, 보증, 상담, 폐기, 우대권, 서포트, 유지·보수, 소개
확장 개념	과금 플레이어 11	고객 관계자	고객 이외의 과금, 초과 과금
		상황 우선 고객	특전 이용(우대권, 초과 요금)
		거래처 기업	광고, 컨설팅, 소개, 중개,
		보완 기업	지적재산, 로열티
		경쟁기업	부산물, 데이터 사용
	과금 타이밍 17	구입 시	—
		구입 후	추가적인 제품, 애플리케이션(소프트웨어) 및 담당자 데스크(상담), 커뮤니티, 어시스턴트 및 담당 데스크
		'사용'	소모품, 정액서비스, 종량서비스, 미리 받는 서비스
		'익숙해짐 (제대로 활용함)'	확장 툴
		'문제 해결'	카운슬링
		'유지·보수'	필드서비스, 보수 패키지, 상시 보수
		'폐기'	폐기 작업, 회수
		'레벨업'	확장 서비스, 다른 제품으로의 이행

지를 찾아보았다.

〈도표 4-24〉는 이렇게 해서 얻은 과금 포인트의 대표적인 예를 정리한 것이다. 표의 관점 항목에 있는 숫자 16, 11, 17은 각 시점에서 인식된 과금 포인트의 수다. 대표적인 과금 포인트라고 생각되는 것을 필자가 추출한 것인데, 그 합계가 무려 44개에 이른다. 과금 포인트를 찾을 때 이것을 참고해 주기 바란다.

주목할 것은 과금 포인트를 찾는 최초의 접근법이다. 여기에서 인식해야 하

는 과금 포인트는 실제로는 7개만 있으면 된다. 연하게 표기한 나머지 9개의
과금 포인트는 과금 플레이어와 과금 타이밍으로 확장했을 때 파악 가능한 과
금 포인트와 중복되는 것들이다.

고객을 사로잡을수록 보완 제품과 보완 서비스의 항목 수가 증가하므로, 이
에 따라 과금 포인트를 찾는 단계에서 성질이 다른 고객을 잡기 위한 과금 플
레이어와 과금 포인트, 그리고 구입 후의 고객을 목표로 하는 과금 타이밍 일
부가 인식된다. 그것이 중복되는 이유다.

사실 중복 자체는 문제가 아니다. 고객을 생각하기 때문에 발생하는 것이므
로 오히려 환영해야 하는 일이다. 그러나 중복이 많으면 리스트를 만들면서
간단하게 사용하기가 어려우므로, 필요한 항목을 낭비 없이 리스트업하는 것
이 바람직할 것이다.

지불자와 지불 시기를 구별하지 않는 과금 포인트는 과금하는 부분과 개수
를 평면적으로 인식할 수는 있어도 깊이 있는 분석에는 적합하지 않다. 서로
다른 지불자에 따른 과금 포인트를 인식할 때는 과금 플레이어의 개념을, 서로
다른 지불 시기에 따른 과금 포인트를 인식할 때는 과금 타이밍의 개념을 사용
하는 것이 최적이다.

6. 수익원의 다양화로 새로운 가치획득 창출

이 장에서는 이익혁신에 필요한 과금 포인트를 추출하는 방법을 알아보았다.
수익원이 많아지면 가치획득을 혁신할 때 운신의 폭이 넓어진다. 그러한 관점
에서 다양한 수익원을 파악하기 위해 '과금'이라는 관점을 이용해 잠재적인 수
익원, 즉 과금 포인트를 파악했다. 또한 과금 플레이어, 과금 타이밍이라는 확
장 개념의 힘을 빌려 과금 포인트를 체계적으로 도출하고 다양화했다. 이를

도표 4-25 | 수익원의 다양화를 통한 새로운 가치획득

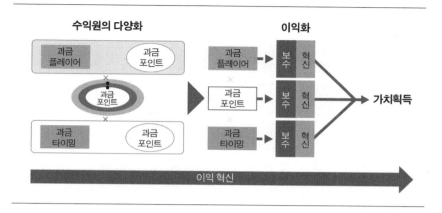

통해 미래의 수익원이 될 과금 포인트를 많이 추출할 수 있는데, 〈도표 4-25〉
는 지금까지의 설명을 감안해 〈도표 4-1〉를 업데이트한 것이다.

다음 장에서는 이렇게 추출한 다양한 수익원을 실제로 어떻게 조합해 새로
운 가치획득으로 만드는지에 대해 설명하겠다.

5장

새로운 가치획득을 만들기 위한 이익화의 로직

포인트

- 수익원에서 가치획득을 만들어내는 이익화란?
- 가치획득을 전환시키는 이익 스위치란?
- 이익의 논리는 여덟 가지 '이익로직'으로 집약된다

키워드

- 이익화
- 벌지 않는 듯 번다
- 수익은 뒤따라온다
- 이익 스위치
- 이익로직

수익원을 과금 포인트로 넓게 파악하면 그들을 이익의 관점에서 조합해 가치획득을 만들어낼 수 있다. 이것이 이익혁신의 최종 단계이다.

앞 장에서는 주요 제품에 관련한 과금 포인트를 찾고, 나아가 과금 플레이어, 과금 타이밍이라는 두 가지의 확장 개념의 힘을 더해 더 많은 과금 포인트를 찾아냄으로써 새로운 수익원을 인식할 수 있다는 것을 알았다. 이 장에서는 지금까지 살펴본 다양한 과금 포인트로 새로운 가치획득을 창출하는 '이익화'에 대해 설명하겠다.

1. 가치획득 방법을 바꾸다

이익혁신이란 현재의 가치획득에서 새로운 가치획득으로 전환하는 것이다. 그러기 위해 필요한 것은, 먼저 많은 잠재 수익원을 파악해 두는 것이다. 그래서 앞 장에서는 **수익원의 다양화**에 대해 설명하고, 수익원을 최대한 넓은 범위에서 찾기 위해 과금 포인트라는 개념을 이용했다. 이를 통해 수익원을 인식하면서도 과금하지 않는 수익원이나 표면화되지 않은 수익원도 포함해 폭넓게 과금 포인트를 추출했다.

그러면 이 과금 포인트를 이익으로 연결해 새로운 가치획득을 만드는 **이익화**의 단계로 이동해 보자. 〈도표 5-1〉에서 '지금까지의 가치획득 방법'을 보면 알 수 있듯이, 지금까지 제조기업과 유통기업은 주요 제품을 수익원으로 하고 거기서 창출되는 이익으로 채산성을 평가해, 적절한 경우 그것을 자사의 가치획득으로 삼아왔다.

이는 곧 가치창조를 정치하게 조립해 그것을 통해 제안된 주요 제품과 비용구조에 의해 이익을 얻는 사고방식이나, 가치획득 관점에서 적극적으로 이익을 창출하는 활동은 아니라는 것을 의미한다. 가치획득이라고는 하지만 실상

도표 5-1 ㅣ 가치획득 방법의 차이

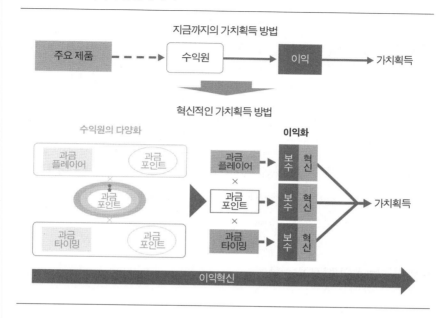

은 이익창출보다는 채산성을 평가하는 정도의 것이다.

그러면 아무리 가치창조를 혁신해도 이익이 극적으로 개선되지는 않는다. 제품이 히트하면 수익 규모가 커지고 그에 따라 이익액도 커지므로 매출과 이익의 동반성장은 실현될 수 있겠지만, 이익을 창출하는 방법에는 변한 것이 없고, 그 때문에 ROIC(투하자본이익률)[1]나 매출액이익률을 봐도 특별한 변화가 없다.

이 책에서 말하고 싶은 것은 '지금까지의 가치획득 방법'이 아니라 이익을

---

1   return on invested capital의 약자. 사업에 투하한 자본에서 얼마나 이익이 창출되었는지를 보기 위해 파이낸스에서뿐만 아니라 널리 일반적으로도 이용되는 지표이다. 여러 가지 방법이 있으나, 표준적으로는 영업이익에 이자비용을 더하고 법인세 상당액을 공제해 계산한다. 이것을 투하자본(이자발생부채에 자기자본을 더한 것)으로 나누어 산출한다.

얻는 방법 그 자체를 바꾸는 이익혁신에 대해 논하는 '혁신적인 가치획득 방법'이다. 이는 지금까지와는 완전히 다른 방법으로 이익을 만드는 것으로, 이익을 창출하는 방법 자체를 바꾸는 것이다.

2. 막대한 이익을 창출하기 위한 가치획득

이익화란 새로운 가치획득을 만드는 과정이다. 이는 제조기업이나 유통기업이 지금까지와는 전혀 다른 차원에서 이익을 보고 이익을 창출하기 위한 개념이다. 우선 이 점을 명확히 해둔다.

수익화로는 끝이 나지 않는다

'이익화(profiting)'라는 말이 이미 익숙한 말인 '수익화'와 동일하다고 생각할 수도 있지만, 이 둘은 전혀 다르다.

일반적으로 어떤 수익원에서 수익, 즉 매출을 창출하는 행위를 '수익화(monetizing)'라고 한다. 제조기업이라면 '혁신의 수익화'라는 맥락으로 사용되는 경우가 많다. 이는 혁신적인 제품을 만들고 그것을 통해 조금이라도 많은 수익을 내는 것을 의미한다.

한편, 디지털 시대의 수익화는 무상으로 제공하던 제품이나 서비스를 유료화한다는 의미로 사용되는 경우가 많다. 특히 시가총액을 높이기 위해 조금이라도 많은 이익을 얻으려고 하는 스타트업 기업은 이런 의미에서 이 방법을 즐겨 사용하고 있다.

즉, 수익화는 매출(revenue)을 높이는 것이 목적이다. 창업한 지 얼마 되지 않은 기업이라면 제로에서부터 수익을 만드는 것이 되고, 현업에서 이미 일정의 수익을 벌고 있는 기업이라면 그에 더해 새로운 수익원을 추가하는 것이 된다.

이와 같이 수익화와 수익 그 자체를 평가하기 위한 개념이기 때문에 이익창출이 목적인 가치획득을 논의하는 데서는 이 '수익화'라는 개념이 충분하다고 할 수 없다. 수익화는 문자 그대로 수익원의 '수익', 즉 '매출'을 인식하는 것이 목적이다.

또 한편 수익화만을 생각하면 이익에 대한 논의도 자동적으로 된다고 생각할 수도 있지만, 그것은 옳지 않다. 물론 스타트업 기업의 경우는 디지털을 활용하고, 또 사용자와 직접 거래를 하는 경우가 많아서 수익에서 차지하는 이익비중이 크므로 수익화와 이익은 친화성이 높다. 따라서 수익화는 곧 이익을 창출하는 것이라는 의미로 해석되고 있지만, 제조기업이나 유통기업은 다수의 거래처나 보완업자와의 거래에 의해 이루어지기 때문에 수익이 있어도 이익은 전혀 얻지 못하는 경우가 있다.

이익을 얻기는커녕 오히려 생산 및 가공 노하우가 부족한 제품은 손이 많이 가거나 혹은 외주를 주는 경우가 많아 수익이 있다고 해도 비용이 너무 높을 경우에는 손실을 계상하는 일도 적지 않다.

이와 같이 실물을 취급하는 한 원재료 구입비가 들며, 또한 여기에는 통상적으로 자금이 먼저 유출되기 때문에 수익만 보면 의사결정을 잘못할 가능성이 크다.

〈도표 5-2〉에 기술한 바와 같이 제조기업은 수익화가 아니라 철저히 '이익화'를 생각해야 한다. 과금 포인트가 수익(매출)이 아니라 이익이 되는지를 생각하고, 최종적으로 사업이익이 어떻게 창출될지를 제대로 검토하지 않으면 가치획득을 논의했다고 할 수가 없다.

특히 이익 그 자체를 만드는 방법을 바꾸는 이익혁신에서는 **이익화**가 더욱 중요하다. 자사의 가치획득을 재구축하기 위해서는 과금 포인트에서 어떻게 이익을 낼 것인지, 그 이익화 과정을 체계적인 방법으로 추구할 필요가 있다.

도표 5-2 ㅣ 제조기업·유통기업은 수익화가 아니라 이익화를 추구해야 한다

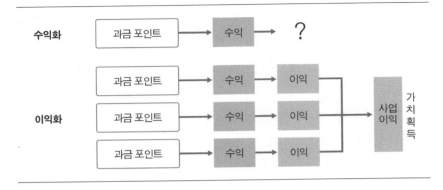

'이익화'로 이익의 고정관념을 깨라

기업이 많은 이익을 얻고자 할 때 4장의 〈도표 4-22〉에 있는 과금 포인트 중에서 단순히 매력적이라고 보이는 것을 선택할 것이다. 특히 이익률이 높은 '우수한' 과금 포인트만을 모아 이른바 '올스타' 조합을 꿈꿀 수도 있다(〈도표 5-3〉).

하지만 그렇게 숫자만을 고려한 무작위에 맥락이 없는 과금 포인트 조합은 올스타는커녕 오합지졸이며, 하나의 질서를 가지고 이익을 창출하는 가치획득이라고 보기 어렵다. 가치획득이 질서를 갖는다는 것은 과금 포인트를 전략적으로 조합해 제대로 이익을 내는 것을 의미한다.

예를 들어 아무리 이익률이 높은 소모품을 과금 포인트로 한다고 해도 가장 중요한 주요 제품과의 연관성이 약하면 팔리지 않는 제품 하나를 추가한 것에 불과하다. 중요한 것은 주요 제품이 잘 팔림으로써 소모품도 주목을 받아 이익을 얻는 구조다. 그것이야말로 단순한 과금 포인트를 모아두는 것과 질서가 잡혀 있고 구조화된 가치획득의 차이다. 그러한 의미에서도 단순히 과금 포인트를 늘리는 것은 이익혁신이라 할 수 없다. 이익혁신에서 이익화가 담당하는

역할은 과금 포인트를 찾아 현재의 가치획득에 추가하는 것이 아니라 지금보다 더 높은 이익을 장기적으로 창출하기 위한 구조를 만드는 것이다. 즉, 단순한 과금 포인트의 집합이 아니라 질서를 갖고 '구조화된 가치획득'으로 혁신하는 것이다.

이를 위해서는 현재 자사의 수익원이 되는 가치획득에 어떤 과금 포인트를 조합해야 새로운 가치획득이 되는지를 생각해야 한다. 예를 들어 '제품 판매'라는 가치획득은 '주요 제품'이라는 과금 포인트에서 나온 것이다. 여기에 '소모품'을 조합해 최종적으로 기업이 가능한 한 더 많은 이익을 창출할 수 있는 구조를 생각한다. 그러면 주요 제품에서는 이익률을 우선하기보다는 경쟁력 있는 가격으로 다량 판매에 집중하고, 소모품에 높은 이익률을 설정해 목표로 하는 이익을 얻는 '레이저 블레이드'라는 가치획득을 설계할 수 있다. 이는 주요 제품의 판매라는 가치획득에 변화를 주지 않고 단지 이익률이 비슷한 소모품을 단순히 추가한 것과는 근본적으로 다른 구조다.

이익혁신을 목표로 하는 이익화는 특히 제조기업이나 유통기업에서 유일한 가치획득으로 여겨왔던 '제품 판매'의 벽을 깬다는 의미에서 중요한 과정이다. 이익화는 3장에서 소개한 30가지 가치획득을 단순히 답습하는 것이 아니라 자사만의 새로운 가치획득을 창출하게 한다. 리스트업된 과금 포인트를 두고 현재 있는 과금 포인트와 발굴된 과금 포인트를 조합해서 자사에 적합한 31번째, 32번째 가치획득을 독자적으로 만들어내는 것이다.

3. 제조기업을 궁지로 몰아넣는 가치획득

3장에서 소개한 30가지 가치획득 중 제조기업이나 유통기업을 궁지로 몰아넣는 것이 있다. 바로 '프리미엄', '매치메이킹', '정액제 구독'이다. 이들은 디지털 시대에 특히 시선을 끄는 가치획득인데, 그 화려함 뒤에는 어떻게 과금을 구사하면 좋은지에 대한 힌트가 숨어 있다.

　여기서는 과금 포인트 관점에서 이 세 가지 가치획득의 본질을 파악하고, 지금까지와는 다른 완전히 새로운 가치획득을 어떻게 만드는지 그 단서를 얻고자 한다. 특히 이 세 가지 가치획득이 어떻게 과금하는지 주의해서 읽어나가기 바란다.

벌지 않고도 벌다(과금 포인트의 활용)

3장에서도 소개했듯이 프리미엄(freemium)은 다수의 사용자에게 무료로 제품을 제공하면서도 최종적으로는 유료 제품을 구입하게 해서 이익을 얻는 가치획득 방법이다.

　이 방법은 매우 간단한 구조로 되어 있다. 눈여겨봐야 할 과금 포인트는 두 가지다. 하나는 주요 제품이며, 또 하나는 주요 제품을 효율적이고 효과적으로 활용하기 위한 업그레이드나 아이템, 확장 툴을 비롯한 보완제품이다. 둘 다 수익원이지만 프리미엄은 많은 사람들이 사용하도록 주요 제품에서는 과

도표 5-4 ㅣ 프리미엄에서 과금 포인트의 조합

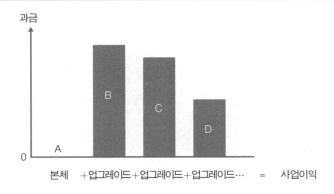

금을 하지 않고 그 대신 업그레이드나 아이템에서 과금을 한다. 이 관계성을 나타낸 것이 〈도표 5-4〉다.

본체 A는 무료로 제공하고, 업그레이드에 해당하는 B, C, D를 유상으로 하여 수익을 창출함으로써 최종적으로 사업이익을 얻는다. 즉, 주요 제품에서는 '벌지 않고', 보완제품에서 '버는 것'이다. 그야말로 '벌지 않고도 번다'는 선문답 같은 가치획득이다.

그러한 방법은 과금 포인트라고 인식하면서도 과금하지 않는 포인트와, 실제 과금하는 포인트의 강약 조절을 통해 실현된다. 특히 주목할 것은 투자와 연구개발의 결정체인 주요 제품을 아낌없이 무료로 제공한다는 사실, 즉 과금하지 않는다는 사실이다.

이를 과금 포인트의 시점에서 정리한 것이 〈도표 5-5〉다. '애플리케이션 본체'라고 하는 주요 제품에서는 과금하지 않고, 아이템을 비롯한 보완제품 및 보완 서비스에서 과금해 수익원으로 삼는다. 프리미엄은 보완이 필요하다고 느끼는 사용자에게만 과금을 하고 이익을 획득한다.

도표 5-5 ｜ 프리미엄의 과금 포인트

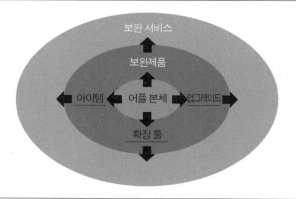

이런 방식은 모바일 게임에서 크게 성공했다. 게임을 다운로드할 때는 과금하지 않고 무료로 즐길 수 있지만, 게임을 유리하게 진행하고 싶은 사람에게는 유료 아이템으로 과금을 한다는 가치획득이 대유행했다.

일본에서는 그리(GREE), 디엔에이(DeNA)와 그 뒤를 잇는 경호 온라인 엔터테인먼트(GungHo Online Entertainment)가 이 가치획득으로 위상을 높였다. 이들의 영향으로 본체와 소프트웨어를 구입해 즐기는 콘솔형 가정용 게임기나 휴대용 게임기 시장이 모바일 무료 게임에 크게 휘청거렸다. 이는 항상 매출액 영업이익률 20%대를 유지하고 있던 닌텐도를 3분기 연속 영업적자[2]로 몰아넣을 정도의 충격이었다.

그만큼 '무료'에는 위력이 있다. 주요 제품을 구입할 때에는 과금을 일절 하

---

2   닌텐도의 상장 이래 첫 영업 적자. 위유(Wii U)의 판매부진도 영향을 미쳐 2012년 3월 말 결산부터 2014년 3월 말 결산까지 적자가 이어졌다.

지 않고 사용자가 사용을 거듭할 때 기업이 준비해 둔 과금 포인트로 크게 이익을 회수하는 것, 이것이 프리미엄의 구조다.

강자로부터 벌다(과금 플레이어 활용)

매치메이킹도 디지털 시대에 눈길을 끄는 대표적인 가치획득 중 하나이며, 디지털 시대를 통해 확산된 가치획득이라고 할 수 있다. 플랫폼이 활성화됨에 따라 많은 기업에서 이 가치획득을 활용하고 있다.

매치메이킹은 서로 다른 목적을 가진 이들을 중개하는 것으로 이익을 얻는 가치획득이다. 여기서는 과금 플레이어에 따라 과금 포인트를 탄력적으로 설정하는 것이 큰 특징이다.

예를 들어 전시회 같은 경우는 구매자의 입장료, 판매자의 출품료라는 과금 포인트를 생각할 수 있다. 부동산 매매에서는 이전부터 매도자와 매수자 둘 다에게 수수료를 과금해 왔다. 오프라인에서는 양쪽에 다 과금해도 전혀 이상하지 않다. 하지만 온라인에서는 한쪽에는 과금하지만 다른 쪽에는 과금하지 않는 방법을 취한다. 한마디로 약자에게서 벌지 않고 강자에게서 벌겠다는 것이다.

〈도표 5-6〉을 보기 바란다. 그림의 좌측에는 팔고 싶다는 목적을 가진 판매자, 우측에는 사고 싶다는 목적을 가진 구매자가 존재한다. 플랫폼을 활성화시키려면 판매자와 구매자가 일정 수는 필요하다. 특히 구매자를 많이 모으기 위해 이들에게는 과금하지 않고 매매가 성립된 단계에서 판매자로부터 그 일부를 과금하는 방식을 취한다.

온라인 중고거래 사이트 '메르카리'는 그 대표적인 사례다. 구매자에게 직접 과금하지 않으며, 판매자에게도 판매 완료 시에 매매계약 성립에 대한 수수료가 부과될 뿐 물품을 내놓는 것만으로는 과금되지 않는다.

도표 5-6 ㅣ 온라인 플랫폼의 과금 포인트

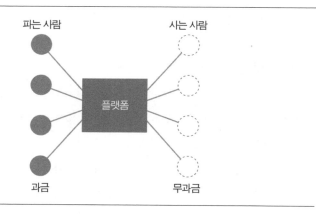

도표 5-7 ㅣ 수익을 기대하지 않는 과금 플레이어를 명확히 설정

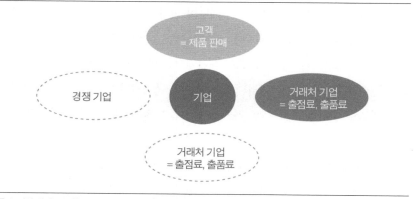

주 1: 연한 회색으로 표시한 고객은 돈을 벌지 못하는 과금 플레이어임.
주 2: 점선의 경쟁 기업과 보완 기업은 과금 플레이어로 상정하지 않았음.

　아마존의 '마켓플레이스'는 판매자가 업체이기 때문에 출품료 혹은 출점료를 과금한다. 또 매매계약 성립 시에도 수수료를 부과한다. 그러나 구매자에게는 일절 과금하지 않는다.

앞서 4장에서 제시한 기업의 이해관계자를 매치메이킹에 대응해서 보면 과금하는 플레이어와 과금하지 않는 플레이어를 〈도표 5-7〉과 같이 설정할 수 있다.

매치메이킹이라는 가치획득 방법의 확대는 바로 과금 플레이어를 유연하게 적용해 특정의 사용자로부터는 돈을 벌지 않는다는 방침을 관철시킨다. 이처럼 최종 사용자로부터 과금하지 않는 것이 시장에 잘 먹혀서 크게 유행할 수 있었다.

돈은 나중에 따라온다(과금 타이밍 활용)

정액제 구독은 많은 디지털기업이 채택해 성과를 내고 있는 가치획득이다. 특히 소프트웨어나 동영상, 음악의 무제한 사용이 인기를 얻으면서 폭발적으로 확대되었다. 정액제 구독의 큰 특징은 한 번에 구입하는 경우와 비교해 적은 금액을 지속적으로 가늘고 길게 과금해 비용을 회수하고 이익을 얻는다는 것이다.

이를 나타낸 것이 〈도표 5-8〉이다. 예를 들어 월 정액제 구독이 네 차례 기간에 걸쳐 비용을 회수한다고 하자. 비용을 회수한 후 다섯 차례 기간부터는 전부 이익이 된다. 판매 시점에서 모든 비용과 이익까지 회수하는 제품 판매에 비하면 이것이 얼마나 참을성이 필요한 가치획득인지를 알 것이다. 하지만 사용자가 지속해 주는 한 지불도 지속되기 때문에 제품 판매와 비교할 수 없을 정도의 이익을 얻을 수 있다.

구독은 말하자면 '돈은 나중에 따라온다'를 실천하는 가치획득이다. 더구나 뒤따라오는 이익은 제품 판매와는 달리 제한이 없다. 2장에서 소개한 넷플릭스는 바로 이 가치획득으로 이익을 비약적으로 확대했다.

정액제 구독이 제조기업의 표준적인 가치획득인 제품 판매와 크게 다른 점은 판매 시에 비용과 이익을 회수하지 못한다는 것이다. 판매와 동시에 모든

도표 5-8 | 시간을 들여 이익을 회수한다

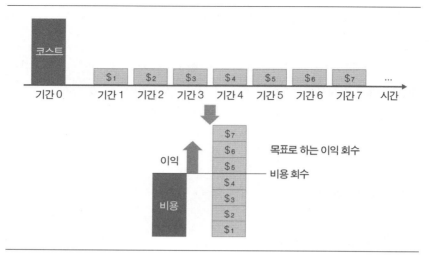

것이 완료되는 제품 판매와 달리 구독은 판매 후 지속적으로 과금해 이익을 얻는다.

구독의 과금 포인트를 앞서 4장에서 본 '구입 후 활동 과정'에 대입해 보면 제품 판매와의 차이가 더 명확해진다. 〈도표 5-9〉를 보자. 제품 판매가 주요 제품의 구입 시점에서 과금을 끝내는 반면 구독은 '사용' 단계에서 반복적으로 과금하고 있다.

정액제 구독이라는 가치획득은 사용자에게 단번에 지불할 필요가 없는 '이득감'과 언제든지 그만둘 수 있다는 '부담 없음'을 준다. 즉, 시간을 들여 천천히 이익을 얻는 가치획득인 동시에 사용자가 지속할수록 이익이 증가하는 가치획득인 것이다.

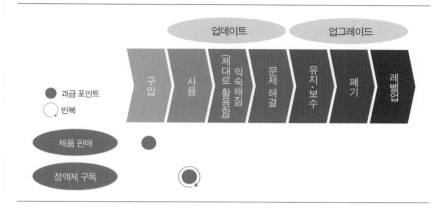

디지털 시대의 가치획득의 혁신성

앞의 세 가지 가치획득은 디지털 시대를 대표하는 가치획득이며 과금 포인트의 사용법에 제각기 특징이 있다. 단순히 이익률이 높은 제품이나 보완제품을 모아서 이익을 만드는 것이 아니다. 제품 판매만 고집하는 사고방식에서 보면 생각할 수 없는 방식으로 이익을 만들고 있는 것이다. 지금까지 없던 방식이기에 상당히 극단적으로 보일 수도 있지만, 그것이 지금의 사람들에게 받아들여지고 있는 것 또한 사실이다.

프리미엄(freemium)은 주요 제품에서 과금하지 않고 과금을 사용자에게 맡기는 방식을 취함으로써 사용자로부터 많은 지지를 얻고 최종적으로 이익을 얻는다. 기업으로서는 주요 제품으로 이익을 획득할 수 없다는 부담이 있지만, 사용자 입장에서는 도입하기가 쉽다. 그렇기 때문에 많은 사용자를 끌어들여 결과적으로 이익을 얻는다는 혁신적인 가치획득이다.

매치메이킹은 한쪽의 과금 플레이어에게는 과금하지 않으면서 이익을 창출

도표 5-10 I 디지털 시대의 가치획득의 혁신성

	과금 플레이어	과금 포인트	과금 타이밍
보수적	주요 고객으로부터 과금	주요 제품으로 과금	즉시 과금
혁신적	주요 고객으로부터 과금하지 않음	주요 제품으로 과금하지 않음	시간을 들여 과금
가치획득	매치매이킹	프리미엄(freemium)	정액제 구독

한다. 과금 포인트가 있는데도 굳이 과금하지 않는다. 본래 과금해야 할 주요 고객에게는 과금하지 않고 과금 플레이어를 다른 쪽에 두고 있기 때문에 과금하지 않는 주요 고객을 최대한 많이 끌어들여 거래가 자주 일어날 수 있도록 가치획득을 설계해야 한다.

정액제 구독은 판매 시점이라는 가장 중요한 과금 포인트에서 과금하지 않고 '판매(계약) 후 이용'이라는 과금 포인트에서 과금한다. 과금을 판매 후로 늦추는 것은 기업으로서 위험 부담이 크지만 사용자 입장에서는 이용하기가 쉬워서, 많은 사용자를 끌어들이는 데 성공하면 이익을 크게 확대할 수 있다.

이렇게 보면 디지털 시대에 주목받는 가치획득의 과금은 제품 판매에 대한 과금과 완전히 다르다는 것을 알 수 있다. 〈도표 5-10〉에서 보듯이 디지털 시대의 가치획득은 과금 포인트를 옮기고, 과금 플레이어를 옮기고, 과금 타이밍을 늦추고 있다. 주요한 과금 포인트지만 과금하지 않고, 주요한 과금 플레이어이지만 과금하지 않으며, 즉시 과금할 수 있는 타이밍이지만 과금하지 않는 선택을 함으로써 많은 사용자를 끌어들이고 있는 것이다.

프리미엄, 매치메이킹, 정액제 구독 등 디지털 시대를 대표하는 가치획득은 사용자에게 매우 매력적으로 비친다. 이들은 1장에서 정의한 고객가치를 극대화하는 과금 방법이라고 할 수 있다. 고객의 지불의욕이 낮다고 해도 고객의 지불 부담이 압도적으로 낮기 때문에 고객가치를 극대화할 수 있는 것이다.

특히 이 세 가지 가치획득은 과금 플레이어, 과금 포인트, 과금 타이밍의 관점

에서 보면 이익을 회수할 수 있는지 여부를 고객에게 맡기고 있다. 그야말로 '혁신적'이라 할 수 있지만, 동시에 이익 획득의 불확실성이 높다는 뜻이기도 하다.

따라서 주요 제품을 주요 고객에게 판매하고 판매와 동시에 과금하는 제조기업이나 유통기업은 이 불확실성을 수용할 수 없어 '지금까지 하던 대로'라는 보수적인 의사결정을 할 가능성이 높다.

4. 과금 관점에서 이익 관점으로

지금까지는 디지털 시대를 대표하는 가치획득을 어디에 과금할 것인가, 누구에게 과금할 것인가, 언제 과금할 것인가 등의 '과금 관점'에서 살펴봤다. 지금부터는 과금 플레이어, 과금 포인트, 과금 타이밍이라는 개념을 활용해 어떻게 이익을 창출하는지 보도록 하자.

과금을 이익 관점에서 보기

혁신적인 가치획득을 과금이 아닌 이익 관점에서 보면 〈도표 5-11〉과 같다. 여기서 '보수적'이란 기존 방식대로 이익을 획득하는 것을 가리킨다. 즉, 과금 플레이어는 '주요 고객'에게서, 과금 포인트는 '주요 제품'으로부터, 과금 타이밍은 '즉시' 이익을 획득한다. 다른 각도에서의 생각이나 고민은 일절 하지 않고 이 가치획득을 고수한다. 이는 제조기업과 유통기업이 지금까지 사용해 온 제품 판매 방식 그 자체인 것이다.

한편 '혁신적'이란 다음과 같은 것을 의미한다. 이 표 중앙에 있는 과금 포인트를 봐주기 바란다. 대표적인 가치획득으로 소개한 프리미엄의 경우는 '주(主)에서 벌지 않고 보(補)에서 번다'는 속성을 가지고 있으므로 여기서는 주요

도표 5-11 ㅣ 이익 관점에서 본 혁신성

	과금 플레이어	과금 포인트	과금 타이밍
보수적	주요 고객으로부터 과금	주요 제품으로 과금	즉시 과금
혁신적	주요 고객으로부터 과금하지 않음	주요 제품으로 과금하지 않음	시간을 들여 과금
가치획득	매치매이킹	프리미엄(freemium)	정액제 구독

제품인데도 과금하지 않는다.

이익 관점에서 보면 이는 주요 제품 외 '다른 과금 포인트'를 현재의 과금 포인트(무과금)와 조합해 이익을 획득하는 구조다. 단순히 과금을 하느냐, 안 하느냐가 아니라 어떻게 이익을 만들 것인가를 중심으로 생각하면 이 같은 가치획득 방법을 얻을 수 있다.

과금 플레이어를 보자. 대표적인 가치획득으로 소개한 매치메이킹은 주요 고객에게 과금하지 않는다. 이익 관점에서 보면 '다른 지불자'로부터 이익을 획득하는 구조다.

과금 타이밍은 즉시 과금하는 것이 아니라 시간을 들여 과금하는 것을 선택한다. 이익 관점에서 보면 정액제 구독처럼 지속적으로 이익을 거두는 구조다. 판매와 동시에 이익을 확정할 수는 없으나 지불자가 거래를 계속하면 예상을 훨씬 넘는 이익을 계상할 수 있다.

이렇게 보면 '혁신적'에 해당하는 기업은 과금 플레이어의 지불 금액과 지불 기간에 제한을 두지 않기 때문에, 비록 이익 획득의 불확실성이 따르지만 얻을 수 있는 이익은 목표보다 훨씬 높아질 수 있다.

반면 '보수적'에 해당하는 기업은 조기에 이익을 확정하지만 가격과 수량이 제한적이기 때문에 기업에 들어오는 이익 또한 한정적이다. 그러므로 혁신적인 관점을 도입해 새로운 가치획득으로 이행하는 일이야말로 보수적인 제조기업이나 유통기업에 지금 필요한 일이다. 이를 위해서 '보수적'인 이익에서 '혁신적'인 이익을 만드는 방법으로 방향키를 트는 것이 최고 경영진에게 요구되고 있다.

가치획득을 디자인하다: 이익 스위치

과금 플레이어, 과금 포인트, 과금 타이밍의 조절을 통해 어떻게 수익원을 찾는지를 살펴보았으니, 지금부터는 이들을 조합하면 어떤 가치획득이 추출되는지를 보도록 하자.

〈도표 5-11〉을 보면 알 수 있듯이 '제품 판매'라는 가치획득은 '주요 고객으로부터, 주요 제품으로, 즉시 이익을 획득'하는 것이므로 보수적인 가치획득이다. 그렇다면 이 보수적인 가치획득을 어떻게 혁신할 것인가? 가치획득을 혁신하려면 그것을 구성하는 과금 포인트, 과금 플레이어, 과금 타이밍을 조합해보는 것이 유익하다. 왜 조합하는 것이 유효한가. 〈도표 5-12〉를 보면 알 수 있다.

앞의 〈도표 5-11〉의 '보수적'을 ⓪, '혁신적'을 ❶로 표기한다. ⓪과 ❶을 스위치에 비유해서 보면 보수적인 가치획득은 과금 플레이어, 과금 포인트, 과금 타이밍 모두 이전 방식 그대로이므로 모든 스위치가 오프(off)인 상태(⓪)다. 이에 반해 혁신적인 가치획득은 과금 플레이어, 과금 포인트, 과금 타이밍 중 하나 또는 여러 개를 온(on)으로 한 상태(❶)다.

⓪에서 ❶로 스위치를 켜는 것을 '이익 스위치'라고 부르며, 과금 포인트, 과금 플레이어, 과금 타이밍 중 하나 또는 복수의 이익 스위치를 켜면 체계적인 조합이 가능하다. 이것이 이익혁신의 출발이 되는 논리 체계다.

제조기업과 유통기업은 현재 스위치가 켜져 있지 않은 ⓪⓪⓪ 상태, 즉 '주요 고객으로부터, 주요 제품으로, 즉시 이익을 획득'하는 상태다. 이는 지금까지 그래왔던 것처럼 위험 부담 없이 이익을 얻으려는 선택이다. 과금 플레이어, 과금 포인트, 과금 타이밍 모두 보수적이고 표준적이며, 경쟁사도 마찬가

도표 5-12 | 혁신적인 가치획득의 접근법

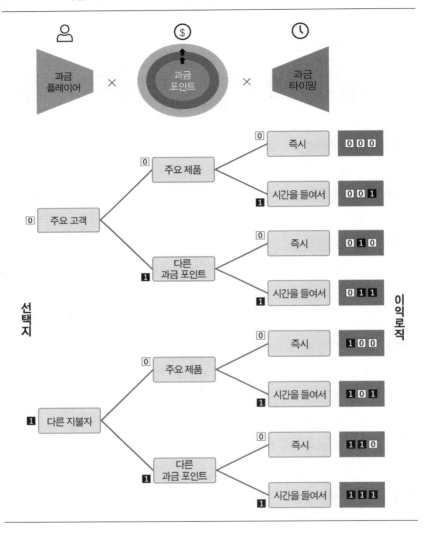

선택지

이익로직

지로 오랫동안 지속해 온 '제품 판매'라는 안전한 가치획득 방식을 실행하고 있는 것이다.

그러나 이 중 하나라도 **1**로 전환해 이익 스위치를 켜면 혁신적인 사고를 할 수 있다. 과금 플레이어의 스위치만을, 과금 포인트 스위치만을, 과금 타이밍 스위치만을 켜거나 혹은 두 개 또는 세 개의 스위치를 켜는 방법이 있다. 어떤 스위치를 켤 것인가는 차치하더라도 스위치를 켠다는 것 자체가 이익혁신을 위한 큰 걸음이라고 할 수 있다.

모든 것이 오프인 ⓪⓪⓪ 상태에서 하나라도 이익 스위치를 켜면 제조기업이나 유통기업은 지금까지의 가치획득이나 업계 관행과는 다른 가치획득을 실현할 수 있다. 이익 스위치를 켜면 완전히 다른 각도에서 이익을 창출할 방법을 검토할 수 있다.

그러나 1장에서도 말했듯이 지금은 가치창조만으로 이익을 내기 어려운 시대다. 즉, ⓪⓪⓪의 가치획득으로는 더 높은 이익은 물론이고 흔들림 없이 현재를 유지하는 것조차 불확실하다. 가치획득의 혁신에 나서는 의의가 여기 있다. 가치창조로는 이익이 나지 않는 지금이야말로 이익 스위치를 켜야 한다.

이익 스위치가 유발하는 이익로직

새로운 가치획득은 상술한 이익 스위치 가운데 어떤 스위치를 켜는가에 따라 그 양상이 달라진다. 즉, 과금 플레이어, 과금 포인트, 과금 타이밍을 ⓪과 **1**로 조합하면 체계적인 이익화의 로직이 나타난다. 그것이 〈도표 5-12〉의 오른쪽에 있는 **이익로직**이다. 이를 보면 여덟 가지 이익로직이 존재한다는 것을 알 수 있다.

여덟 가지 이익로직은 ⓪⓪⓪부터 **1 1 1**까지 있는데, 맨 앞자리는 과금 플레이어, 중간은 과금 포인트, 그리고 맨 끝자리는 과금 타이밍 순으로 대응

도표 5-13 | 이익로직으로부터 가치획득을 설명하다

가치획득	개요	이익로직
① 제품 판매	모든 제품의 가격에 일정한 이익폭을 붙인다.	□□□
② 서비스업의 물건 판매	서비스업이 물건판매를 조합해 이익을 높인다.	□■□
③ 제품믹스	이익률이 다른 제품을 조합하여 사업의 이익을 창출한다	□■□
④ 주변 제품	주요 제품과 함께 판매하는 제품의 이익률을 높인다.	□■□
⑤ 멀티 컴포넌트	내용은 같은 제품이지만, 상황에 따라 이익률을 변동시킨다.	□■□
⑥ 부가서비스(보험·파이낸스)	주요 제품만으로는 부족한 이익을 판매 시의 서비스로 보완한다.	□■□
⑦ 사후 서비스(유지·보수)	주요 제품만으로는 부족한 이익을 판매 후의 서비스로 보완한다.	□■■
⑧ 서비스화(컨설팅화)	제품을 활용하는 때의 보조 서비스로 이익을 얻는다.	□■■
⑨ 주요 고객 외 지불자	메인 타깃에서는 낮은 이익을, 그 외에서는 높은 이익을 얻는다.	■□□
⑩ 옥션	지불자가 입찰을 하도록 해 대상 제품의 이익을 많이 회수한다.	■□□
⑪ 다이내믹 프라이싱	지불자의 상황에 따라 같은 제품의 청구액을 바꾼다.	■□□
⑫ 정액제 구독	기간마다 정액의 이용료를 회수해, 시간을 들여 이익을 쌓아간다.	□□■
⑬ 선불제 구독	선불로 이용료를 받고, 향후의 이익을 확정시킨다.	□□■
⑭ 종량제 구독	이용량에 따라 이용료를 회수하고, 시간을 들여서 이익을 회수한다.	□□■
⑮ 재구매	유저 1명이 몇 번이고 사는 것을 전제로 이익을 얻는다.	□□■
⑯ 롱테일	제품 라인업의 풍부함으로 집객을 해, 잘 팔리는 상품에서 이익을 얻는다.	□■■
⑰ 리스	일정기간의 이용계약을 맺고 시간을 들여 이익을 회수한다.	□□■
⑱ 레이저 블레이드(소모품)	본체는 이익률을 낮게 하고, 부속품은 이익률을 높여서 시간을 들여 이익을 얻는다.	□■■
⑲ 멤버십(회비)	회비 회수와 본업의 이익을 합쳐 이익을 낸다.	□■■
⑳ 프리미엄(freemium)	본체는 무료로 하고, 부속품은 이익률을 높게 해 시간을 들여 이익 회수한다.	□■■
㉑ 부산물	사업활동으로 생겨난 부산물을 고객 이외의 지불자에게 제공해 대가 수령한다.	■■□
㉒ 콘텐츠(IP)	콘텐츠와 IP(지적재산권)의 전용을 이익의 주요 기둥으로 한다.	■■■
㉓ 수수료	고객 외 라이벌이나 거래처로부터도 수수료를 받아 이익을 확보한다.	■■■
㉔ 우선권	우선적으로 이용할 수 있는 권리를 이익의 주요 기둥으로 한다.	■□□
㉕ 삼자 간 시장	광고주로부터 광고료를 이익의 주요한 기둥으로 한다.	■■□
㉖ 매치메이킹	제공자와 이용자를 연결한 대가를 이익의 주요 기둥으로 한다.	■■□
㉗ 앰버서더	소개자에게는 요금을 대폭 면제해 주어 집객과 고객 육성으로 이익을 만든다.	■□■
㉘ 스노브 프리미엄	동일제품에 높은 금액을 지불자를 설정해 이익을 회수한다.	■□□
㉙ 프랜차이즈	성공한 사업 수법의 이용 허락의 대가를 이익의 주요한 기둥으로 한다.	■■■
㉚ 데이터 접근권	축적한 데이터에 접근하는 권리를 이익의 주요 기둥으로 한다.	■■■

이익로직	개요	가치획득
0 0 0	주요 고객으로부터, 주요 제품에서, 즉시 이익 회수를 한다.	① 제품 판매
0 0 1	주요 고객으로부터, 주요 제품에서, 시간을 들여 이익 회수를 한다.	⑫ 정액제 구독 ⑬ 선불제 구독 ⑭ 종량제 구독 ⑮ 재구매 ⑰ 리스
0 1 0	주요 고객으로부터, 돈이 더욱 되는 과금 포인트를 더해 즉시 이익 회수를 한다.	② 서비스업의 물건 판매 ③ 제품믹스 ④ 주변 제품 ⑤ 멀티 컴포넌트 ⑥ 부가서비스(보험·파이낸스)
0 1 1	주요 고객으로부터, 돈이 더욱 되는 과금 포인트를 더해 즉시 이익 회수를 한다.	⑦ 사후 서비스(유지·보수) ⑧ 서비스화(컨설팅화) ⑯ 롱테일 ⑱ 레이저 블레이드 (소모품) ⑲ 멤버십(회비) ⑳ 프리미엄(freemium)
1 0 0	추가로 돈을 낼 수 있는 지불자로부터, 주요 제품으로, 즉시 이익 회수를 한다.	⑨ 주요 고객 외 지불자 ⑩ 옥션 ⑪ 다이내믹 프라이싱 ㉔ 우선권 ㉘ 스노브 프리미엄
1 0 1	추가로 돈을 낼 수 있는 지불자로부터, 주요 제품으로, 시간을 들여 이익 회수를 한다.	㉗ 앰버서더
1 1 0	추가로 돈을 낼 수 있는 지불자로부터, 돈이 더욱 되는 과금 포인트를 더해, 즉시 이익 회수를 한다.	㉑ 부산물 ㉕ 삼자 간 시장 ㉖ 매치메이킹
1 1 1	추가로 돈을 낼 수 있는 지불자로부터, 돈이 더욱 되는 과금 포인트를 더해, 시간을 들여 이익 회수를 한다.	㉒ 콘텐츠(IP) ㉓ 수수료 ㉙ 프랜차이즈 ㉚ 데이터 액세스

하고 있다.

지금까지 제조기업과 유통기업은 ⓪⓪⓪(주요 고객으로부터, 주요 제품으로, 즉시 이익 획득)의 보수적인 가치획득을 해왔다. 이 중 한 자리를 **1**로 바꾸면, 예를 들어 ⓪⓪**1**은 '주요 고객으로부터, 주요 제품으로, 시간을 들여 이익 획득'이 되고, **1**⓪⓪은 '다른 지불자로부터, 주요 제품으로, 즉시 이익 획득'이 된다. **1**의 스위치가 이익혁신의 시작점이 되는 것이다.

이 여덟 가지 이익로직을 이해하면 자사가 실행하고 있는 가치획득이 이 중 하나에 반드시 속한다는 것을 알게 될 것이다. 즉, 자사의 가치획득이 아무리 단순해도 또는 복잡해도 이 여덟 가지 이익로직 중 하나로 설명이 가능하다. 나아가 세상에 있는 모든 가치획득도 이 중 어느 하나에 반드시 해당되며 또한 이 중 어느 하나로 설명이 된다.

그것을 나타낸 것이 〈도표 5-13〉이다. 앞서 살펴본 30가지 가치획득도 이 여덟 가지 이익로직으로 설명할 수 있다. 예를 들어 주요 고객에서는 이익률을 낮추고 다른 지불자에게서 높은 이익을 얻는 '⑨ 주요 고객 외 지불자'는 과금 플레이어를 바꾸는 것이므로 ⓪⓪⓪에서 **1**⓪⓪이 된다. 즉, '다른 지불자로부터, 주요 제품으로, 즉시 이익 획득'이라는 이익로직이 되는 것이다.

또한 〈도표 5-14〉는 여덟 가지 이익로직에 30가지 가치획득을 적용해 본 것이다. 이 표를 보면 30가지 가치획득이 누락이나 중복 없이 8가지 이익로직에 포함된다는 것을 알 수 있다. 예를 들어 '③ 제품믹스'는 ⓪**1**⓪에 해당되며, '주요 고객으로부터, 다른 과금 포인트로, 즉시 이익을 획득'하는 이익로직이다. 또한 앞서 혁신적이라고 소개한 '⑳ 프리미엄'은 ⓪**11**이고, '주요 고객으로부터, 다른 과금 포인트로, 시간을 들여 이익을 획득'하는 이익로직이다. '㉖ 매치메이킹'은 **11**⓪이고 '다른 지불자로부터, 다른 과금 포인트로, 즉시 이익을 획득'하는 이익로직이며, '⑫ 정액제 구독'은 ⓪⓪**1**로서 '주요 고객으로부터, 주요 제품으로, 시간을 들여 이익을 획득'하는 이익로직이다.

이 30가지 가치획득 외에도 앞으로 다양한 가치획득이 등장할 것으로 생각되는데, 아무리 참신한 가치획득이 생겨나더라도 여기서 소개한 여덟 가지 이익로직 중 어느 하나에 반드시 해당될 것이다.

5. 이익 스위치로 가치획득을 바꾸다

지금까지 살펴본 바와 같이 가치획득을 위한 이익화에는 여덟 가지 이익로직이 있다. 그러면 오랜 기간 '제품 판매'라는 가치획득을 해온 0 0 0 기업은 어떤 이익 스위치를 켜서 가치획득을 혁신하면 좋을까? 혁신할 때의 문제는 무엇인가? 이에 대해 알아보도록 한다.

0 0 1 : '시간을 들여' 하기에는 시간이 걸린다

0 0 1 은 과금 타이밍만 혁신적으로 바꾼 이익로직이다. 0 에서 1 로 변경한 곳은 한 곳뿐이지만, 사실 과금 타이밍을 바꾸는 것이 그리 쉬운 일이 아니다. 왜냐하면 과금 타이밍을 바꾼다는 것은 이익획득에 대한 입장을 바꾸는 것이고, 사용자와의 관계성을 바꾸는 것이기 때문이다.

0 0 0 에서는 판매와 동시에 이익이 완결되지만, 0 0 1 에서는 판매 후에 이익을 획득해야 한다. 그러려면 고객과 어떻게 관계를 맺는지가 중요해진다. '팔면 끝'이라는 식으로 고객과 쉽게 관계가 끝나게 될 수 없는 것이다.

특히 '⑫ 정액제 구독'이나 '⑭ 종량제 구독'을 채용하면 이익 획득 여부가 고객에게 달려 있다. 만약 이른 시점에 해약이라도 한다면 이익은 물론이고 비용 회수조차 바랄 수 없게 된다.

과금 타이밍만 바꾸는 것이므로 다른 이익로직에 비해 매우 쉽게 실행할 수 있을 것처럼 보인다. 그 때문에 많은 제조기업이나 유통기업이 가장 쉬운 방법으로 할 수 있는 이익혁신이라 여기고 달려들지만, 혁신에 성공한 사례는 많지 않다.

'시간을 들여' 이익을 획득하는 이 방법은 '즉시' 이익을 획득해 온 기업에는 상상 이상으로 난이도가 높은 것이다. 아무것도 하지 않아도 계속 이익이 들어오는 꿈같은 가치획득이 결코 아니다. 지금까지 즉시 얻을 수 있었던 이익을 일부러 시간을 들여 천천히 얻기 때문에 고객과의 관계를 장기적으로 구축하려는 자세가 필요하다. 그러한 관계성을 가지고 있는 기업이거나 관계를 구축하려는 의지가 없는 한 이 이익로직을 실천하기가 힘들 것이다.

0️⃣1️⃣0️⃣ : '손해를 보아 이득을 얻는다'라는 스토리를 만들 수 있는가

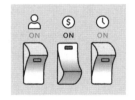

0️⃣1️⃣0️⃣은 과금 포인트만 혁신적으로 바꾼 이익로직이다. 즉, 주요 제품에 '다른 과금 포인트'를 추가해서 더 높은 이익을 창출하려는 가치획득이다.

그렇다고 단순히 이익률이 높은 과금 포인트를 더한다고 해서 이 가치획득이 성립하는 것은 아니다. 0️⃣0️⃣0️⃣에 새로운 과금 포인트가 더해진다고 순식간에 이익이 올라갈 만큼 쉬운 것은 아니기 때문이다. 이 가치획득을 선택한 순간부터 기업은 이익 구조를 바꾸지 않으면 안 된다. 이익을 높이기 위해서는 추가한 '다른 과금 포인트'를 고객이 반드시 구입하도록 구조를 새로 구축해야 한다.

'다른 과금 포인트'를 높은 확률로 구입하게 하려면, 그것을 주요 제품과 함께 구입할 정도의 개연성이 있어야 한다. 물론 고객에게 구입을 강제할 수는 없기 때문에 고객의 의사로 그것들을 함께 구입하게 만드는 설득력 있는 스토리나 이유, 명분이 필요하다. 또한 동반 구매에 맞게 판매 방법이나 제공 방법도 모두 다시 설계해야 하기 때문에 과금 포인트 간의 밀접성을 구축할 수 있을지가 010의 최대 과제다.

그러한 구조가 만들어진 후 더 전략적인 전개를 생각한다면, 주요 제품의 가격을 의도적으로 낮춰서 이익을 내지 않는 과금 포인트로 만들 수도 있다. 주요 제품을 고객의 집객 장치로 활용하고, 주요 제품과 '다른 과금 포인트'의 이익률의 차이를 통해 이익을 얻는 방식이다. '④ 비주류 제품'이나 '⑤ 멀티 컴포넌트'는 이 같은 방식으로 이익화하는 가치획득이다.

어느 쪽의 형태를 취하든 이익률의 격차를 이용해 돈을 버는 010에 도전할 때에는 고객이 자발적으로 동시에 상품을 구매할 만큼의 매력을 먼저 마련해 두어야 한다.

011 : 수익보다 현금 지출이 먼저 생기는 것을 수용할 수 있는가

011은 과금 포인트, 과금 타이밍을 혁신적으로 바꾼 이익로직이다. 즉, '주요 고객으로부터, 다른 과금 포인트로, 시간을 들여 이익을 획득'하는 가치획득이다. 다른 과금 포인트를 조합하고, 게다가 그 과금 포인트를 시간을 두고 천천히 과금해 이익을 얻는 방법이다.

제조기업이 011로 변신하려면 먼저 010의 이익로직을 실천하는 것이 좋다. 즉, 주요 제품과 함께 구입하고 싶다는 생각을 갖게 할 정도의 점착성이 있는 과금 포인트를 찾는 것이다. 그 후에 고객의 이용 상황에 따라 과금할 타이밍을 찾는다.

여기서 중요한 것은 고객을 철저히 분석하고 그들의 이용 상황이나 문제점을 포착하는 것이다. 이용 상황에 따른 과금 포인트나 문제 해결에 필요한 과금 포인트를 찾는다면 고객은 기꺼이 과금에 응하고 시간을 들여도 기대하는 만큼의 이익을 얻을 수 있다.

또 0️⃣1️⃣0️⃣과 마찬가지로 주요 제품과 '다른 과금 포인트'와의 가격 격차를 통해 이익 규모를 확대할 수 있다. 이때 주요 제품의 이익률을 낮추는 것에 그치지 않고, 아예 수익(과금액)을 제로로 하는 방법도 있다. '⑱ 레이저 블레이드'나 '⑳ 프리미엄'이 바로 그것이다.

주요 제품의 이익률을 극단적으로 낮추는 방식은 디지털기업이 실현하기 쉬운 조건을 갖추고 있다. 디지털기업은 한계 비용이 낮거나 거의 들지 않는 경우가 많기 때문에 주요 제품의 이익을 희생하는 0️⃣1️⃣1️⃣이라도 비교적 쉽게 운용이 가능하다.

반면 제조기업은 제조비용이 발생하기 때문에 주요 제품에 과금하지 않는다는 것은 사실상 적자를 의미한다. 게다가 원가가 높은 제품은 적자 폭도 커진다. 그런 상태가 위험하다고 판단한다면 최소한 원가 회수는 고려해야 한다. 하지만 어찌되었든 주요 제품에서는 이익이 전혀 나지 않기 때문에 다른 과금 포인트를 설정해 고객이 반드시 구매하도록 운용하지 않으면 안 된다. 이용에 따라 필요한 과금 포인트를 제공하면서 과금하고, 고객과 오래 관계를 가지는 방법을 생각해야 한다.

0️⃣1️⃣1️⃣의 성패는 '벌지 못하는 수익원이 얼마나 사용자의 관심을 끌 수 있느냐'에 있다. 0️⃣0️⃣0️⃣인 기업은 급한 마음에 즉각 이에 착수하기보다 0️⃣1️⃣0️⃣과 0️⃣0️⃣1️⃣의 두 가지 이익로직 중 하나를 먼저 실행해 보는 것이 좋다. 일단 새로운 가치획득을 해본 기업이 다음 단계에 도전하는 것이 방법적으로는 가장 무난하기 때문이다.

1⃞0⃞0⃞ : 다른 지불자를 찾을 수 있는가

1⃞0⃞0⃞은 과금 플레이어만 혁신적으로 바꾼 이익 로직이다. 즉, '다른 지불자로부터, 주요 제품으로, 즉시 이익을 회수'하는 가치획득이다.

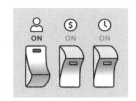

1⃞0⃞0⃞은 주요 제품은 그대로 두고 과금 플레이어를 바꾸기 때문에 다른 지불자를 찾는 것이 관건이다. 돈을 내주는 과금 플레이어가 주요 고객 외에 누가 있는지, 지금까지의 자사 사례를 관찰해 보면 뜻밖에도 존재한다는 것을 알게 될 것이다. 가장 생각하기 쉬운 것은 고객 중에서도 특수 사정을 가진 고객 관계자나 상황 우선 고객이다(4장 참조).

1⃞0⃞0⃞의 기반을 단단히 한 후 더욱 거래 규모를 확대해서 사업이익의 금액을 증가시키고자 한다면 그 발전형으로서 '주요 제품에 대한 주요 고객의 지불을 낮추는' 방법이 있다. 주요 고객을 수익을 기대하지 않는 과금 플레이어로 설정하고, 이들과 동반하는 중과금 플레이어와 조합해서 이익을 얻는 것이다. 과금 플레이어에 따라 지불액을 달리한다고 생각하면 이해하기 쉽다. 바로 '⑨ 주요 고객 외 지불자', '⑪ 다이내믹 프라이싱'과 같은 가치획득 방식이다.

어느 방식을 취하든 높은 이익을 획득하려면 주요 고객과 그 밖의 과금 플레이어의 관계성을 염두에 둔 이익설계가 필요하다.

1⃞0⃞1⃞ : 그 외의 지불자가 장기적으로 내 편이 되도록 하기

1⃞0⃞1⃞은 과금 플레이어, 과금 타이밍을 혁신적으로 바꾼 이익로직이다. 즉, '다른 지불자로부터, 주요 제품으로, 시간을 들여 이익을 획득'하는 가치획득이다.

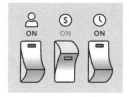

1 0 1에서는 동일한 제품을 제공하면서도 현재의 주요 고객 이상으로 수익을 가져다줄 다른 플레이어를 찾는 것이 먼저다. 그 후에 시간을 들여 이익을 획득할 방법을 생각한다. 사용 시부터 문제 해결에 이르기까지의 기간 동안 시간을 들여 이익을 회수할 곳이 분명이 있을 것이고, 그때 지불자와의 관계성을 어떻게 지속시킬지가 관건이 된다.

1 0 1은 **0 0 1**에서의 '시간을 들여 이익을 회수한다'에 더해 과금 플레이어도 **1**로 한 이익로직이라고 볼 수도 있다. 과금 플레이어가 **0**인가 **1**인가의 차이이지만, **1 0 1**만이 가지고 있는 특징이라고 할 수 있는 것은 지속되는 고객이 그들의 체험담과 특별한 느낌을 공유하는 행위를 통해서 더욱 많은 벌이를 가능하게 하는 다른 고객을 불러온다는 것이다. 주요 고객 이외의 상황 우선 고객과 같이 더 많은 금액을 지불해 주는 과금 플레이어를 고려해 사업이익을 설계하고, 가치획득을 만들어나간다.

1 0 1의 가치획득이 궤도에 오른 후, 더 많은 고객을 포섭하고, 더 나아가 거래 규모를 확대해 사업이익의 금액을 높이기 위해서는 일부러 주요 고객의 이익을 낮추는 방법이 있다. 이로 인해서 주요 고객 이외에 다른 과금 플레이어와의 이익률 격차를 높여서 과금의 유연성을 가져가면서 사업이익을 만드는 것도 가능하다.

실제로 자사 고객 중에 모니터나 전도사 같은 역할을 해주고 있는 고객이 있을 것이다. 이들을 주요 고객으로 설정하되 굳이 수익을 기대하지는 않는다. 주요 제품을 적극적으로 홍보하도록 해 평판을 얻고, 다른 플레이어를 끌어들이는 역할을 담당하게 하는 것이 더 중요하다. 그리하여 한층 더 높은 금액을 지불해 주는 과금 플레이어를 끌어들인다. 이러한 일련의 흐름이 시간을 들여 이익을 만드는 구조가 되는 것이다.

1️⃣1️⃣0️⃣ : 다른 과금 플레이어에게는 다른 과금 포인트를

1️⃣1️⃣0️⃣은 과금 플레이어, 과금 포인트를 혁신적으로 바꾼 이익로직이다. 즉, '다른 지불자로부터, 다른 과금 포인트로, 즉시 이익을 회수'하는 가치획득이다. 지금까지는 과금 플레이어나 과금 포인트 중 어느 한쪽이 '다른' 것이었지만, 1️⃣1️⃣0️⃣에서는 둘 다 '다른 대상'으로부터 이익을 얻는다.

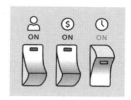

이로 인해 가치획득은 사실 더 단순해진다. 왜냐하면 1️⃣1️⃣0️⃣은 주요 고객에게는 주요 제품을 제공하고 다른 지불자에게는 다른 과금 포인트를 제공하면 되기 때문이다.

하지만 다른 지불자의 다른 과금 포인트는 주요 고객의 주요 제품이 있어야 실현된다. 대표적인 것이 '㉕ 삼자 간 시장'이다. 많은 이용자(주요 고객)가 특정 장소(주요 제품)에 모여야 그 자리를 활용하고 싶어 하는 광고주(다른 지불자)가 광고(다른 과금 포인트)로 지불해 준다. 만약 주요 제품을 무료로 제공한다면 이를 보다 화려하게 전개할 수 있을 것이다. 주요 고객이 많이 모이는 시장이 형성되면 다른 과금 플레이어들도 많이 모이기 때문이다.

이를 오래 전부터 실행하고 있는 곳이 리크루트업계나 부동산업계다. 주요 고객인 취업준비생이나 부동산 임차인에게서는 수수료를 받지 않고 구인기업이나 임대인 등 다른 과금 플레이어에게서 이익을 창출해 왔다.

이 방식은 디지털화로 인해 더욱 확대되었다. 대규모 성장을 이룬 플랫폼 기업은 1️⃣1️⃣0️⃣을 많이 활용한다. 한쪽에서는 이익을 기대하지 않으며, 매칭이 이루어지면 다른 쪽에서 수수료를 받는다. 수익이 나지 않는 플레이어에게도 서비스를 제공하지만, 그것이 많은 사람들을 끌어들이는 비결이 된다. 대중의 지지를 받아 이 구조가 정착하면 사업의 비약적인 성장을 기대할 수 있다.

1 1 0은 제조기업이나 유통기업에서도 실행할 수 있다. 예를 들어 판매 데이터가 있는 B2C 기업이라면 그 데이터를 필요로 하는 기업에 제공할 수 있을 것이다.

다만 이를 위해서는 갖춰야 할 조건이 있다. 그것은 주요 고객과 직접적으로 이어져 있어야 한다는 것이다. 특히 판매를 소매나 도매에 맡기고 있는 제조기업은 사용자의 데이터를 얻을 수 없기 때문에 우선은 최종 사용자와 연결 고리를 갖는 것이 필수적이다. 단순한 직판에 의한 가격 인하가 아닌, D2C(direct to consumer)에 의해 직접 고객과 커뮤니케이션을 하며 데이터를 축적하는 체제를 구축하고, 그것을 필요로 하는 '다른 과금 플레이어'를 찾아야 한다.

1 1 1 : 그것이 없으면 곤란할 정도의 점착성을 만들어낼 수 있는가

1 1 1은 과금 플레이어, 과금 포인트, 과금 타이밍 전부를 혁신적으로 바꾼 이익로직이다. 즉, '다른 지불자로부터, 다른 과금 포인트로, 시간을 들여 이익을 획득'하는 가치획득이다. **1 1 0**과 다른 점은, 거래 성립에 의해 이익을 회수하려고 하지 않고, 시간을 들여 이익을 회수한다는 것이다. 즉, 계속거래를 전제로 해서 **1 1 0**을 전개하는 것이다. 시간을 들여 이익을 획득하지만, 과금할 수 있는 포인트가 다양하기 때문에 이 가치획득이 잘 실행되면 이익을 지속적으로 창출해 낼 수 있다.

여기서 중요한 질문은 주요 고객에 대해 주요 제품이 얼마나 훌륭하게 받아들여지고 있는가 하는 것이다. 주요 제품에 완전히 빠진 사용자가 많을수록 '다른 지불자'들이 '다른 과금 포인트'에서 계속 구입을 해준다.

실제로 시간을 들여 돈을 버는 것을 의도한 플랫폼을 전개하는 구글은 과금 플레이어마다 다른 과금 포인트를 제공하고, 그 과금 포인트들을 다양한 형태로 발전시켜 현재에 이르렀다. 주요 고객뿐만 아니라 다른 지불자가 안고 있는 문제점을 탐색하고 인지하고 축적한 후 솔루션을 계속 제안함으로써 지속적인 거래가 가능해지는 것이다.

그러므로 **111**을 도입할 경우에는 각각의 지불자가 교차하는 '장소'에서 오가는 정보를 항상 축적하고 갱신하는 것이 바람직하다. 제조기업이나 유통기업에서는 실현하기 어려운 가치획득이지만, 반대로 여기까지 고려해 본다면 000에서 비약할 수 있는 혁신적인 아이디어가 나올 가능성이 있다.

6. 가치획득 혁신에 착수

이 장에서는 수익원의 다양화로 인식된 과금 포인트를 기반으로 새로운 가치획득을 창출하기 위한 방법으로서 우선 이익 스위치를 소개하고 거기서 추출한 이익로직에 대해 설명했다.

과금 플레이어, 과금 포인트, 과금 타이밍의 조합으로 자사가 목표로 하는 가치획득이 확실시되면 즉시 실행 단계에 들어간다. 이때 제조기업이나 유통기업이 가장 먼저 손을 대려는 것이 00**1**이고, 여기서의 대표적인 가치획득이 '구독'이다.

그러나 막상 구독에서 '기대했던 만큼의 성과가 없다'고 한숨을 쉬는 기업이 많다. 왜 잘되지 않았던 걸까? 잘되게 하려면 어떻게 해야 할까? 다음 장에서는 현재 많은 기업에서 높은 이익의 기대를 품고 바라보는 정기구독과 그에 관련된 리커링 모델에 대해 가치획득의 관점에서 상세히 보도록 하겠다.

6장
구독의 본질

포인트

- 그 구독은 정말 구독의 요건을 갖추고 있는가?
- 구독을 포괄하는 개념인 리커링 모델이란?
- 가치획득을 바꿔도 이익이 나지 않는 이유

키워드

- 구독
- 프리미엄(freemium)
- 리커링 모델
- 디지털 시대의 가치획득
- 그레이 존
- 보증

앞 장에서는 이익혁신의 방법론으로 여덟 가지 이익로직에 대해 살펴봤다. 제시한 이익로직 중에서 제조기업이나 유통기업이 가장 쉽게 착수할 수 있는 것이 과금 타이밍만 바꾸는 ⓪⓪❶이고, 그 대표적인 가치획득이 바로 '구독(subscription)'이다.

이익을 창출하지 못해 고통받는 많은 제조기업이나 유통기업은 비약적으로 이익을 높일 수 있을 것이라는 기대를 품고 2018년부터 구독에 달려들었다. 구독은 정기적으로 이익이 들어올 것처럼 보여서 기업에는 구세주마냥 여겨졌던 것이다.

그러나 제조기업이나 유통기업이 구독으로 옮겨가는 것은 그리 쉬운 일이 아니다.[1] 앞 장에서 이야기한 대로 ⓪⓪⓪에서 ⓪⓪❶로 과금 타이밍만 바꾸는 것뿐이어서 이익혁신이 쉽게 실현될 것 같지만 전혀 그렇지 않다. 창업 이래 오랜 세월 실행해 온 제품 판매와는 전혀 다른 가치획득 방법이므로 뿌리부터 다시 생각해야 되는 문제다.

그래서 제조기업이나 유통기업이 왜 구독의 도입이나 이행에서 부진한지를 가치획득의 관점에서 밝혀보고자 한다. 또 구독을 활용해 이익을 잘 획득하고 있는 기업과 무엇이 다른지에 대해서도 설명한다. 그리고 구독 외에 어떤 가치획득이 적합한지를 리커링 모델을 통해 확인하겠다.

---

*   이 장은 川上(2021a), 川上(2021b)를 기초로 수정·보완한 것이다.
1   川上(2018), 川上(2019), 川上(2020) 등에서는 이를 반복해 서술하고 있다. 자세한 것은 이들을 참조하기 바란다.

1. 많은 제조기업이나 유통기업이 잘못 이해하고 있는 구독

2015년 애플뮤직과 넷플릭스가 일본에서 서비스를 시작했다. 음악이나 영상을 저렴한 월정액으로, 게다가 무제한으로 제공하면서 젊은이들의 지지를 받았고 순식간에 붐이 일었다.

이들 서비스가 적용한 가치획득이 '구독'이다. 구독은 '계속 과금', '정액 과금' 등으로 보도되는 경우가 많고 사람들도 그렇게 인식하고 있지만, 본래의 의미는 그렇지 않다. 즉, 기업이 자동적으로 수익을 얻는 구조가 아니라는 것이다.

'구독'은 원래 '예약 구입', '계속 구입'을 의미하는 동사 '서브스크라이브(subscribe)'의 명사형으로, 그 주어는 사용자다. 따라서 거래가 지속될지의 여부는 사용자의 의사에 달려 있다.

구독은 이전부터 잡지나 신문 등의 정기구독과 같은 형태로 존재하고 있었다. 신문 구독의 역사는 오래되었다. 1609년에 스트라스부르(Strasbourg)에서, 1620년에는 빈(Vienna)에서 신문이 발행되어 일주일에 한 번 정기적으로 배달되었다.[2] 또한 통근 열차의 정기권이나 우유 배달 등의 정기구입도 이전부터 있었다. 이들도 영어로는 구독이지만, 이들은 이른바 '구형'이다. 구형의 대부분은 '선불제 구독'이라는 방식을 취한다. 고객 입장에서도 어차피 계속 구매할 것이라면 할인을 받을 수 있고 매번 구입하는 수고도 생략할 수 있기 때문에 미리 요금을 낸다.

한편 최근 몇 년 사이에 비약적으로 성장하고 있는 구독은 '신형'이다. 정기적으로 계속 사용한다는 점에서는 구형과 동일하지만, 신형은 디지털 기술을 힘입어 성과를 거두고 있다는 점, 그리고 무엇보다 '무제한'이라는 점에서 다

---

2   梶谷(1991)를 참조.

르다.

신형은 월간이나 연간으로 일정액을 지불한 뒤 서비스를 사용하고 싶은 만큼 사용할 수 있다. 즉, 신형은 구독 중에서도 '정액제 구독'이라는 가치획득에 해당한다.

최근의 구독 붐은 바로 이 정액제 구독이 가진 '무제한 사용'이라는 가치획득이 받아들여진 데 따른 것이다. 그것이 디지털 영역을 넘어 기존의 제조기업이나 유통기업, 서비스기업에까지 영향을 끼쳤다.

그러나 제조기업이나 유통기업이 제공하는 정액제 구독의 대부분은 사실 신형 구독의 요건을 충족하고 있지 않다. 지금부터는 이 점을 살펴보면서 기업이 어떻게 구독이라는 가치획득을 마주해야 할지 이야기해 보도록 하겠다.

2. 정액제 구독의 특징

정액제 구독은 다른 가치획득과 무엇이 다를까? 그것을 확인시켜 주는 것이 상위 개념인 '리커링 모델'이다. 리커링 모델 가운데 정액제 구독이 얼마나 특수한 존재인지를 보도록 하자.

정액제 구독은 리커링 모델의 일종

음악이나 동영상 전송 등 디지털 분야에서 확대된 정액제 구독은 해지가 쉽고 무제한 이용을 할 수 있다는 특징이 있다. 이는 사용자에게 '편리함'과 '이득감'을 주기에 정액제 구독이 히트하는 요인이 되었다.

기업으로서는 지속적으로 수익을 획득할 수 있다는 장점이 있다. 기업에 지속적으로 수익을 가져다주는 가치획득을 총칭해 '리커링 수익모델(recurring revenue model)'이라고 한다. 리커링 모델이란 '판매 후에도 수익이 지속적으로 발생하는 가치획득'의 총칭이다.

정액제 구독은 리커링 모델의 일종이다. 이외에도 '재구매', '레이저 블레이드', '리스'도 이전부터 존재하던 리커링 모델이다. 리커링 모델의 시점으로 부감해 보면 구독의 특징을 조금 더 명확하게 확인해 볼 수 있다. 리커링 모델을 논할 때에는 사용자와 기업, 양쪽 입장에서의 장점과 단점을 밝히면 그 본질이 잘 보인다.

재구매, 레이저 블레이드, 리스, 이 세 가지 방법은 리커링 모델이라는 용어가 등장하기 이전부터 지속적 수익을 실현하기 위해 활용되어 왔다. 이들이 지금도 여전히 유효하고 기업 경영에 중요한 과제로 인식되고 있는 것은 사용자에게는 비용 대비 효과가 높고, 기업의 입장에서도 이득이 되어서 양쪽 모두에 유익한 모델이기 때문이다.

그래서 우선은 이 세 가지 모델을 바탕으로 리커링 모델의 특징을 살펴본 후에 구독에 대해 설명하고자 한다.

리커링 맵

리커링 모델은 두 가지 관점에서 보면 그 내용을 정확히 알 수 있다. 바로 '계속이용의 구속력'과 '이익 획득의 시간'이다.

'계속이용의 구속력'이란 '계속'에 대해 이용자가 느끼는 계약 등의 법적 장벽이나 해약 시의 심리적 장벽을 의미한다. 재구매, 레이저 블레이드, 리스 순으로 구속력이 높다(〈도표 6-1〉). 구속력이 낮으면 쉽게 그만둘 수 있기 때문에 사용자는 구속력이 낮을수록 '부담 없다'고 느낀다.

반대로 구속력이 높으면 본인의 선택으로 그만둘 수 없기 때문에 '부담'으로 느낀다. 따라서 이용자에게는 구속력이 낮은 편이 좋고, 기업으로서는 확정된

도표 6-1 ㅣ 계속이용의 구속력 크기

도표 6-2 ㅣ 이익 획득 시간의 길이

수익이 지속적으로 들어오므로 구속력이 높은 쪽이 좋다.

재구매는 구속력이 가장 낮다. 기업에 대해 아무런 의무도 지지 않고 이용자의 자유의지로 계속 구입하거나 이용하고 있을 뿐이다. 이 때문에 이용자가 갑자기 변심해 다른 제품이나 서비스 쪽으로 옮겨가더라도 나무랄 수는 없다.

리스는 계속이용에 대한 구속력이 가장 높다. 완전히 법적으로 구속된 계약이기 때문이다. 계약 기간 중에 그만두는 것은 기본적으로 불가능하고, 게다가 대상이 되는 자산을 변경할 수도 없다.

레이저 블레이드는 이들의 중간에 위치한다. 소모품이나 부속품의 구입 타이밍은 사용자 마음이지만 본체를 구입했기 때문에 전용품으로 구속된다. 즉, 완전한 자유의지인 재구매보다는 정신적 구속이 발생한다. 계약으로는 묶여있지 않지만 본체를 구입했기 때문에 그 매몰비용을 회수하려는 심리가 작용하는 것이다.

이어서 '이익 획득의 시간'을 보자(〈도표 6-2〉). '이익 획득의 시간'은 이용자의 지불 부담과 직결된다. 기업이 장기간에 걸쳐 이익을 얻기로 했다면 이용자로서는 회당 지불 부담이 경감되므로 '이득감'이 생긴다. 반대로 기업이 조

도표 6-3 | 리커링 맵

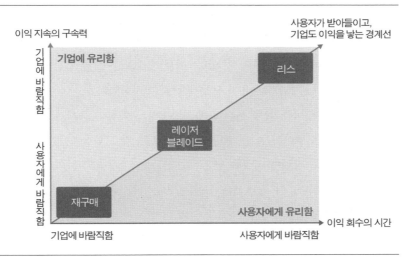

기에 이익을 회수하려고 하면 이용자의 회당 지불 부담이 커진다. 기업으로서는 이익을 획득하는 시간이 짧을수록 좋고, 이용자는 가능한 한 시간을 들여 회수해 주기를 바란다.

재구매는 이익 획득 시간이 가장 짧다. 재구매를 전제로 계속 이익을 낼 수 있는 이익 설계로 되어 있지만, 한 번 판매할 때마다 이익을 낼 수 있기 때문이다.

이와 반대편에 있는 것이 이익 획득의 시간이 가장 긴 리스다. 어떤 자산을 특정 기업이 사용자 대신 소유하고 이를 사용자에게 빌려준다. 기업은 초기 비용을 모두 부담하고 장기간에 걸쳐 이익을 회수하므로 그 기간은 짧게는 3년, 길게는 수십 년이 되기도 한다.

레이저 블레이드는 이익 획득에 시간이 걸리지만 리스만큼 장기간은 아니다. 레이저 블레이드는 재구매와 리스 중간에 위치해 있는데, 이익률을 매우 낮춰서 본체를 판매하고, 부속품의 이익률을 높게 책정해서 천천히 회수한다.

지금까지 서술한 재구매, 레이저 블레이드, 리스의 '계속이용의 구속력'과 '이익 획득의 시간'을 한눈에 확인할 수 있는 것이 〈도표 6-3〉의 리커링 맵이다.

세 개의 리커링 모델이 두 축으로 이루어진 평면 위에서 오른쪽 위를 향해 나란히 정렬되어 있는 것을 알 수 있다. 이들 세 모델은 오랜 기간 리커링 모델로 자리 잡으면서 기업과 사용자 모두에 편리한 것이었다.

그렇기 때문에 이익 획득 시간과 계속이용의 구속력의 크기가 각각 균형을 이루는 리커링 모델이라 할 수 있다. 맵에서 보듯, 각 모델을 연결하는 선은 이용자가 수용하고 기업이 이익을 낼 수 있도록 밸런스를 유지하고 있는 리커링 모델의 경계선이다. 이 경계선은 사용자가 흥미를 갖고 또한 기업이 이익을 만들어낼 수 있는 선인 것이다. 그에 더해 이 선보다 위의 영역은 기업에 유리한 곳이고, 아래 영역은 사용자에게 좋은 곳이 된다.

정액제 구독의 특징

리커링 맵에 적용해 위치시켜 보면 정액제 구독이 주목을 받는 이유를 알 수 있다(〈도표 6-4〉). 정액제 구독은 앞서 살펴본 세 리커링 모델에 비해 이용자에게 유리한 위치에 있다. 근접해 있는 리스나 레이저 블레이드와 비교하면 정액제 구독이 얼마나 매력적인지 잘 이해할 수 있을 것이다.

정액제 구독은 이익 획득 시간이 장기간이라는 점에서 리스와 같지만 구속력은 크게 차이가 난다. 원래 장기 지불은 이익 획득은 물론이고 비용 회수 불능의 위험률을 높인다. 그래서 리스는 지불을 법률이나 계약으로 3년, 5년 또는 그 이상에 걸쳐 구속한다. 반면 정액제 구독은 한 달, 길어야 겨우 1년의 구속이 있고 그 기간이 지나면 쉽게 해지할 수 있다. 정액제 구독 쪽이 부담이 없으므로 이용자에게 유리하다고 할 수 있다.

레이저 블레이드와도 비교해 보자. 레이저 블레이드는 본체에서는 낮은 이

도표 6-4 l 사용자에게 유리한 정액제 구독과 프리미엄

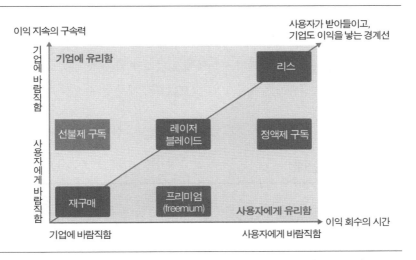

익률을, 소모품 등 부속품에서는 높은 이익률을 설정하고 있어 사용자의 이용 빈도가 높을수록 조기에 이익을 획득할 수 있다. 말 그대로 면도기 본체와 면 도날의 관계이다. 한편 정액제 구독은 일정 요금을 천천히 거둬들이고 있어 사용자에게 '이득감'을 주기 때문에 사용자에게 유리하다고 할 수 있다.

사용자에게 유리하다는 것은 사용자 입장에서 보았을 때 기업이 이익을 도 외시하는 상황으로 보인다. 사용자에게 유리하고 편리한 것은 화제가 되기 쉽 다. 작금의 구독 붐은 분명히 사용자 측에서 화제가 된 것이 틀림없다. 특히 음 악과 영화에 대해 무제한이라는, 저렴하고 부담 없는 과금 체계는 특히 고교생 을 중심으로 한 젊은 층에서 폭발적인 지지를 받았다. 사용자는 기업의 가치 획득에 상당히 민감한 것이다.

사용자에게 유리한 가치획득 갑자기 나타나 붐이 된 것처럼 보이지만 실제 로는 이와 비슷한 붐은 그 10년 전에 이미 모습을 드러내며 보편화되어 있었

다. 그것이 바로 세상을 휩쓴 '프리미엄(freemium)'이다. 스마트폰 게임 앱으로 대표되는 것처럼, 유료 아이템으로 이익을 얻기 위해 본체를 무료로 제공한다. 사용자는 계속 무료로 즐길 수도 있고 유료 아이템을 구입해 유리하게 진행할 수도 있다. 지불 여부는 완전히 사용자에게 맡기고 있는 것이다. 그것이 얼마나 사용자에게 유리한지는 마찬가지로 〈도표 6-4〉에서 알 수 있다.

3. 구독 붐의 실태

2018년경부터 일본의 제조기업은 물론이고 유통기업까지 모두 달려든 구독의 대부분은 '정액제'를 표방하고 있지만, 실제로는 전혀 다른 것이다. 이를 리커링 맵으로 나타낸 것이 〈도표 6-5〉다.

제조기업의 구독

우선은 제조기업의 구독부터 살펴보자. 제조기업은 사용자에게 유리한 '정액제 구독'을 도입했지만 안타깝게도 흉내 내는 것으로 끝나버린 곳이 많다.

소프트웨어 분야에서 일대 붐을 일으킨 정액제 구독의 영향으로 자동차나 가전업계 등은 판매 시점에서 이익을 얻고 있던 내구 소비재를 구독제로 전환해 제공하기 시작했다. 신규 자동차나 가전을 월정액 요금으로 사용할 수 있는 이른바 '내구재 구독'이라고 불리는 것들이다.

일본을 대표하는 제조기업이 제품을 정액제 구독으로 세상에 내보낸 것은 좋지만, 그 실태는 리스와 크게 다르지 않다.

왜냐하면 실제 서비스 내용을 살펴보면 자동차는 3~7년, TV는 5년을 구속하는 등 이용 기간을 묶어놓고 있기 때문이다. 구속력을 강화하면 당연히 〈도

도표 6-5 ㅣ 제조기업과 유통기업의 구독이 빠지기 쉬운 함정

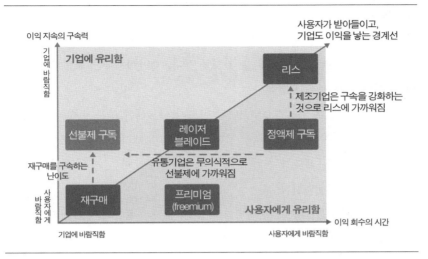

표 6-5)와 같이 정액제 구독이 아닌 리스에 가까워진다. 이 시점에서 이미 정액제 구독은 이름만 남는다.

물론 기업도 할 말이 있다. 고액의 원가가 소요되는데 사용자의 기분에 따라 중간에 멈출 수 있는 구독은 비용 회수조차 불가능해 위험 부담이 높다는 것이다. 그래서 구독 붐에 편승하고 싶지만 어떻게 전개해야 할지 몰라 고민하던 끝에, 결국 기업은 계속이용의 구속력을 높여 리스 같은 구독을 제공하게 된 것이다. 하지만 사용자는 부담감이 덜어지지 않았다는 것을 민감하게 느꼈기에 높은 사전 평판에도 불구하고 크게 히트하지는 못했다.

그럼 여기서 구독에 도전한 두 제조기업을 사례로 보자.

도요타 킨토

도요타의 완전자회사인 주식회사 킨토(KINTO)는 2019년에 구독 서비스 '킨

토'를 시작했다. 킨토는 월정액으로 도요타의 신차를 탈 수 있다는 콘셉트로 등장했다. 그중 화제가 된 것이 이득감과 부담 없음을 내세운 '킨토 원(KINTO ONE)' 플랜이다. 구입하면 260만 엔 정도의 도요타 프리우스를 제반비용을 포함해 월 약 5만 엔으로 이용할 수 있도록 했다. 제반비용에는 보험료, 자동차세, 유지·보수료 등이 포함된다.

그러나 이 플랜은 기본적으로 3년간 반드시 사용해야 하는 구속이 있다. 중도해지할 경우에는 고액의 위약금을 지불해야 하며 계약하면 총 180만 엔까지는 지불해야 한다. 게다가 만기 후에는 자동차가 수중에 남지 않으며, 킨토에 자동차를 반납해야만 한다.

사용자 측에서 볼 때는 할부제도와 다를 바 없으며 중도해지도 불가능한 킨토에 정액제 구독의 '이득감'이나 '부담 없음'은 전혀 느껴지지 않는다. 기업으로서는 자동차에는 고액의 원가가 투입되기 때문에 중도해지를 수용할 수 없고, 그 때문에 아무래도 잔존가액을 설정해 둔 자동차대출이나 리스와 비슷한 조건을 만들 수밖에 없을 것이다. 그 결과 정액제 구독이라고 하면서도 리스와의 결정적인 차이를 주장할 수 없게 되었다.

킨토도 서비스 개시 전에는 정액제 구독을 제대로 실현할 방법을 모색했을 것이다. 그러나 비용 회수를 생각하면 자유로운 해지를 도입할 수 없었을 것이다. 그래서 더욱 리스크가 적은 가치획득을 고려해 월 이용료를 올려 비용 회수를 서두르거나 계속이용의 구속력을 강화하는 방법을 생각했을 것이다. 하지만 월정액의 상승은 이득감이 없어지기 때문에 소비자로서는 반드시 피하고 싶은 선택이다. 따라서 계속이용의 구속력을 높이는 선택을 했다. 정액제 구독을 도입한다는 것이 결과적으로는 리스가 되고 만 형국이다.

구독과 리스를 혼재해 사용하는 경우가 있어 이 제안에 대한 킨토 측의 많은 고뇌 또한 엿보인다. 게다가 젊은 층에게는 이미 할부구입이 일반화되어 있고 할부와의 차이점도 내세울 수 없다. 지불 방식이 많아진 것은 사용자에게 좋은 일일지도 모르지만, 한편으로는 선택지가 많아져서 오히려 복잡해졌다는 인상을 지울 수 없다.

다이슨 테크놀로지 플러스

'다이슨(Dyson)의 고기능 제품을 월 1000엔부터 이용할 수 있다.' 이러한 콘셉트로 일본에서 독자적으로 실시한 것이 2017년 12월에 시작한 '다이슨 테크놀로지 플러스'다. 내구 소비재 구독으로서는 상당히 조기에 투입된 선구적인 서비스라 할 수 있다.

기본 제품을 이용하는 서비스는 계약 기간 3년에 월 1000엔에, 고사양 제품을 이용하는 서비스는 계약 기간 2년, 월 2500엔에 제공되었다. 중도해지 수수료는 3000엔이다.

다이슨 제품, 그중에서도 무선 청소기는 타사 제품에 비해 가격이 높기 때문에 구입 장벽 또한 높다. 그러한 제품을 구독으로 제공함으로써 이득감을 조성했고, 게다가 비교적 중도해지가 쉬워 호평을 받았다.

하지만 2021년 6월 이 서비스는 갑자기 종료되고 말았다. 이유는 명확하지 않지만, 구독에 의한 가치획득이 뜻대로 되지 않았기 때문일 것으로 추측된다. 구속 기간을 장벽으로 느끼는 사용자가 일정 정도 존재한다는 것은 쉽게 예상할 수 있고, 해지 수수료가 월 사용료 1000엔 대비 3배라는 것이 마음에 걸리는 사람도 있었을 것이다.

하지만 월 2500엔의 사용자에게는 해지 수수료가 1개월 사용분과 비슷하기 때문에 비교적 큰 부담은 아니었을 것이다. 그러나 거꾸로 다이슨 측에서 보면 이익을 획득할 수 있는 상황을 만들어내고 장래 기대 이익도 커진다는 이미지를 좀처럼 갖기 어려웠을 것으로 예상된다.

애초에 구독용으로 개발된 IoT 청소기가 아니기 때문에 개인 맞춤형 서비스 등의 향후 발전을 기대할 수 없었다. 데이터를 주고받을 수 없기 때문에 구독

전용기기의 개발로도 이어지지 않았다. 또한 이들 제품은 굳이 구독이 아니어도 어디서나 일시불로 구입할 수 있고, 그것을 구독과 병행해 제공했기 때문에 사용자에게는 혜택이 확대되었지만, 제품 판매에서는 좋은 영향을 미치지 못했다는 것도 원인 중 하나로 생각할 수 있다. 구독 회원이 증가해도 판매에서의 매출이 떨어지므로 다이슨은 구독이 큰 도움은 되지 못한다고 여겼을 것이다. 만약 판매와는 별개의 제품이었다면, 게다가 IoT화되어 있는 제품이었다면 다른 새로운 전개를 기대할 수 있었을 것이다.

결과적으로 서비스는 중단되었지만, 다이슨의 일본 법인이 독자적으로 실시한 이 구독 서비스는 제조기업으로서는 도전적인 실험이었다고 할 수 있다.

킨토도 그렇고 다이슨도 그렇지만 자동차나 가전 같은 내구 소비재에서 정액제 구독으로 가치획득을 하는 것은 쉽지 않은 일이다. 다시 도전한다고 해도 리스나 할부에는 없는 고객가치를 부가하지 않고는 이전의 실패를 반복할 뿐이다. 정액제 구독을 적극적으로 도입하려는 이유가 무엇인지를 새삼 되물어야 할 것이다.

유통기업의 구독

다음으로 급격히 확대되고 있는 소매업이나 서비스업을 비롯한 유통기업의 구독에 대해 보도록 하자. 소매·서비스업의 정액제 구독은 반복 이용을 전제로 한 번에 많은 금액을 사용자에게 청구하고 대신 1개(1회)당 가격이 저렴하다는 콘셉트를 내세운다.

하지만 이는 먼저 지불하는 것이므로 〈도표 6-5〉의 왼쪽에 있는 '선불제 구독'이라고 할 수 있다. 즉, 사용자가 아닌 기업에 유리하게 작용하는 것이다. 최근의 구독 붐은 디지털에 의해 실현된 '월정액으로 무제한 사용'이라는 정액제 구독에 의해 야기되었다. 그에 따라 소매업이나 서비스업도 '월정액'이라는 키워드로 사용자를 끌어들여 새로운 비즈니스 전개를 도모하고자 정액제 구독을 모방했지만, 결국 과거에 많이 존재했던 구형의 선불제 구독을 답습한 셈이 되었다.

서비스업에서 활황을 보인 선불제 구독

구독이라는 말이 유행하자마자 우후죽순처럼 다양한 서비스가 구독화되었다. 특히 외식산업에서 선불제 구독을 도입하는 경향이 두드러졌다. 즉, 월정액 요금을 내면 커피를 무제한으로 마실 수 있다든가, 라면을 무제한으로 먹을 수 있는 '무제한' 서비스가 등장한 것이다. 이는 사용 횟수가 많을수록 회당 가격이 저렴해지는 구조지만, 본질은 서비스는 기존의 것 그대로 두고 가치획득만 월정액으로 변경해 제공하는 것이다.

이는 단순한 선불제에 불과하고, 그 대부분은 잘될 가능성이 극히 낮다. "그렇다면 월정액을 더 낮추면 되지 않을까?"라는 질문은 더없이 어리석다. 가격의 문제가 아니기 때문이다. 사용자가 매력을 느끼지 못하는 이유는 구독이라고 해도 실은 기업에 유리하다는 근본적인 문제가 있기 때문이다. 이에 대해 설명하겠다.

정액제 구독과의 차이

기업 입장에서 봤을 때 선불제 구독은 선불로 한꺼번에 받을 수 있기 때문에 이익 획득 시간이 제로가 된다.[3] 그러나 이것은 사용자에게는 상당한 부담이

---

3   현금 흐름의 관점에서 보면 선불의 경우는 유입이 먼저 이루어지므로 이익회득의 시간은 마이너스가 되지만, 여기서는 제품에서 이익을 얻느냐 얻지 못하느냐의 관점에서 이익 획득의 시간을 판단하기 때문에 제로로 본다.

도표 6-6 ㅣ 선불제 구독의 특수성

된다는 것을 의미한다. 〈도표 6-6〉을 보기 바란다.

이 도표를 보면 동일한 구독이지만 정액제 구독과 선불제 구독의 차이가 명확하다.

정액제 구독은 왼쪽에 나타난 바와 같이 비싸서 구입할 수 없는 것을 월정액으로 저렴하게 부담 없이 사용할 수 있다. 사용자는 거기에 혜택을 느낀다. 예를 들어 30만 엔에 판매하는 소프트웨어를 구독으로는 월 5000엔에 이용 가능하고, 400만 엔짜리 자동차를 구독으로는 월 5만 엔부터 이용 가능하다는 것이 여기에 해당된다. 개당 수천 엔짜리 영화 DVD를 구입하기보다 월 1000엔 정도의 가격에 무제한으로 볼 수 있는 동영상 서비스를 이용하는 것도 사용자 혜택 때문이다.

반면 선불제 구독은 오른쪽에 나와 있는 것처럼 이미 1회당 판매 금액이 설정되어 있는 것을 월정액 무제한 사용이라는 명목으로 한꺼번에, 게다가 선불로 요구한다. 물론 쓸수록 회당 요금이 저렴해진다고 하지만, 선불이 발생하기 때문에 사용자가 혜택이라고 느끼기에는 충분하지 않다. 게다가 대부분의 사람들은 사용량에 따라 저렴해질 수 있다는 것보다 가지고 있는 현금을 중요시하기에, 앞으로의 일을 위해서 고액의 금액을 선불로 지불해야 한다는 것에 아주 큰 이유가 있지 않는 한 더 큰 장벽을 느낀다.

이상의 내용에서도 알 수 있듯이 '이익 획득의 시간'이라는 관점에서 보면 선불제 구독은 정액제 구독과는 정반대의 가치획득이므로 사용자에게 장점이 전혀 없다고도 할 수 있다.

재구매와의 차이

선불제 구독은 재구매와 비교해도 사용자에게 불리하다. 구입이 아닌 기간 이용으로 회당 가격을 조금이라도 저렴하게 제공하는 것은 헤비 유저에게 장점이 있지만, 그럼에도 선불제 구독은 재구매와 달리 사용자에게 불리한 조건이 있다. 그것은 바로 동일한 브랜드, 동일한 매장, 혹은 해당 계열에서 서비스를 이용해야 하는 구속력이 있다는 사실이다. 재구매의 가장 큰 특징은 앞서도 말했듯이 아무런 구속력이 없다는 것이다. 고객이 자발적으로 재구매하고 있을 뿐이다.

〈도표 6-5〉의 리커링 맵을 봐도 재구매보다 선불제 구독이 사용자에게 매력적이지 않다는 것을 알 수 있다. 재구매는 충성도가 높은 사용자가 자발적으로 계속 사용(구입)하고 있어서 구속력이 전혀 없지만, 선불제 구독은 실질적으로 제한을 받는 강한 구속력이 가해지고 있다.

여기서는 유통기업이 구독을 어떻게 활용하고 있는지를 보았다. 이들은 정액제 구독을 표방하고 있지만, 실상은 선불제 구독이다. 1회 1000엔으로 술을 무제한 제공하는 술집에서 한 달에 4000엔이면 술이 무제한이라는 구독을 제안할 경우, 사용자는 그것이 저렴하다고는 느끼지만 매번 같은 술집을 이용한다고 할 수는 없기에 선뜻 지불할 마음은 일어나지 않을 것이다.

기업에 조기회수는 매력적이지만, 선불제 구독이 가능한 분야는 통근열차의 정기권이나 구독 습관이 있는 신문·잡지의 정기구독, 가는 횟수가 미리 정해져 있는 테마파크의 연간 이용권 등 이용이 습관화되어 있는 것들에 한정된다. 여기에 진입하려면 강력한 충성도가 있거나 인프라가 구축되어 있어야 한다. 왜냐하면 선불제 구독은 완전히 기업에 유리한 영역에 위치해 있기 때문이다. 그래서 선불제 구독은 생각보다 성립시키기 어려운 가치획득이라는 것을 인식해 둘 필요가 있다.

정액제 구독이 성공하기 어려운 이유

여기서 다시 제조기업이나 유통기업에서 정액제 구독이 성공하기 어려운 이유를 설명하고자 한다.

제조기업은 지금까지 판매하던 제품을 정액제 구독으로 바꿔서 제공하는 경우가 대부분인데, 이것이 정액제 구독이 성공하기 어려운 큰 요인 중 하나다. 할부나 리스 등의 금융상품이 발달한 현대에는 단순히 '정액제'를 내세워서는 어떤 영향력도 발휘할 수 없고, 사용자는 구독의 장점을 이해하지 못한다.

또한 유지·보수에 드는 비용을 포함한다고 어필하는 기업도 있는데, 사용자가 고장을 대비해 새로운 제품을 도입하는 경우는 드물다. 특히 일본 기업의 제품은 정밀한 공정으로 제조되어 고장이 없다는 것이 최대 강점이다. 이런 상황에서 유지·보수 비용이 포함된 구독을 내세워도 사용자의 마음을 움직이지는 못한다.

나아가 제조기업뿐만 아니라 유통기업에서도 공통적으로 정액제 구독이 성공하기 어려운 이유가 있다. 그중 하나는 통상적으로 판매되던 제품이 팔리지 않는 자기잠식(cannibalization) 현상이 발생한다는 것이다. 리커링 모델에서는 계속이용의 구속력은 짧고 이익 획득의 시간이 길수록 사용자에게 유리하다고 할 수 있지만, 그렇다고 구독에서 많은 호의를 제공할 경우, 사용자가 사용하면 할수록 기업의 손실이 커지는 결과가 되어 본래 주역인 제품 판매에 지장

을 초래한다.[4]

다른 하나는 '하나의 가치창조에 하나의 가치획득'이라는 원칙이 붕괴되는 것이다. 구독을 도입해도 잘 되지 않는 기업은 하나의 사업 단위에서 '제품 판매'와 '구독'을 함께 실시하는 경우가 많다. 즉, 동일한 사업 안에서 과금 타이밍이 전혀 다른 가치획득이 병존하는 것이다. 그러면 현장은 혼란스러워진다. 판매와 동시에 이익을 획득하는 제품 판매와 시간에 들여 이익을 획득하는 구독은 영업 체제나 판매 체제, 그리고 판매 후 체제 등의 방침이 전혀 다르기 때문이다.

구독을 가치획득으로서 독립시키려는 경우에는 새로운 가치창조에 대한 가치획득 방법으로서 실행하는 것이 바람직하다. 만약 판매되고 있는 기존 제품에 대해 구독을 실시할 경우에는 자회사나 적어도 독립적인 사업부 혹은 팀에서 관리해 기존의 사업 단위와는 항구적으로 분리할 필요가 있다.

다만 제품 판매라는 기존의 가치획득에 구독이 끼어들어도 되는 유일한 예외가 있다. 그것은 기간 한정이나 회원 수 한정의 구독이다. 판촉 활동의 일환으로 실시하는 것이므로 기간 종료 후 예정 회원 수가 채워지면 소멸시킨다.[5] 서비스업에서는 이 방법으로 소비자의 주목을 받은 기업도 있지만, 각 업계에 구독이 널리 퍼진 지금은 그 효과는 그다지 기대할 수 없었다.

만약 제품 판매와 구독을 공존시키고자 한다면, 그것을 하나의 오리지널 가치획득으로 만들어야 한다. 판매와 구독 각각에 역할을 부여하면서도 구독에서 높은 이익을 설정하는 방식이다. 이 경우는 하드웨어(제품)와 소프트웨어(구

---

4   AOKI(주로 기성품 정장을 기획·판매하는 회사)가 자사 기성품 정장에 대해 정액제 구독을 실시해 호평을 받았다가 바로 이런 상황에 빠졌다. 구매하던 고객이 저렴한 구독으로 옮겨가면서 결국 제품 판매에 영향을 미쳤던 것이다. 그 결과 도입 후 반년 만에 구독을 철수했다.
5   '야키니쿠노 규가쿠'(일본의 야키니쿠 체인)나 술집 체인점에서 이 방법을 적극적으로 활용해 매체에서 다뤄지기도 했다.

독)라는 구조로 조합하는 것이 이상적이다. 이에 대해서는 뒤에서 설명하겠다.

구독의 성립 요건

지금까지 제조기업이나 유통기업에서 구독이 잘 기능하지 않은 이유에 대해 설명했는데, 그렇다면 구독이나 그 상위 개념인 리커링 모델이 성공하기 위해서는 어떤 조건이 필요한지 점검하고 가자.

과정으로서의 D2C

구독을 성립시키는 데 중요한 것은 제조기업이 D2C에 진출하는 것이다. D2C란 'direct to consumer'의 줄임말로, 제조기업이 소비자와 직접 소통하는 것을 말한다. 지금까지 기업들은 유통업을 통해 제품을 제공해 왔지만, 이제는 인터넷이나 플랫폼을 통해 사용자와 직접 연결되기 쉬운 시대가 되었다.

디지털에 의한 정액제 구독의 성공 뒤에는 바로 D2C가 있다. 소니도 애플도 닌텐도도, 그리고 테슬라도 구독 서비스를 제공할 때는 사용자와 직접 연결해 거래를 했다.

실물 제품은 소매점에서 구입한다고 해도 그 후의 서비스를 D2C로 실현하지 않으면 구독의 장점을 살릴 수 없다. 구독에서 만약 제삼자를 개입시키면 그에 대한 비용이 들기 때문에 이익이 적어질 뿐만 아니라 사용자 데이터를 직접적으로 얻을 수 없다. 특히 후자가 치명적인 문제다.

디지털에 의한 정액제 구독은 사용자에게 직접 서비스를 제공해 사용자의 취향이나 사용 내역을 데이터로 축적하고, 이를 다시 사용자의 취향에 맞는 서비스를 제공하는 데 활용해야 비로소 성립된다. 기업이 제품이나 서비스를 고객 취향에 맞게 최적화하는 '개인 맞춤형'은 D2C로만 가능하다. 이 개인 맞춤이 되어야 구독은 지속될 수 있다.[6]

특히 디지털 시대의 리커링 모델에서는 D2C가 중요한 역할을 가진다. 구독을 도입할 때에는 D2C 체제의 구축이 필수다.

독자적인 멤버십

구독을 성립시키기 위한 전제로서 멤버십을 바탕으로 하고 있는지가 문제시된다. 정액제 구독이란 이른바 '회비'라고도 할 수 있다.

회비를 내게 하려면 회원 특전이 필요하다. 그러나 아무런 혜택 없이 구독을 함부로 실행하는 제조기업이나 유통기업이 너무 많다. 게다가 그 혜택이 '이득감'뿐이라면 상당한 저가로 흥미를 끌지 않는 한 사용자는 관심을 두지 않는다. 특히 제조기업의 구독 서비스는 제품 판매를 통한 가치획득을 기본으로 하므로 이득감은 없는 것과 마찬가지다. 게다가 거기에 강한 구속력까지 보이면 사용자의 지지는 전혀 얻을 수 없다.

그러면 어떻게 해야 구독경제를 성립시킬 수 있을까? 답은 '이득감'에서 벗어난 가치를 제안하는 것이다. 회원인 구독자에게는 제품 판매로 구매하는 고객과는 전혀 다른 가치를 제안해야 한다.

예를 들어 넷플릭스는 다른 업체와 달리 일찍부터 오리지널 작품에 힘을 쏟아왔다. 넷플릭스에서만 볼 수 있는 콘텐츠라는 것에 회원들은 우월감을 느낀다. 미국의 〈하우스 오브 카드〉, 영국의 〈블랙 미러〉 등의 작품뿐만 아니라 넷플릭스가 해외에 독점적으로 제공하는 한국의 〈사랑의 불시착〉이나 〈이태원 클라쓰〉 등 아시아 쪽 작품들이 전 세계 회원들의 지지를 얻었다. 이런 영상들이 계기가 되어 넷플릭스에 가입하고 동시에 이는 넷플릭스를 끊지 못하는 이유가 된다.

이와 같이 회원이 우월감을 가질 수 있는 무언가가 제조기업이나 유통기업

---

6 커스터머 석세스(고객의 성공)이 구독 지속의 열쇠이며, 개인 맞춤은 구독지속의 중요한 역할을 담당하고 있다. 자세한 내용은 川上(2019) 참조.

의 구독에도 있다면 이득감이 없어도 구독에 가입하는 이유는 충분하다. 예를 들어 자동차회사라면 전국의 대리점을 영업시간 외에 한해 회원 전용 주차장으로 개방하거나 카페 대신 이용할 수 있게 하는 등 현재 있는 자산을 활용하는 방법을 생각할 수 있다. 당연히 자동차회사와 대리점은 다른 회사이기 때문에 실현의 장벽은 높지만, 그 정도의 과감한 회원 특전이 필요하다.

보다 현실적인 선에서는 월정액 구독다운 가치 제안이 유효하다. 구독회원에 한해 소프트웨어가 SaaS(software as a service)와 같이 항상 업데이트하도록 차량 성능을 향상시키는 특전이 그 예다.

실제로는 도요타의 킨토가 이를 실행하겠다고 발표했다. 이는 킨토 회원만이 계약할 수 있는 킨토 전용 차 'GR야리스(GR Yaris)의 모리조 셀렉션(Morizo selection)'이라는 차종에 소프트웨어 버전업을 가능하게 한다는 것이다.[7] 다만 테슬라처럼 인터넷에 연결된 차량이 데이터를 직접 갱신하는 OTA(over the air)가 아니라 가까운 대리점에 가서 단말기를 연결해 소프트웨어를 업데이트하는 아날로그적인 방법이다. 아직 해결해야 할 과제는 많지만, 회원을 질리지 않게 하는 구독의 특징을 구현하고 있다는 것은 큰 진전이라 할 수 있다.

이처럼 구독에서는 회비를 내는 회원에게 우월감을 주는 회원 특전이 필수적이다. 항상 제품 판매와는 다른 서비스를 연출하고 독자성을 내세워야 한다.

리커링 모델이나 구독은 가치획득을 위한 주요 테마이기는 하지만, 실제로 도입하려면 사용자와의 연결 없이는 불가능하다. 왜냐하면 가치획득만으로는 부담 없음이나 이득감을 연출할 수 없는 경우가 많기 때문이다. 이는 어떤 가치획득이나 나아가 어떤 비즈니스 모델에 대해서도 전반적으로 적용되는 중요한 주제이므로 다음 절에서 자세히 검토하고자 한다.

---

7   ≪日本經濟新聞≫ 2020年 6月 8日(朝刊).

4. 구독 붐이 리커링 모델에 미치는 영향

구독이 세상에 미친 영향은 크다. 특히 구독이 유행한 이후 사용자의 인식이 크게 바뀌었다. 모든 가치획득은 이득감이 있고 부담은 없는, 사용자에게 유리한 것이 당연해지고 말았다. 이 점을 인식하지 않고 리커링 모델을 채용한들 잘될 리 없다. 여기서는 이에 대해 좀 더 살펴보자.

과금 타이밍을 바꾼다는 것

제조기업이나 유통기업에서 구독이 좀처럼 성공하기 어려운 이유는 가치획득으로서의 구독에 대한 본질적인 이해가 부족하기 때문이다. 우선 구독으로 대표되는 리커링 모델은 전부 과금 타이밍을 바꾼, 즉 '즉시 과금'하던 것을 '시간을 들여 과금'하는 것으로 변경한 것임을 확실히 인식하고 있어야 한다. 그다음에는 과금 타이밍을 바꾼 리커링 모델에 어떤 본질적인 특징이 숨어 있는지를 확인해 보자.

리커링 모델의 정식 명칭은 'recurring revenue model'이다. 즉, '수익이 지속적으로 발생하는 구조'를 의미한다. 여기서 주의할 게 있다. '지속'의 대상이 무엇인가 하는 것이다.

지속하는 것은 '수익'이다. '이익'이 아니다. 이를 혼동해서는 안 된다. 수익은 자동으로 생기는 것이 아니다. 지속적으로 수익을 창출하는 장치를 마련하지 않거나, 그런 장치를 마련했음에도 실행을 하지 않으면 계속적인 수익은 실현되지 않는다. 또한 아무리 수익이 지속된다고 해도 어느 단계에서 이익이 될지를 예측하고 끼워 넣지 않으면 사업으로서 가치획득이 성립하지 않는다.

시간을 들여 이익을 회수하는 과금 타이밍을 바꾸는 리커링 모델에서는 지불자가 계속하지 않는 한 이익은 발생하지 않는다. 과금 타이밍이 0, 즉 '즉

도표 6-7 ㅣ 제품 판매와 리커링 모델

가치획득	개요	이익로직
제품판매	모든 제품의 가격에 일정한 이익 폭을 붙인다.	0 0 0
정액제 구독	기간마다 정액의 이용료를 회수하여, 시간을 들여 이익을 쌓아간다.	0 0 **1**
선불제 구독	선불로 이용료를 받고, 향후의 이익을 확정시킨다.	0 0 **1**
종량제 구독	이용량에 따라 이용료를 회수하고, 시간을 들여서 이익을 쌓는다.	0 0 **1**
재구매	유저 한 명이 몇 번이고 사는 것을 전제로 이익을 얻는다.	0 0 **1**
리스	일정기간의 이용계약을 맺고 시간을 들여 이익을 회수한다.	0 0 **1**
레이저 블레이드 (소모품)	본체는 이익률을 낮게 하고, 부속품은 이익률을 높여서 시간을 들여 이익을 얻는다.	0 **1 1**
프리미엄 (freemium)	본체는 무료로 하고, 부속품은 이익률은 높게 하여 시간을 들여 이익을 회수한다.	0 **1 1**

시' 이익을 회수해 온 제조기업으로서는 리커링 모델은 결코 쉬운 선택이 아니다. 많이 팔았다고 해도 월 수익은 이전의 수십 분의 일밖에 되지 않는다. 게다가 이익을 회수할 수 있는 시기는 아직 먼 훗날이다. 가치획득을 구독으로 바꾼다는 것은 곧 이익을 얻는 메커니즘이 크게 바뀐다는 것임을 제대로 인식하지 않으면 안 된다.

〈도표 6-7〉은 이 장에 등장하는 가치획득을 설명한 것이다. '시간을 들여' 이익을 회수하는 가치획득은 이익로직의 마지막 부분이 **1**로 되어 있다는 것을 알 수 있다.

'즉시' 이익을 회수하는 제품 판매와 근본적으로 이익로직이 다르다고 여겨지는 리커링 모델에 대한 기본적 이해를 바탕으로, 구독이 리커링에 미치는 영향을 살펴보도록 하자.

구독은 사용자에게 계속 유리할 수 있는가?

〈도표 6-3〉에서 이미 보인 바 있는 리커링 맵에는 가장 주목을 받고 있는 정액제 구독을 비롯해 많은 가치획득이 위치해 있다.

정액제 구독은 이전부터 있던 재구매, 레이저 블레이드, 리스 등의 리커링 모델보다 더 사용자에게 유리한 가치획득으로서 주목을 받았다. 프리미엄도 정액제 구독과 마찬가지로 사용자에게 유리한 가치획득인데, 이 둘은 디지털화의 물결을 타고 주목을 받았다. 오랫동안 사용자에게 친숙했던 구형의 리커링 모델보다 사용자에게 더 유리했고, 그래서 열렬히 지지를 받았던 것이다.

그러나 사용자에게 유리한 가치획득조차 이미 당연한 것이 되었다. 이 부분이 앞으로의 가치획득을 생각할 때 풀어야 할 큰 과제가 될 것이다. 정액제 구독이 디지털로 유행을 보인 것이 2015년인데, 프리미엄은 그보다 6년 전인 2009년에 주목을 받았다.

이러한 것들은 등장한 지 오래되었기에 이제는 더 이상 새로운 가치획득이라고 할 수 없다. 구독은 인지도가 높아져 2019년에 일본에서 유행어 대상에 노미네이트되기까지 했다. 한때는 어떤 비즈니스든 구독을 도입하기만 하면 미디어의 주목을 받고 그것을 지렛대로 고객을 모을 수 있었다.

하지만 이제 구독은 특별한 것도 아니며 도입했다고 해서 주목받을 일도 없다. 마치 이전부터 있던 것처럼 구형의 리커링 모델에 가까운 존재가 되어가고 있는 것이다. 필자가 리커링 맵으로 구독의 특징을 나타낸 것은 2019년의 일이다. 그로부터도 한참 시간이 경과했다.

사용자에게 유리하다고 생각되었던 가치획득이 이미 사용자에게는 당연한 것이 되었다. 그것을 나타낸 〈도표 6-8〉을 보기 바란다. 정액제 구독과 프리미엄은 중앙의 사선을 경계선으로 구분하면 사용자에게 유리한 위치에 있지만, 사용자는 이미 여러 해 동안 그러한 서비스를 보고 실제로 이용해 왔다.

도표 6-8 | 디지털 시대의 리커링 모델

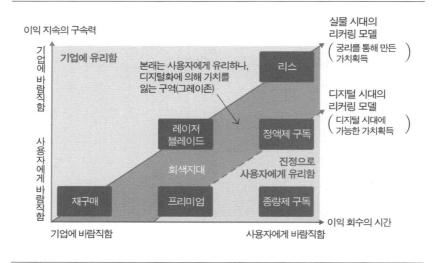

철이 들 무렵부터 디지털 제품을 접해온 젊은 층에게는 아무런 신선미가 없을 것이다. 게임은 무료가 당연하고, 음악, 영화, 드라마도 무제한이 당연하다. 정액제 구독과 프리미엄은 MZ세대에겐 당연한 가치획득인 것이다.

그들은 리스나 레이저 블레이드 같은 것을 자신들에게 유리하다고 전혀 생각하지 않는다. 자신들이 처한 환경에서는 정액제 구독과 프리미엄이 당연한 서비스이며 중앙의 경계선보다 위쪽에 있는 리스나 레이저 블레이드에는 '부담 없음'도 '이득감'도 느끼지 못한다.

이를 고려해 다시 정액제 구독과 프리미엄의 위치 관계를 바라보자. 그러면 그것을 연결하는 선(도표의 점선)이 생긴다. 이 선이야말로 디지털 시대의 사용자에게 유리한 새로운 경계선이라고 할 수 있다.

디지털 시대의 경계선을 그어보면 사용자에게 진정으로 유리한 가치획득은 종량제 구독밖에 없음을 알 수 있다. 종량제 구독은 도입 시 초기 비용 지불이 필요 없고 이용한 만큼만 지불한다. 이용 여부도 사용자의 자유이므로 계속이용의 구속력은 없는 것과 마찬가지다. 또한 사용자가 전혀 이용하지 않을 때에는 지불이 거의 발생하지 않기 때문에 기업으로서는 이익 회수가 불확실한방법이기도 하다. 이것 또한 디지털에 의해 운용이 용이해진 가치획득이다.

이 정도로 사용자에게 이점이 있는 가치획득이 아니라면 사용자에게 유리하다고 할 수 없게 되었다.

실물 시대와 디지털 시대의 가치획득의 위치

디지털 시대의 새로운 경계선은 바로 리스와 레이저 블레이드와 같은 위치 정도에 놓여 있는 것을 볼 수 있다. 이전에는 리스나 레이저 블레이드를 균형 잡힌 가치획득이라고 했지만, 지금의 디지털 세대는 정액제 구독과 프리미엄을 균형 잡힌 가치획득으로 보고 있는 것이다.

리스와 정액제 구독은 '정액'이라는 관점에서 보면 비슷한 가치획득이다. '매월 일정한 지불금을 받고 시간을 들여 이익을 얻는다'는 것이 공통적이기 때문이다. 레이저 블레이드와 프리미엄도 비슷한 가치획득이다. '본체에서는 이익을 얻지 않고 이용에 따라 시간을 들여 이익을 얻는다'는 점이 공통적이기 때문이다. 디지털 세대는 정액을 지불하고 이용하는 것을 정액제 구독으로, 이용에 따라 요금을 내는 것을 프리미엄으로 인식하고 있다.

실물을 취급하는 시대에 만들어진 사용자와 기업이 모두 이득을 보는 경계선은 디지털로 인해 프리미엄과 정액제 구독으로 이동했다. 사용자에게 유리했던 이전 경계선은 이제 사용자와 기업이 함께 이득을 보는 이른바 표준 경계선으로 바뀌었다.

이 경계선상에 있거나 혹은 과감히 그 아래쪽의 가치획득이 아니고서는 사용자가 반응하지 않는다. 이는 곧 구형의 제조기업이나 유통기업이 그 상황에서 이익을 창출하는 것이 매우 어렵다는 것을 의미한다.

회색지대로 떨어지다

그런데 〈도표 6-8〉의 실물시대의 리커링 모델의 경계선과 디지털 시대의 새로운 리커링 모델의 경계선 사이에 있는 '회색지대'라고 적힌 부분을 보기 바란다. 회색지대란 본래는 사용자에게 유리한 영역이었는데 디지털 시대에 와서는 당연한 것이 되어버려 사용자가 반응하지 않는 영역이다. 다시 말해 회색지대는 사용자의 '무관심 영역'이다. 자사가 도입한 구독이나 또는 철수한 구독을 생각해 보라. 그 대부분은 회색지대에 떨어져 있지 않은가?

회색지대는 중대한 문제를 제기하고 있다. 리커링 모델에는 사용자가 전혀 반응하지 않는 기업에 유리한 영역과 사용자가 좋아하는 기업에 유리한 영역 외에 처치 곤란한 영역이 있다는 것이다. 중앙의 실선 경계선으로 보면 회색지대는 사용자에게 유리한 영역이므로 여기에서 어떤 가치획득을 설정해도 이미 구독이나 프리미엄 붐에 의해 사용자가 관심을 가지지 않는 영역이 되었다. 그로 인해 사용자에게 진짜 유리한 영역이 좁아지고 있다.

자동차의 구독, 가전의 구독, 그 밖의 제조기업이 도전하는 구독의 대부분은 사실 회색지대로 떨어져버린다. 조금이라도 구속력을 강화하고자 하면 리스까지 이르지도 못하고 금세 회색지대로 떨어진다. 해지 수수료를 받는다고 해도 회색지대로 떨어진다. 이익 회수의 속도를 올릴 것이기 때문에 아무래도 맵 왼쪽으로 기울어지기 때문이다.

자사가 도입하고 있는 정액제 구독이 슬금슬금 구속을 강화해 리스에 가까워지고 있지는 않은가? 또는 구독할 때 고액의 입회비나 보증금을 취하거나 위약금을 징수하는 시스템인 것은 아닌가? 이익 회수를 서두른 나머지 월정액이 높게 책정되어 있지는 않은가? 그것들은 전부 정액제 구독을 회색지대로 밀어내는 행위다.

지금까지 제품 판매로 가치획득을 해온 제조기업은 정액제 구독을 있는 그대로 도입하기 어려우며, 가령 사용자에게 유리하도록 만들어 도입했다고 해도 결국엔 기업에 유리하게 진행되고 그러면 바로 회색지대로 떨어지고 만다. 디지털기업의 대부분이 정액제 구독을 구사해 왔기 때문에 제조기업은 더욱 실행하기 어려운 상황이 되었다.

5. 제조기업이 구독을 활용하려면

제조기업이나 유통기업이 구독으로 성과를 내려면 해결해야 할 문제가 있지만, 그래도 해볼 만한 가치는 있다. 여기서는 어떻게 리커링 모델이라는 가치획득을 구사할 수 있는지 구체적인 방법을 제시하겠다.

디지털 시대의 새로운 리커링 모델로

첫 번째는 제품 판매와 구독 서비스를 결합한 새로운 가치획득을 설계하는 것이다. 그것은 기존 경계선과 새로운 경계선을 결합하는 것을 말한다(〈도표 6-8〉 참조). 이는 단순히 확립된 가치획득을 병행하는 것이 아니라 각각의 과금 포인트를 파악하고 거기서 새롭게 다른 가치획득을 설계하는 것이다.

사실 이런 모델은 존재한다. 이른바 레이저 블레이드의 변형이다. 즉, 본체는 이익을 기대하지 않고 부속품이나 소모품으로 이익을 얻는다. 이것이 레이저 블레이드와 다른 점은 부속품이나 소모품이 아닌 소프트웨어를 정액제 구독으로 제공한다는 것이다.

이것은 'SaaS 플러스 어 박스(SaaS plus a box)'[8]라고 불리는 비즈니스 모델에서 전개되는 가치획득과 같다. 하드웨어인 제품을 판매한 후에 SaaS로[9] 소프트웨어를 제공한다. 하드웨어는 한계비용이 많이 들기 때문에 제품 판매로, SaaS는 한계비용이 들지 않기 때문에 정액제 구독으로 제공한다. 나중에 추가하는 것이 아니라 처음부터 이들이 함께 디자인된 가치획득으로 설계하는 것이다.

하드웨어를 매력적인 가격으로 설정하려면 원가는 최소한 회수하는 과금 포인트로 하고 이익률이 높은 데이터나 서비스를 구독으로 해서 정기적으로 이익을 쌓는 구조로 한다. 굳이 이름을 붙인다면 이 가치획득은 '정액제 레이저 블레이드'라고 할 수 있다.

일본의 제조기업이 행하는 구독의 경우, 무조건 내구 소비재의 본체 자체를 구독으로 제공하려고 한다. 자동차나 가전 등을 월정액으로 지불받고 이익을 얻으려고 하지만, 그러면 리스나 할부와 큰 차이가 없다. 지금까지 판매해 온 제품을 할부로 제공하는 것이 아니라 그 제품의 이용 가치가 높아지는 서비스를 구독으로 제공하는 것이 바로 '정액제 레이저 블레이드'를 전개하는 것이다.

펠로톤

정액제 레이저 블레이드를 잘 활용하고 있는 곳이 '피트니스 업계의 애플'이라고 불리는 펠로톤 인터랙티브(Peloton Interactive)다. 펠로톤은 이 가치획득을 바탕으로 SaaS 플러스 어 박스를 성공시켜 비약적인 발전을 이루었다.

코로나19로 인해 사람들은 실내에서 운동을 할 수밖에 없었다. 그로 인해 펠로톤이 주목을 받았는데, 2020년 1월부터 12월까지 유료 회원 수는 56만 명에서 109만 명으로 2배가 늘었고 시가총액은 6배로 커졌다.

---

8   가치창조나 비즈니스 모델의 명칭으로 사용되는 경우가 있다.
9   SaaS란 클라우드를 통해 소프트웨어를 서비스로서 항상 최신 상태로 제공하는 형태를 의미한다.

펠로톤이 제공하는 것은 실내용 에어로바이크와 러닝머신이다. 각각에는 태블릿PC 같은 터치 패널이 있고 상시 인터넷에 연결할 수 있다. 또 정기적으로 빈번하게 업데이트되는 오리지널 동영상을 보기만 하는 것이 아니라 강사가 스튜디오에서 전달하는 라이브 영상을 보며 실시간으로 운동을 할 수도 있다. 사용자들은 각기 다른 장소에 있어도 같은 클래스에 참가할 수 있으며, 서로 격려도 할 수 있도록 커뮤니케이션 시스템이 마련되어 있다. 나아가 모든 사용자가 트레이닝 머신을 통해 연결되어 있어서 친구를 사귀거나 커뮤니티에도 참여할 수 있다.

사용자는 펠로톤의 실내 자전거나 러닝머신을 2000달러 정도로 구입한 후월 39달러의 정액제 구독에 가입한다. 머신을 사용하지 않는 사용자에게는 월 12.99달러로 동영상만 제공하고 있다. 펠로톤은 제품 판매와 정액제 구독을 잘 조합한 가치획득을 확립했다.

소니그룹

정액제 레이저 블레이드를 활용한 가치획득은 각 분야에서도 이미 성과를 거두고 있다. 소니(Sony)그룹의 화려한 변신은 일본에서 가장 성공한 리커링 사례인데, 그 일등공신은 역시 SaaS 플러스 어 박스 비즈니스 모델이다.

예를 들어 소니의 플레이스테이션의 경우, 대부분의 사용자가 본체를 구입한 후 구독 서비스에 가입한다. 그것이 월 850엔부터 제공되는 '플레이스테이션 플러스'다. 플레이스테이션 플러스는 온라인으로 전 세계의 플레이어와 연결하기 위한 확장 기능으로, e스포츠를 즐기는 플레이어는 가입이 필수다.

소니그룹은 이 가치획득을 다른 제품에도 적극적으로 도입하고 있다. 2019년 1월에 출시된 로봇 강아지 아이보(Aibo)도 약 20만 엔의 본체에 대해 월 약 3000엔의 구독으로 업데이트 서비스를 제공하고 있다.

이렇게 해서 소니그룹은 제조기업을 기반으로 하면서 정액제 레이저 블레이드를 구사해 리커링 모델을 자기 것으로 만들었다. 그 결과 2019년 결산부터 사상 최고 이익을 계속 경신하고, 코로나19가 한창이던 2021년 결산에서는 더욱 실적을 늘려 순이익이 1조 엔을 넘었다.

다른 변형 사례

SaaS 플러스 어 박스라는 비즈니스 모델의 가치획득에 대해서는 '레이저 블레이드 × 정액제 구독' 이외에도 다양한 결합이 존재한다. 예를 들면 '레이저 블레이드 × 종량제 구독'으로 하는 방법이 있다.

소니 플레이스테이션에서도 정액제인 플레이스테이션 플러스 외에 매회 지불하는 다운로드형 게임을 제공하고 있다. 즉, 종량제 구독도 채용하고 있는 것이다. 바야흐로 이 방식은 모든 가정용 게임기에서 상식이 된 가치획득이다.

또한 2장에서 소개한 애플의 '기기 × 서비스 제공'도 SaaS 플러스 어 박스에 해당한다. 아이폰, 아이패드를 판매하고 정액제 레이저 블레이드로 이익을 얻는다. 제품에서 얻을 수 있는 이익 이상의 이익률을 달성하기 위해 애플뮤직이나 애플티비 플러스(Apple TV+)와 같은 디지털 서비스 제공으로 SaaS를 전개하고 정액제 구독으로 가치획득을 하고 있다.

지금까지는 제품 판매로 높은 이익을 얻고자 했던 애플도 이제 SaaS의 구독을 추가한 가치획득을 설계하고 있다. 애플원을 투입해 구독을 강화하려는 시도에서 그 전략 시나리오를 알 수 있다.

디지털 시대의 제조기업의 리커링 모델

디지털 시대에 제조기업이 구독에 성공하기 위한 하나의 포인트가 있다. 구독이라고 하면서 리스 형식을 취하는 것이 아니라 한계비용이 적은 것을 구독으로 제공하는 것이다.

우선은 매출총이익이 높은 부속품과 소모품을 정기적으로 제공하는 것을

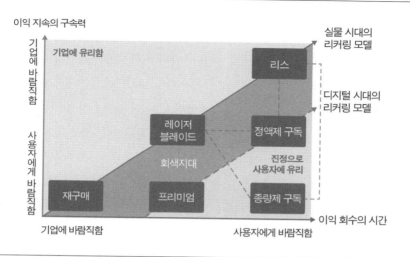

시도해도 좋지만, 물류비 등이 더해지기 때문에 오래가지는 못한다. 그래서 실물이 아닌 구매 후에 발생하는 업데이트나 디지털 서비스 등을 구독으로 제공하는 것이 유효하다.

이 방법을 검토할 때는 제품과 서비스의 명확한 분류가 필요하다. 〈도표 6-9〉를 보자. 예를 들어 펠로톤이나 플레이스테이션은 '레이저 블레이드 × 정액제 구독'을 조합한 '정액제 레이저 블레이드'를 가치획득으로 삼고 있다. 이는 제품을 제공할 때는 기존 리커링 모델의 경계선에 있는 레이저 블레이드로 설계하고, 디지털화한 서비스는 새로운 리커링 모델의 경계선상에 있는 정액제 구독을 채용하는 조합이다. 실물은 실물의 경계선상에 있는 가치획득을, 디지털은 디지털의 경계선상에 있는 가치획득을 각각 조합하는 것이다.

또한 종량제 구독은 진정 사용자에 유리한 위치에 있기 때문에 '레이저 블레이드 × 종량제 구독' 조합도 유효함을 확인할 수 있다. 이에 따라 가정용 게임기의 가치획득의 의의를 다시 한 번 인식할 수 있다.

또 다른 가치획득도 구상해 볼 수 있다. 예를 들어 제품에서는 리스를 채용하면서 정액제 구독이나 종량제 구독을 조합한 가치획득을 이룰 수 있다. 이 방식은 통신사의 스마트폰 판매 방식이나 IoT화된 사무실용 복사기 등에서 볼 수 있다. 스마트폰은 '리스×정액제 구독'이다. 본체는 리스나 할부로 수년간 지불하는 계약을 하고 그 요금은 휴대전화의 기본 이용료나 정액 서비스 요금에 합해 매달 청구함으로써 시간을 들여 이익을 획득한다. 반면에 사무실 복사기는 '리스×종량제 구독'이다. 본체 요금의 리스분과 이용 매수에 따른 종량분을 합해 시간을 들여 이익을 얻는 가치획득이다.

이들은 디지털 시대에 제조기업이나 유통기업이 어떻게 구독을 성공시킬지에 대한 최적의 해법 중 하나라고 할 수 있다. 향후 제조기업이 목표로 삼아야 할 모습은 아날로그와 디지털의 두 경계선을 잘 조합하면 찾을 수 있다.

6. 디지털 시대의 리커링 모델

구독도 프리미엄도 디지털화를 배경으로 급속도로 확대된 가치획득이다. 이들의 등장으로부터 시간이 흐른 지금, 미래의 리커링 모델에는 무엇이 필요할까? 그 방향을 알아보자.

디지털 시대의 리커링 모델은 '보증'을 전제로 한다

우선 〈도표 6-8〉의 기존 경계선인 재구매, 레이저 블레이드, 리스를 보자. 구속력도 이익 회수의 시간도 제로가 되는 지점, 즉 재구매가 리커링 모델의 '원점'이 된다. 리커링 모델의 본질은 어떻게 하면 사용자에게 불쾌감을 주지 않

도표 6-10 | 새로운 경계선에서 가치획득의 특징을 유추

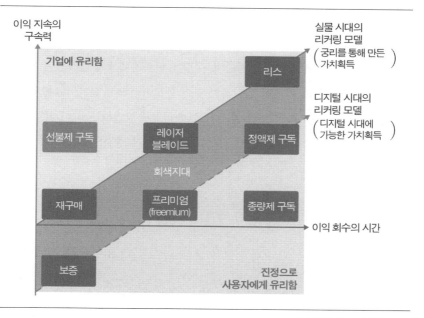

고 계속적으로 지불하게 만드는지를 생각하는 것이다.

디지털 시대의 경계선은 기존 경계선에서 구속력을 약화시킨 것이다. 리스에 대해서는 정액제 구독이, 레이저 블레이드에 대해서는 프리미엄이 각각 이익 회수의 시간에 대응하고 있음을 알 수 있다. 디지털 시대에는 동일한 지불부담이라도 리스보다 정액제 구독이, 레이저 블레이드보다 프리미엄이 구속력이 작다는 것을 알 수 있다.

그러면 재구매는 어느 것과 대응되는 것일까? 〈도표 6-10〉을 보자. 디지털의 경계선을 아래로 늘리면 재구매에서 구속력을 더욱 약화시킨 가치획득이 모습을 드러낸다. 이것이 디지털 시대의 재구매라고도 할 수 있는 본질적인 가치획득인 '보증'이다.

'보증'이라는 가치획득

앞서 실물시대의 리커링 모델의 경계선은 계속이용의 구속력, 이익 회수의 시간 모두 제로인 재구매가 그 본질이며, 어떻게 사용자에게 불쾌감을 주지 않고 계속적으로 지불하게 할지를 생각하는 것이 본질이라고 밝힌 바 있다.

디지털 시대의 사고방식도 마찬가지로 재구매에 상당하는 것이 바로 '보증'이다. 사실 프리미엄도 정액제 구독도 그 근간에는 '보증'이 있다. 모든 가치획득에서 '보증'의 기능이 갖추어져 있는 것이다.

디지털 시대의 경계선상에서 계속이용의 구속력이 제일 강한 정액제 구독도, 적은 금액으로 계속이용을 할 수 있는 내용에 만족하지 않으면 바로 해약할 수 있다. 내용물을 보고 나서 계속이용을 할지 판단을 할 수 있다는 의미에서 사용자에게 보증을 하는 것이다.

프리미엄 보증은 내용보증의 의미가 강하다. 원래 사용 자체는 무료이며, 계속이용 또는 업그레이드를 하고 싶을 경우 요금을 지불한다. 내용이 불만이라면 계속하지 않아도 된다. 이 또한 내용물을 본 다음 대금을 지불한다는 의미에서 내용을 보증하고 있는 것이다.

그러면 이번에는 디지털 시대의 경계선상에서 가장 계속이용의 구속력이 없는, 맵의 '보증'을 봐주기 바란다. '보증'은 계속이용의 구속력이 제로 지점 이하, 무려 마이너스다. 마이너스 구속력이란 사용자의 요구에 따라 기업이 구속되는 상황을 가리킨다. 파이낸스에서 말하는 옵션(선택권)의 매수자와 매도자 사이의 관계가 되는 것이다. 판매자는 수익을 얻고 선택권을 구매자에게 넘겨주는데, 만약 구매자가 선택권을 행사했을 때 판매자는 구매자의 말을 들어야 한다. 이것을 총칭해 '보증'이라고 하겠다.

그러면 가치획득에 보증을 포함시킨 경우를 상상해 보자. 예를 들어 '보험'은 어떤가? 보험 판매자는 보험료를 받지만, 구매자가 권리를 행사하면 그 말을 들을 의무를 진다. 그것을 한층 더 추진하면 '품질보증'이 된다.

　품질보증이란 사용자가 구입한 제품에 대해 만족스럽지 않으면 일정 기간 이내에 환불이나 반품 등 어떤 형태의 보증을 하는 행위다. 제품에 보증 메뉴를 부가해 대가를 청구하는 가치획득이다. 사전 부대형 보증 프로그램이 바로 이것이다. 그것을 제품에 포함해 판매한다.

　품질보증은 재구매의 경우보다도 사용자와의 관계가 견고하지 않으면 성립되지 않는다. 구입할 때에는 대금을 받지만, 사용자가 무사히 사용해서 자신의 문제를 해결하기까지는 방심할 수 없다. 그동안은 사용자와 양호한 관계를 유지할 필요가 있다. 그렇다고 인적자원을 배치하면 비용이 많이 든다. 하지만 디지털 시대에는 IoT나 SaaS를 통해 디지털이 관리하는 방식이므로 기존보다 낮은 비용으로 실현할 수 있다.

　디지털 시대에서는 사용자가 압도적으로 강하다. 정액제 구독이나 프리미엄이 보편화된 지금, 실제로 제품을 사용하고 평가한 후에 사용자는 그 제품에 계속 지불할지를 정한다. 디지털 시대의 지불은 그야말로 '선사용 후지불'이다. 그러면 이익 획득의 시간이 제로인 일괄 지불에도 '품질보증'이 요구된다. 이것이 디지털 시대의 가치획득에서 전제가 되는 포인트다.[10] 즉, 1회의 구입으로 거래가 완료되는 재구매조차도 앞으로는 보증이 필요하게 된다는 것을 의미한다. 생각과 다르면 환불할 수 있고, 사용해 보고 필요 없다고 느껴지면 반품할 수 있는 식으로, 보증에 일정한 기한을 두어 실시하는 방법이 표준이 될 것이다.

　물론 무료로 보증을 하라는 것은 아니다. 제품 가격에 일정 정도의 보증료를 붙여 가격 설정을 하면 된다. 다시 말해 보증을 수익원으로 삼고 그것을 제품에 올려 판매하는 가치획득이 되는 것이다.

10　Berger(2020)도 구매심리의 장벽을 낮추기 위한 방안으로 이를 언급한다.

제조기업이나 유통기업이 보증을 실현하기 위한 방법

지금까지 논한 '보증'이 기능하기 위한 '보증'의 대전제는 디지털 시대에 사용자의 움직임이 거의 전부 포착 가능하다는 것이다. 보증 프로그램에도 거짓이 없어야 한다. 사용자의 제품이 통상 이용 범위 내에서 고장이 났는지, 사용 상황은 어땠는지 등을 포착할 수 없다면 보증제도는 기업으로서는 위험 부담이 높아 사용할 수 없다.

여기에는 물론 디지털이 도움이 된다. 사용자의 이용 상황이나 사용법 등을 모니터할 수 있으면 보증은 잘 기능할 것이다. 애플은 직영점에서 구입할 경우 14일 이내 반품이 가능하도록 보증을 해준다. 아마존도 30일 이내 반품이 가능하다. 의외로 이 부분을 자랑하는 기업이 많지 않다. 최근 서비스업에서는 환불 보증이 늘고 있다.

이러한 보증을 바탕으로 온라인스토어는 사용자의 재구입을 재촉한다. 사용자의 ID 관리와 구매 이력, 그리고 제품의 불량 기록 등이 데이터로 갖추어져야 비로소 정상적으로 기능한다. 지금은 그것이 실현 가능한 시대다.

보증을 가치획득으로 성립시키기 위해서는 사실 가치창조와의 관계성을 빼놓아서는 안 된다. 제품의 UI나 UX가 뛰어나지 않으면 사용자들의 짜증이 심해진다. 내구성이 없으면 사용자는 즉시 그 제품에서 벗어나고 싶어 한다. 또한 사용자와 대면하는 영업직원의 응대도 중요하다. 나아가 이용 과정에서의 고장 등에 대응하는 지원부서의 응대는 더욱 중요하다.

이러한 점에서 사용자에 대한 보증은 연구개발, 생산, 영업, 고객지원 등 기업의 주요 활동 전반에 걸쳐 있어야 비로소 성립한다. 그것들 중 어느 하나라도 문제가 있으면 보증은 성립되지 않는다.

보증이라는 가치획득은 이렇듯 비즈니스의 본질적인 과제를 기업에 제시하고 있다. 그리고 그것은 가치획득만으로는 해결할 수 없는 수준의 과제라는 것을 알고 있을 것이다. 디지털 시대를 살고 있는 제조기업과 유통기업은 비즈니스 모델로서 '보증'을 마주해 바라볼 필요가 있다. 그것을 할 수 있는 기업만이 살아남는 시대가 된 것이다.

7. 가치획득에서 비즈니스 모델로

이제는 지금까지의 '팔면 끝'이라는 제조기업이나 유통기업의 생각이 더 이상 통용되지 않으며, 구입 후 사용자와의 연결이 얼마나 중요한지가 부각되고 있다. 과금 타이밍을 **1**로 바꾸는 것은 가치획득뿐만 아니라 사업 전체를 근본적으로 개혁하지 않으면 안 될 정도의 충격을 준다. 특히 제품의 좋고 나쁨에만 심혈을 기울인 제조기업이나 유통기업으로서는 가치관의 일대 전환점을 맞은 것이다.

가치획득을 제품 판매에서 구독으로 전환했다고 해도 그것만으로는 충분하다고 할 수 없다. 가치획득은 가치창조와 결합함으로써 비로소 성과를 낳는다. 마찬가지로 이익 스위치로 가치획득을 바꾼다는 것은 가치창조의 혁신을 강요한다는 것을 의미한다. 가치획득은 단독으로 기능하는 것이 아니라 가치창조, 나아가 비즈니스 모델 전체에 영향을 주는 테마다.

마지막 장이 될 다음 장에서는 가치획득을 포함하는 비즈니스 모델의 혁신에 대해 설명하겠다.

7장

비즈니스 모델
혁신으로

포인트

- 이익혁신의 유의점
- 가치획득의 혁신은 가치창조의 혁신을 유발한다
- 가치획득을 구사하기 위해서는?

키워드

- 이익로직의 전환
- 새로운 가치창조를 위해
- 가치창조의 최적화
- 여덟 가지 이익로직
- 비즈니스 모델의 혁신

앞서 이익혁신은 현재의 가치획득에서 새로운 가치획득으로 전환하는 것이라고 말했다. 그런데 가치획득은 단독으로는 극적인 성과를 내지 못한다. 가치창조와 결합되어야 비로소 혁신적인 비즈니스 모델로서 결실을 맺는다.

1. 새로운 가치획득에서 가치창조로

일찍이 세계를 리드해 온 일본의 제조기업이 가치창조로 더욱 비약적인 성장을 하기 위해서는 이익을 획득하는 방법 자체를 바꿔야 한다. 이러한 문제의식에서 출발해, 이 책에서는 이익혁신을 통해 새로운 가치획득을 창출하는 체계를 제시했다.

이익혁신을 실현하려면 다른 관점에서 이익창출 방법을 고민해야 한다. 그래서 '과금'이라는 개념으로 수익원을 다양화하고 또 다양한 수익원에서 새로운 가치획득을 창출하기 위한 '이익화'라는 개념을 제시했다(〈도표 7-1〉).

오해를 두려워하지 않고 발언해 보자면, 제품 판매 일변도로 이익을 얻고자 하는 제조기업과 유통기업의 가치획득 방법은 단조롭고 획일적이다. 아무리 우수한 기술자와 영업 인력을 모으고 디지털 기술을 도입해 가치창조를 혁신하고자 노력해도 가치획득이 그 노력을 받아들여 그에 상응하는 충분한 이익을 내지 못하고 있는 것이다.

혹은 가치획득 방식이 너무 고전적이어서 디지털 시대의 가치창조에 대응하지 못하고 가치창조의 가능성을 제한하고 있다. 그 결과 본래 자사가 얻어야 할 이익이 다른 기업이나 해외 기업으로 흘러가고 있다.

하지만 거꾸로 생각하면 완전히 다른 세계가 보인다. 혁신적인 가치획득으로 전환할 수 있을 만큼의 유연성을 가진다면 현재의 가치창조로도 많은 이익을 창출할 수 있다. 얼마나 크게 돈을 벌 수 있을지의 이미지를 가지고 그것을

도표 7-1 ㅣ 이익혁신의 결과로서의 가치획득

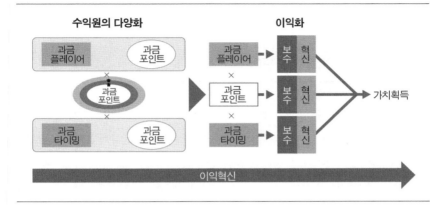

도표 7-2 ㅣ 가치획득은 가치창조의 가능성을 끌어낸다

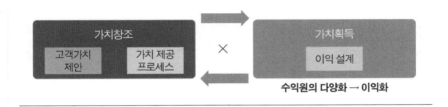

최적의 가치획득으로 변혁하면 아이디어의 제한이 없어지므로 누구도 생각하지 못한 가치창조를 유발할 수도 있다.

이상의 가치획득과 가치창조의 관계를 나타낸 것이 〈도표 7-2〉다. 도표에서는 가치창조를 받아들이는 가치획득, 그리고 가치획득이 가치창조를 지원하는 양방향의 관계성을 볼 수 있다. 가치획득은 가치창조의 시야를 좁히기도 하지만 넓히기도 한다.

논의를 마무리하는 이 장에서는 지금까지 제시한 이익혁신이 가지는 비즈니스 모델에 대한 의의와 그로 인해 가치창조를 대하는 방법을 어떻게 바꿔야 하는지에 대해 설명하겠다.

2. 이익에 대한 견해가 바뀌다

비즈니스 모델이란 '고객을 기쁘게 하면서 기업이 사업이익을 창출하는 구조'다. 그것은 지금까지 설명해 온 가치획득과 가치창조가 하나가 되어 가동하는 체계이며, 어느 한쪽이 빠지면 성립하지 않는다.

기업이 현실적으로 비즈니스 모델을 생각할 때 실제 사업에서 가장 중요한 시점은 '이익을 창출'하는 가치획득이다. 하지만 다른 한편으로 이론적으로 비즈니스 모델을 생각한다면 가치획득은 가장 신경 쓰지 않는 영역이 된다.

특히 제조기업과 유통기업에서는 고객가치 제안과 가치 제공 과정으로 이루어진 가치창조를 잘 설계하기만 하면 이익은 저절로 발생한다고 생각한다. 그런 생각이야말로 기업의 수익성을 낮추고 제조기업과 유통기업의 비즈니스 모델의 진화를 방해해 왔다.

가치창조의 이익

가치창조란 고객의 문제를 해결하기 위해 제품이나 솔루션을 제안하는 '고객가치 제안'과 이를 효과적이고 효율적으로 생산해 고객에게 전달하는 '가치 제공 과정'으로 이루어져 있다. 고객에게 가치를 제안하고 실제로 제공함으로써 기업은 수익을 얻고 사업이익을 획득해 왔다. 이것이 가치창조의 이익창출 방법이다.

고객가치 제안에서는 우선 무엇보다 수익(매출)이 문제가 된다. 타깃이 되는 주요 고객은 도대체 얼마면 주요 제품을 구입해 줄까? 주요 고객의 시장 규모나 그들이 생각하는 지불의욕과의 관계를 보고 매출을 극대화할 수 있는 가격 설정을 하는 것이 중요하다. 그러면 가격(P: price)과 판매 수량(Q: quantity)의 곱셈으로 이미 익숙한 매출 계산이 시야에 들어온다.

이어서 가치 제공 과정에서는 비용이 명확해진다. 여기서는 고객가치 제안을 실현하는 데 설비에 어느 정도의 투자 규모가 필요하고, 얼마만큼의 매입원가나 제조원가가 드는지, 판매를 위해 어느 정도로 영업 부대의 규모가 필요한지가 분명해진다.

이러한 비용 및 투자 요인이 얼마나 효율화될 수 있는지 검토하면 원가(V: variable cost)와 운영경비(F: fixed cost), 그리고 투자(I: investment)가 문제가 된다.

이렇게 고객가치 제안과 가치 제공 과정으로 이루어진 가치창조는 그 결과를 사업이익(Op), 투하자본이익률(ROIC)로 보여줄 수 있다. 그것을 나타낸 것이 (7-1)과 (7-2)의 계산식이다.

$$Op = (P - V) \times Q - F \qquad (7\text{-}1)$$

$$ROIC = \frac{Op}{I} \qquad (7\text{-}2)$$

(7-1)은 전형적인 이익 계산식이다. 가격을 올릴 것인가, 원가를 내릴 것인가, 혹은 매출 수량을 늘릴 것인가, 고정비를 낮출 것인가. 이러한 의사결정을 통해 사업이익을 창출한다는 것을 보여준다.

어느 제조현장이나 소매현장도 이를 이익의 원리원칙으로 정해두고 있다. 더불어 경영진은 투자 안건으로 사업을 보고 비즈니스 모델의 성과지표인 ROIC, 즉 (7-2)를 체크하고 있다.

그러나 이 책을 여기까지 읽은 독자라면 이 계산식은 어디까지나 제품 판매라는 가치획득을 기반으로 하고 있다는 것을 알 것이다. 즉, 가치창조로 얻을 수 있는 이익에 어떤 궁리도 하지 않은 상태에서 얻은 이익을 가리킨다.

극단적으로 말한다면 가치획득이라는 개념을 사용할 필요도 없는 '무(無)'의 가치획득이자, 특별히 어떤 생각도 궁리도 하지 않은 채, 어느 기업이나 무의식적으로 사용해 온 가치획득이다. 이 책에서 이 이익로직을 $\boxed{0}\boxed{0}\boxed{0}$이라고 이름 붙인 데에는 사실 이런 이유가 있다. 이 점에서도 제조기업이나 유통기업의 상당수는 $\boxed{0}\boxed{0}\boxed{0}$, 즉 '주요 고객으로부터, 주요 제품으로, 즉시 이익 획득'이라는 심플한 가치획득으로만 싸워왔다는 것을 알 수 있다.

대기업의 경영자들이 비즈니스 모델이라고 하면서 사업구조를 설명하는데, 그 대부분은 가치창조에 대한 이야기이며, 가치획득에 대해서는 전혀 언급하지 않는 데에는 그러한 배경이 있다.

반대로 디지털기업은 실물이 없기 때문에 가치획득을 궁리해 이익을 창출할 수밖에 없다. 그 때문에 디지털기업의 비즈니스 모델에서는 가치획득을 교묘하게 변화시키면서 가치창조를 변화시킨다. 가치획득을 중심으로 논의하고 있는 것이다.

후발 디지털 업체와도 대치하고 있는 현재, 제조기업이나 유통기업은 $\boxed{0}\boxed{0}\boxed{0}$의 가치획득, 즉 가치창조의 노력만으로는 끝까지 싸워나갈 수가 없다. 그것이 이 책을 관통하는 이익혁신의 의도이다.

적어도 비즈니스 모델에 구비되어 있는데도 활용되지 않았던 가치획득을 그 어느 때보다 구사하면 가치창조에서 지금 이상의 성과가 나올 것은 틀림없다.

비즈니스 모델의 시각이 바뀌는 '이익혁신'

비즈니스 모델에는 고객가치 제안과 가치 제공 과정으로 이루어진 '가치창조', 그리고 이 책에서 상세히 설명한 '가치획득'의 두 가지 요소가 있다.

가치창조와 가치획득을 이익의 관점에서 나열하면 이익혁신의 의의가 보다

도표 7-3 | 비즈니스 모델에서의 이익에 대한 논의

비즈니스 모델의 구성요소		목적	이익의 관계성
가치창조	고객가치제안	타깃화한 주요 고객에 최적의 제품 제안	변수로서의 매출: 가격, 판매수량
	가치제공 프로세스	가치제안을 실현하는 일련의 사업활동 구축과 투자	변수로서의 비용: 변동비, 고정비, 투자
가치획득	이익설계	사업이익을 얻기 위한 시스템의 디자인	이익의 획득방법 그 자체: 여덟 가지 이익로직

선명해진다. 그것을 나타낸 것이 〈도표 7-3〉이다.

가치창조만으로 이익을 창출하는 방법을 완결한다면 ☐☐☐이 된다. 그것은 고객가치 제안으로 창출되는 매출과 가치 제공 과정에서 결정되는 비용과의 뺄셈으로 이익이 자동적으로 정의되기 때문이다.

반면 가치획득에서는 가치창조의 범주에서 생각하는 이익에서는 생각도 할 수 없을 정도의, 광범위한 '돈벌이의 세계'를 보여준다. 비즈니스 모델의 논의에서 그 기업에 독특한 '돈벌이 방법'이 보이지 않을 경우에는 가치획득의 관점이 결여되어 있다고 의심해 봐야 한다. ☐☐☐ 이외에도 다양한 이익로직이 돈벌이 방식에 '뜻깊은 속내'를 갖추게 하고 그것이 자사의 다음 한 수에 큰 힌트를 줄 것이다.

지금까지도 회사 내에서 이익에 대한 이야기는 충분히 해왔다고 생각하는 기업이 있을지도 모르지만 어쩌면 그것은 가치창조의 결과로서의 이익에 대한 이야기이며 결국 ☐☐☐의 세계에 머물러 있는 것은 아닐까? 우리 회사는 어떻게 이익을 창출해 왔는지, 혹은 앞으로 어떻게 이익을 창출해야 하는지 보다 본질적인 이익 논의를 어디까지 해왔을까. 거기에 직접적으로 접근하는 것이 가치획득 논의다.

현재 비약적인 성장을 이룬 기업은 가치창조뿐만 아니라 가치획득의 혁신까지 생각해 온 기업이다. 이 점을 이해한다면 이익혁신의 위상을 보다 선명하게 인식할 수 있을 것이다.

이익혁신은 이익로직을 바꾸는 것

⓪⓪⓪의 세계에서도 이익을 창출할 방법을 전혀 생각하지 않는 것은 아니다. (7-3)의 계산식을 보자.

$$ROIC = \frac{Op}{I}$$

$$= \frac{Op}{I} \times \frac{S}{I}$$

(7-3)

이것은 비즈니스 모델의 성과인 ROIC를 나타낸 (7-2)의 계산식을, 매출액대비사업이익률(Op/S)과 자본회전율(S/I)로 분해한 것이다. 이를 통해 이익률을 중시할 것인지, 회전율을 중시할 것인지, 혹은 양쪽 모두를 의식한 이익을 취할 것인지 그 방법을 생각하는 것이 통례다.

이러한 이익을 창출하는 방법이 비즈니스 모델의 맥락에서도 제시되고 있지만[1] 그것은 바로 제품 판매 외에는 안중에도 없는 ⓪⓪⓪의 이익로직에서의 방정식이다. 이로써 가치획득의 위치를 명확히 하는 것에서 비로소 다른 이익로직이 존재한다는 것이 밝혀진다.

⓪⓪⓪에 해당하는 제품 판매는 여덟 가지 이익로직 중 하나일 뿐이다. ⓪⓪⓪ 외에도 이익로직은 일곱 가지가 있으며, 각각의 이익로직마다 이익을

---

[1] Johnson(2010)에서는 이익 방정식(profit formula)을 비즈니스 모델의 구성 요소의 하나로 삼고 있다. 그것은 여기에 기록한 (7-3) 식의 이익 획득방법을 설명하고 있으며, 그 자체는 이 책에서 말하는 ⓪⓪⓪의 틀을 벗어나지 않는다.

창출하는 방정식도 다양하게 존재하기 마련이다.

이익로직에서는 과금 플레이어, 과금 포인트, 과금 타이밍의 3요소를 조합해 이익창출 방법을 다양화하고 있다. 예를 들어 6장에서 소개한 바와 같이 과금 타이밍이 다양한 이익로직(특히 001, 011)에서는 리커링을 운용할 때 최적의 지표를 바탕으로 이익 방정식이 만들어진다. 구체적으로는 'MRR(월간계속수익)',[2] 'ARR(연간계속수익)',[3] 혹은 'ARPU(사용자당 평균 과금액)',[4] 그리고 '해약율(churn rate)'이라고 하는 이 로직만의 독자적인 지표를 사용한 방정식이 전개된다.[5]

또한 과금 포인트가 다양해진 세계(특히 010, 011)에서는 프리(무료) 경제를 포함한 이익 방정식이 조립된다. 구체적으로는 총사용자 수나 'ARPPU(유료 유저당 평균 과금액)',[6] 'PUR(과금 유저의 비율)'[7]이라는 지표가 중용된다. 과금 플레이어가 다양해진 세계(특히 110, 111에서의 플랫폼)에서도 다양한 과금 플레이어를 포착해 총사용자와 과금액으로 구성된 상기 지표를 조합한 방정식이 전개되고 있다.

이러한 디지털기업이 이용하는 KPI(중요실적평가)나 이익 방정식은 제조기업이나 유통기업의 그것과는 전혀 다른 경제원리이고 어딘가 다른 세계의 것으로 느껴질지 모르지만, 사실은 그렇지 않다. 이익혁신에 의해서 지금까지의 000에서 가치획득을 바꾸면 이러한 지표나 방정식은 제조기업이나 유통

---

2 monthly recurring revenue의 약자. 월간으로 계측한 계속 수익. 장래 수익을 예측하는 데 이용된다.
3 annual recurring revenue의 약자. 연간으로 계측한 계속 수익. 장래 수익을 예측하는 데 이용된다.
4 average revenue per user의 약자. 사용자당 평균 수익.
5 이에 대해서는 川上(2017)에서 자세하게 기술하고 있으므로 참조하기 바란다.
6 average revenue per paid user의 약자. ARPU와의 차이점은 유료 사용자를 분모로 한다는 것이다.
7 paid user rate의 약자. 전체 사용자 중 과금 사용자의 비율.

기업에도 유용한 것이 된다. 사실 제조기업이면서 이익로직이 다른 테슬라나 유통기업이면서 이익로직이 다른 아마존에서는 이러한 이익 방정식이 적극 사용되고 있다. 이익혁신을 전제로 하면 자사가 적용하는 이익로직에 따라 최적의 이익 방정식을 이용해 독자적으로 만들어나가는 것이 요구된다.

이익창출 방법은 실로 다양하다. 이익로직으로 인해 다른 차원의 이익 방정식의 다양화 또한 분명해진다. 비즈니스 모델에서 가치획득이 담당하는 역할은 매우 크다.

가치창조의 아이디어가 떨어졌다고 해서 방법이 없다고 한숨을 쉬기에는 아직 이르다. 이익혁신에 의해서 □□□에서 다른 이익로직의 세계로 뛰쳐나가면 이익을 낼 방법은 얼마든지 있다.

3. 가치창조 혁신에 대한 시야를 넓히다

이익혁신의 역할은 이익 구조를 바꾸고 나아가 이익을 증가시키는 데 주안점이 있다고 생각하기 쉽지만, 그뿐만이 아니다. 사실 이익혁신은 가치창조의 시야를 크게 넓혀주는 효과를 가지고 있다.

가치창조와 가치획득을 조합하다

애플, 아마존, 테슬라, 코스트코, 넷플릭스와 같은 기업은 가치창조의 혁신만으로 저 정도의 성과를 거둔 것이 아니다. 2장에서도 보았듯이 가치획득에도 특징이 있었다. 즉, 의도적인 이익혁신의 체제를 가지고 있으며, 그것이 다시 가치창조의 가능성을 넓히고 있는 것이다(〈도표 7-4〉).

제품의 콘셉트가 좋고 세상의 많은 지지를 받았더라도 가치획득이 □□□

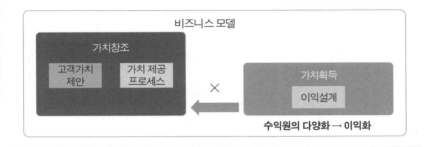

인 상태라면 그 성과(사업이익)는 일부만 회수할 수 있다. 가치창조의 장점을 최대한 끌어내는 가치획득이 갖추어져야 비즈니스 모델 전체적으로 비약적인 성과를 가져올 수 있다.

물론 비즈니스 모델은 가치획득만으로 기능하지는 않다. 가치창조가 뒤떨어지면 이익혁신에 힘써도 얼마 안 되는 성과밖에 가져오지 않는다. 이익혁신이 의미를 갖는 것은 탁월한 가치창조라도 좀처럼 이익을 창출하지 못할 때, 성숙한 업계에서 가치창조 혁신의 한 수를 좀처럼 펼 수 없을 때다. 그럴 때 힌트가 되는 것이 동일한 가치획득에 다른 가치창조를 조합하면 다른 비즈니스 모델이 된다는 생각이다. 〈도표 7-5〉를 보라.

우선 상단에서는 이익로직 ⓪❶❶ 의 하나인 레이저 블레이드에 다른 가치창조를 조합해 만든 비즈니스 모델을 제시하고 있다. 동일한 ⓪❶❶ 의 가치획득에 면도기라는 제품의 가치창조를 조합하면 '질레트 모델'이 되고, 비디오 게임을 조합하면 '패미컴 모델'이 되며, 복사기를 조합하면 '제록스 모델'이 되는 등 전혀 다른 비즈니스 모델이 된다는 것을 알 수 있다.

레이저 블레이드는 이름 그대로 '면도기 본체와 교체날'이 원조다. 킹 질레트가 최초로 만들었다고 여기는 가치획득이기 때문에 '질레트 모델'이라 불리

도표 7-5 | 같은 가치획득에 다른 가치창조를 결합하면 완전히 다른 비즈니스 모델이 된다

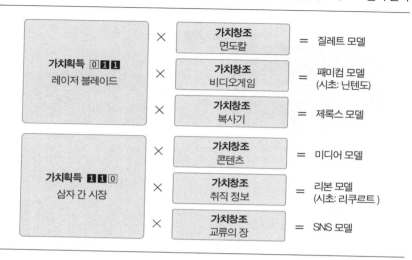

며 주요 제품과 다른 과금 포인트로, 시간을 들여 이익을 얻는다.

질레트는 면도기 본체를 주요 제품으로, 교체날을 다른 과금 포인트로 설정해 궁극적으로는 면도기 본체를 널리 보급하는 가치획득을 추구했다. 그것을 성공시키기 위해서 교체날로 항상 절삭력이 뛰어나다는 것을 가치창조로서 내세웠다. 이러한 가치획득과 가치창조를 조합해 탁월한 비즈니스 모델을 만들어낸 것이다.

⓪**1**1의 가치획득을 비디오게임이라는 가치창조와 조합한 것이 닌텐도 패밀리컴퓨터의 비즈니스 모델이다. 이는 일반적으로 '패미컴 모델', 혹은 '라이선스 시스템'이라고 불린다.

본체는 원가라고 할 정도로 저렴하게 제공하고 게임 소프트웨어 판매로 이익을 얻는 가치획득이다. 게임이 재미없으면 이익이 발생하지 않는 구조이므로 사용자를 묶어둘 재미있는 소프트웨어를 계속 내놓는 긴장감을 사내에 만들어냈다. 그 결과 크게 성공한 비즈니스 모델이다.

이 $\boxed{0}\boxed{1}\boxed{1}$의 가치획득을 복사기의 가치창조와 조합하면 '제록스 모델'이 된다. 이익 없이 복사기를 보급하고 인쇄를 할수록 이익을 얻는 가치획득이다. 그 때문에 컬러화나 프린터 복합기, 나아가 더 나은 솔루션을 제안하고 더 편리하게 사용하도록 하기 위해 가치창조를 계속 쇄신할 필요가 있다. 그것이 복사기의 비즈니스 모델의 표준형이 되었다.

모두 경쟁사보다 앞서 채용한 가치획득에 자사의 가치창조를 조합해 성과를 낸 비즈니스 모델이므로 개별 기업명이나 브랜드명이 붙어 있는 것을 알 수 있다. 그렇게 이들은 각 업계의 업계 관행이 될 정도의 표준적인 지위를 얻어 왔다.

하단도 살펴보자. 이것은 이익로직 $\boxed{1}\boxed{1}\boxed{0}$의 하나인 '삼자 간 시장'에 다른 가치창조를 조합한 비즈니스 모델을 제시한 것이다. $\boxed{1}\boxed{1}\boxed{0}$에 콘텐츠라는 가치창조를 조합하면 '미디어 모델', 취업 정보를 조합하면 리크루트사의 '리본 모델', 사용자 간의 교류의 장을 조합하면 트위터와 페이스북 같은 'SNS 모델'이 된다. 이들 $\boxed{1}\boxed{1}\boxed{0}$은 각각의 가치창조에 각 업계의 선두기업이 특이한 가치획득을 채용해 그것이 일반적인 비즈니스 모델로 정착한 것이다.

여기까지 보아 명백해진 것처럼, 가치획득을 어떤 가치창조에 접목한 것이 기업의 비즈니스 모델로서 인식되고 있음을 알 수 있다. 시험 삼아 지금 말한 가치창조에 $\boxed{0}\boxed{0}\boxed{0}$의 가치획득을 결합해 보기 바란다. 단순한 제조나 판매 비즈니스 모델밖에 되지 않으며, 어떤 가치창조를 적용해도 전혀 새로움을 느끼지 못할 것이다.

기업의 가치창조는 기시감 있는 이익로직 이외의 가치획득에 의해 특이함이 돋보이는 비즈니스 모델이 된다. 아마존이 그렇고, 테슬라가 그렇다. 그것이 사용자에게 받아들여져 기업은 많은 이익을 얻을 수 있는 것이다.

다만 가치획득을 바꾸기만 하면 기업이 바뀐다는 단순한 이야기는 아니다. 가치획득을 바꾸는 것만으로는 비즈니스 모델은 성립하지 않는다. 가치획득

도표 7-6 | 공통의 가치획득을 중심으로 하는 비즈니스 모델의 형태

에 맞추어 가치창조에서도 적절한 지불자로부터 대가를 치르기 위한 준비와 장치가 필요하다. 가치창조까지도 변화를 이루어 최적의 비즈니스 모델로 혁신하는 것이 무엇보다 중요한 것이다.

한편 지금은 가치획득과 가치창조의 최적의 조합이 표준화된 형태가 되었고, 비즈니스 모델로서 활용되고 있다. 그 일례가 정액제 구독이라는 가치획득에 소프트웨어의 가치창조를 결합한 SaaS나 모빌리티를 결합한 MaaS(mobility as a service)다(〈도표 7-6〉).

이미 많은 소프트웨어 기업이 SaaS 기업이 되었고, 자동차 산업이나 교통기관이 MaaS 기업으로 방향을 틀고 있다. 앞으로도 계속해서 새로운 비즈니스 모델이 등장하겠지만, 그 배경에는 기존과는 다른 가치획득과 그에 최적화된 가치창조의 상호관계가 있다는 것을 잊어서는 안 된다.

이익혁신과 가치창조

가치획득의 변혁만으로 새로운 비즈니스 모델이 생겨나는 것이 아니다. 궁극적으로는 가치창조의 변혁이 필요하다. 사실 이익혁신의 가장 큰 목표가 여기에 있다. 〈도표 7-7〉을 보기 바란다.

상단은 지금까지의 가치획득과 가치창조의 조합이다. 제조기업이나 유통기

도표 7-7 ㅣ 이익혁신에서 가치창조 혁신으로

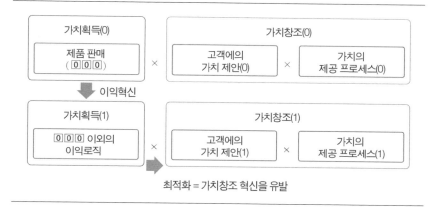

업이 기존의 기본적인 방법인 $\boxed{0}\boxed{0}\boxed{0}$ 그대로 가치창조를 해도, 지금까지와
아무런 차이가 없다. 이에 이익혁신에 임함으로써 $\boxed{0}\boxed{0}\boxed{0}$ 이외의 이익로직
을 채용한다.

단, 여기서 중요한 것은 이전의 가치창조(0) 그대로인 상태에서 가치획득을
바꾸면 비즈니스 모델로서 부적합함을 유발한다는 것이다. 가치획득(1)으로
이익혁신을 한다면, 그와 동시에 가치창조도 가치창조(1)로 변혁하지 않으면
안 된다. 비즈니스 모델은 가치창조와 가치획득이 상호 간에 최적의 관계성을
가질 수 있도록 균형을 맞춰야 한다. 그래서 가치획득만 변경하면 비즈니스
모델은 기능하지 않는다. 즉, 비즈니스 모델의 틀에서 보면 이익혁신은 가치
창조 혁신을 유발한다고 단언할 수 있다.

가치창조 혁신 일변도로 아이디어를 짜온 제조기업과 유통기업으로서는 가
치획득이 시야를 넓혀주는 것은 사실이다. 그러나 제품 판매 이외의 가치획득
으로 변화하는 것은 고객에게 다가가는 방법이나 제품 제공 방법에도 변화를
가져오므로, 곧 현재의 가치창조도 변혁하지 않을 수 없다. 그러니 새로운 시

점에서 만들어낼 필요가 있다. 그 상세 내용을 유통기업과 제조기업 각각에서 한 번 그려보도록 하자.

유통기업

지금까지의 제품 판매로, 유통기업이 혁신적인 가치창조를 계속 제안하기 위해서는 매장의 매력을 계속 전달하는 것밖에 없었다. 이때 기업은 자사가 취급하는 상품의 라인업을 넓히고 재고를 쌓아 매장의 디스플레이나 제공 방법을 궁리해 고객을 만족시키는 방법을 취할 것이다. 이것도 중요하지만 금세 막다른 길에 이르게 된다. 그렇다면 여기에서 이익로직을 전환하고 가치획득을 전환해 보면 어떻게 될까? 〈도표 7-8〉을 보기 바란다.

110의 가치획득 중 하나인 '매치메이킹'을 생각해 보자. 매치메이킹은 주요 고객 이외의 과금 플레이어와 과금 포인트를 발굴하는 가치획득이다. 예를 들어 제조사가 출점하도록 해 렌트를 받는 디벨로퍼 모델을 생각해 볼 수 있다. 다른 회사 재고를 자사에서 판매하고 렌트를 받는 것이다. 자사는 무재고로 사업을 할 수 있어 자산이 가벼워지고 인원도 적게 든다. 단, 타사가 매력을 느낄 만한 좋은 입지 또는 장소 자체의 가치를 높일 수 있도록 하지 않으면 안 된다.

이렇게 되면 가치창조로서 해야 할 일은 지금까지와는 전혀 달라진다. 오프라인 쇼핑몰은 바로 이 같은 가치창조를 취하고 있다. 영화관을 병설하는 등 시끌벅적한 분위기를 만드는 것이다. 인터넷상에 전개되는 온라인몰도 원리는 같다. 가상공간이지만 집객이 무엇보다 중요하기 때문에 이용자가 북적이도록 그 방법을 생각한다. 이러한 가치획득을 일찍이 눈치 채고 있던 기업은 가치창조의 시야를 확대해 이제 거대한 점포망까지 키워냈다.

나아가 여기서 다른 가치획득으로 이익혁신을 하면, 또 다른 비즈니스 모델로 만들 수도 있다. 그것이 이 도표의 아래에 있는 **111**의 가치획득인 '수

도표 7-8 ㅣ 유통기업의 이익혁신과 가치창조의 최적화

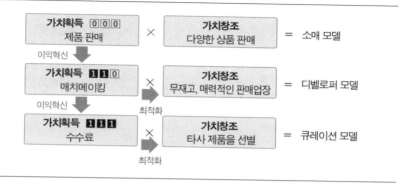

수료 비즈니스'다. 이는 출점 기업에 솔루션을 주어 사업이익을 얻는데, 가치 창조로서는 최종 사용자들의 집객은 물론 그에 더해 컨설팅이나 머천다이징, 혹은 브랜딩을 제공할 수 있는 체제가 필요하다. 단, 그러한 경험이 부족한 기 업은 제로에서 체제를 구축하게 된다.

어찌되었든 현재 있는 자산과 상의하면서 실행 가능성을 살피게 된다. 실행 가능하다면 4장에서 소개한 스토리나 베타와 같은 큐레이션형 비즈니스 모델 로 육성하는 방향도 보인다.

제조기업

제조기업도 이익혁신에 의해 비즈니스 모델을 바꿀 수 있다. 〈도표 7-9〉를 보기 바란다. ⓪⓪⓪의 제품 판매에서 ⓪⓪❶의 정액제 구독으로 이행하면 사물계 구독이 된다. 단, 제품이 변하지 않은 상태라면 '제품 모델'인 채로 무 리하게 구독을 도입하는 셈이 되어 구독 자체가 성립하지 않고 머지않아 파탄 이 나고 만다.

가치획득을 바꾼다면 명확하게 이용의 혜택을 내세우는 가치창조를 생각해

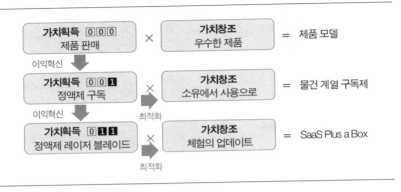

야 비로소 가치창조 혁신, 나아가 비즈니스 모델 혁신으로 이어진다. 새로운 체제를 정돈한 다음, 그 체제에 어울리는 방식으로 사용자와의 관계성을 찾으면 도약의 계기가 생긴다.

0 0 **1** 의 이익로직에서 다시 0 **1 1** 로 전환하면 어떻게 될까? 여기서는 정액제 구독과 레이저 블레이드를 혼합한 가치획득인 '정액제 레이저 블레이드'를 적용해 본다(6장 참조). 이것은 정액제 구독은 소프트웨어로 제공하고 주요 제품은 물건으로 제공하는 것으로, 주요 제품 이상으로 업데이트할 소프트웨어를 다른 과금 포인트로 두며, 게다가 시간을 들여 이익을 얻어내는 가치획득이다.

0 **1 1** 로 하는 경우에는 가치창조도 크게 변화하지 않으면 안 된다. 고객에게 업데이트가 얼마나 중요한지를 이해하고 그것을 지체 없이 정기적으로 전송할 수 있는 체제를 갖고 있는지, 사용자와 어떻게 연결되는지, 사내 DX 체제는 갖춰져 있는지 등 체크해야 할 항목이 많다.

그렇게 해서 완성되는 비즈니스 모델이 6장에서 소개한 SaaS 플러스 어 박스다. 실제로 이를 실행한 펠로톤이나 향후 그와 같이 방향을 전환할 것으로 알려진 테슬라도 기존의 피트니스기업이나 자동차기업과는 가치창조가 전혀 다르다.

이익혁신은 단순한 이익 구조의 개혁만이 아니라 가치창조의 혁신을 기업에 재촉한다. 즉, 이익혁신이란 가치창조 혁신과는 다른 각도에서 새로운 비즈니스 모델 혁신의 접근 방식인 것이다.

성과를 낸 기업의 특징

이 책에서는 지금까지 마블, 힐티, GAFA, 테슬라, 넷플릭스, 코스트코 등의 기업을 사례로 다루었다. 각 기업이 가치창조로 눈부신 성과를 올리고 있음은 잘 알려진 바와 같지만, 가치획득을 유연하게 개혁해 왔다는 점에 주목해, 이 책에서는 이들 기업이 얼마나 이익혁신을 실현하고 있는지를 밝혀왔다.

이들 기업은 피나는 노력으로 혁신적인 가치창조를 했지만, 그것만으로 지금의 모습이 있는 것은 아니라고 필자는 생각한다. 가치획득에 대해서도 동시에 혁신을 이루고 있다는 점에 크게 주목하고 싶다. 가치획득의 유연성이 스케일이 큰 가치창조를 창출하는 토양을 만들고 있는 것이다. 크게 벌어 크게 이익을 얻겠다는 발상이 없다면 세계를 바꿀 정도의 가치창조 아이디어가 나올 리 없다. 이는 재무 정보에서도 선명하게 읽힌다(2장 참조).

가치창조 혁신만으로 보면 일본의 제조기업이나 유통기업은 서구의 그것에 뒤지지 않을 것이다. 오히려 이전에는 유럽이나 미국의 기업들이 동경하고 혁신의 힌트를 주고 따라할 정도로 일본 기업은 모범을 보여왔다.

그러나 문제는 거기에서 충분한 이익을 거둘 수 있을 만큼의 방도를 갖고 있지 않았다는 것이다. 그것은 가치창조로부터 이익을 획득하지 못하고 있다는 뜻이다. 특히 제조기업이나 유통기업이 견인해 온 지금까지의 일본 경제에서는 새로운 디지털 기술이 도입되어도 가치획득이 그대로이므로 가치창조 혁신에 의해 얻을 수 있는 이익을 그대로 놓쳐왔다. 우수한 디지털기업이 탄생해도 가치획득의 레벨의 지연으로부터 가치창조를 쇄신해 스케일이 큰 비즈니스 모델로 도약하지 못했다. 가치획득에 대해 생각할 때면 그런 생각을 떨쳐버릴 수가 없다.

눈앞의 이익을 생각하고 유행하는 가치획득에 달려든다. 시작은 그렇게 해도 상관없다. 다만 그것으로 끝내서는 안 된다. 새로운 가치획득으로 그 어느 때보다 사업이익을 획득할 수 있다면 다음에는 그 가치획득을 더욱 변혁시킬 준비를 해야 한다. 그때에는 가능한 한 자사가 만들어낸 오리지널 가치획득이기 바란다. 가치획득으로부터 비즈니스를 그려내고, 그것을 실현할 수 있는 가치창조를 상정해 주기 바란다.

그렇게 하면 좀처럼 상식을 벗어나지 못했던 가치창조 자체를 전혀 다른 각도에서 혁신으로 이끌 수 있을 것이다. 존속 위기에 처한 마블이 이익혁신으로부터 가치창조 혁신을 일으켜 비즈니스 모델 혁신의 끈을 느슨하게 하지 않았던 것처럼(1장 참조) 말이다.

4. 비즈니스 모델의 혁신으로

일본 기업은 지금까지 수면 위로 올라오지 못했던 이야기를 슬슬 전사적으로 전개할 시기에 와 있다. 가치획득의 혁신을 위해 우선 이익혁신에 착수하기 바란다.

경제적으로 곤궁했던 서구 기업들은 지레 겁먹지 않고 이익에 관한 아이디어부터 시작해, 끝 모를 성장을 목표로 수익을 얻기 위해 나아갔다. 이것은, 요컨대 철저하게 고객의 눈높이에 맞추는 일이 요구되는데, 이를 최종적으로 세상 사람들이 받아들임으로써 [그 기업들은] 모두가 주목하는 비즈니스 모델을 만들어냈다.

그러나 디지털화의 진전과 코로나19 사태에 따른 가치관의 변화는 그동안의 비즈니스 모델을 단숨에 비활성화시켰다. 경제적 어려움에 처한 기업은 지금이야말로 정면으로 이익혁신에 나서야 한다. 일시적으로 특수를 얻어 윤택해진 기업도 그다음에 다가올 가치관 변화에 대비해 이익혁신을 시도할 준비를 해야 한다.

돈을 벌고 싶다는 마음, 그것이 출발점이 되어도 상관없다. 그러나 진심으로 이익을 추구한다면, 진심으로 이익혁신을 일으키려 한다면 그 과정에서 수익원의 다양화와 이익화에 대해 철저히 생각하고 새로운 가치획득에 최적의 가치창조를 생각해 나가야 한다. 지금까지 많은 논자들이 '비즈니스 모델의 혁신'에 대해 이야기해 왔지만, 거의 모든 것이 가치창조 혁신에 의한 것이다. 확실히 가치창조 혁신은 비즈니스의 근간을 이룬다. 그것에 의심의 여지는 없다.

그러나 그것만으로는 부족하다. 가치창조로 이익이 생기지 않는다면 과감히 가치획득으로 비즈니스 모델을 혁신해야 한다. 미래 전망이 나쁜 지금이야말로 이에 대해 진지하게 논의해야 한다. 이것은 결국 다음 세계를 좋게 하는 가치창조 혁신으로도 이어진다. 자사가 찬사를 받으면서도 이익을 얻고 더 많은 이익을 얻을수록 세상의 기준이 되는 비즈니스 모델을 보여주고 있을 것이다.

일본을 지탱해 온 제조기업과 유통기업이 내부에서 계속 쌓여와서 끓고 있는 개혁의 마그마를 이익혁신에 분출하기를 바란다.

마치며

이 책은 학자 생활의 큰 분기점이 되는 시점에 집필했습니다. 경영학자가 된 지 20년, 첫 단독 저서 출간으로부터 10년, 그동안 10권의 책을 거쳐 이번이 11번째 책입니다. 때마침 코로나19의 만연으로 사람들은 생활환경의 변화를 겪었고 소비 상황이 확 달라지면서 모든 기업의 비즈니스 모델이 크게 바뀌는 시기이기도 했습니다.

이 상황에서 나 자신이 무엇을 할 수 있는지 매일같이 자문자답해 보았지만 아무것도 할 수 없는 날들이었습니다. 본래 경영학은 변화하는 대내외 환경에 대응해 얼마나 기업이 세상을 풍요롭게 하는지 그 이정표를 제시해야 하는데, 코로나19 사태에서는 이를 전혀 해내지 못하고 그동안 이익을 획득하는 방식이 더 이상 통하지 않는다는 것을 절감했습니다.

기업들은 저수익에 허덕이고 일자리는 사라져가는 가운데 경영학자로서 세상 사람들에게 무엇을 전해야 이 상황에서 밝은 미래를 내다볼 수 있을까? 오로지 그것만 생각하고 집필한 것이 이 책입니다.

필자는 그동안 경제계의 많은 분들에게도 신세를 졌습니다. 여기서 개별적으로 이름을 올릴 수는 없지만, 현장에 계신 그분들에게 전하고 싶은 내용이 여기에 있다고 생각합니다.

가치창조는 물론 중요합니다. 가치창조의 혁신은 기업이 존속하는 데 가장 중요한 테마입니다. 그러나 미증유의 위기로 조업 정지에 빠져서 존속이 허용되지 않으면 가치창조도 무엇도 소용없습니다.

코로나19 사태를 통해 어쨌든 수익이, 그리고 이익이 필요하다는 것을 깨닫게 되었습니다. 동시에 전 세계의 많은 기업이 이익을 창출하는 힘이 얼마나 취약한지, 이익의 리터러시가 얼마나 약한지도 알게 되었습니다.

'어제와 같은 방식은 더 이상 통하지 않는다.' 그런 위기를 맛본 우리는 그것을 교훈 삼아 끊임없이 스스로를 업데이트해 나갈 필요가 있습니다. 우리가 할 수 있는 일은 단지 평상시로 돌아가기를, 이전의 환경으로 돌아가기를 집 안에 틀어박혀 기도하는 것이 아닙니다. 원치 않는 새로운 환경에 노출되더라도 그것을 역이용해 씩씩하게 사는 것입니다. 그러기 위해서는 어떤 상황에서도 '자력으로 살아남는 능력', '살아남기 위한 창의력'이 필요합니다.

이 책에서 말한 가치획득이나 여덟 가지 이익로직은 확실히 그것을 위한 개념이라고 생각합니다. 이것을 부디 여러분의 자산으로 삼아 앞으로 펼쳐질 세계를 적극적으로 건너갔으면 좋겠고, 본래 가지고 있는 고유한 가치창조를 통해 세계를 더 좋게 바꿔주기를 간절히 바라고 있습니다.

이 책은 여러 분들의 후의를 받아 간행했습니다. 동양경제신보사에서 편집을 담당하신 사토 다카시(佐藤敬) 씨에게는 필자의 생각을 이해해 주시고 출판의 기회를 만들어주셔서 감사하다는 마음뿐입니다. 또한 미우라 다마미(三浦たまみ) 씨는 필자의 브레인으로서 구성에서 집필에 이르기까지 힘이 되어주셨습니다. 연일 온라인 미팅을 통해 구성 회의와 원고의 퇴고까지 큰 도움을 받았습니다.

이 책을 통해 예상치 못한 상황에 힘들어하고 있는 기업이 조금이라도 전진하는 데 도움을 줄 수 있다면 그보다 더 기쁜 일은 없을 것입니다.

앞으로 이익에 대한 관심이 더욱 강해질 것이 틀림없습니다. 이 책을 단순히 정보의 습득으로 여기는 것이 아니라 여러분의 기업이 이익혁신을 시도할 때 자사의 상황과 이 책을 왕복하면서 이해를 깊게 해주셨으면 좋겠습니다.

2021년 10월

가와카미 마사나오

참고문헌

Abel, D. F. 1980. *Defining the Business: The Starting Point of Strategic Planning.* Prentice-Hall(石井 淳蔵 訳. 『事業の定義: 戦略計画策定の出発点』. 千倉書房, 1984年).

Afuah, A. 2004. *Business Models: A Strategic Management Approach.* McGraw-Hill/Irwin.

———. 2014. *Business Model Innovation: Concepts, Analysis, and Cases.* Routledge.

Anderson, C. 2009. *Free: The Future of a Radical Price.* Hyperion(小林弘人 監修・解説, 高橋則明 訳. 『フリー: 〈無料〉からお金を生みだす新戦略』. NHK出版, 2009年).

Aulet, B. 2013. *Disciplined Entrepreneurship: 24 Steps to a Successful Startup.* John Wiley & Sons (月沢李歌子 訳. 『ビジネスクリエーション!: アイデアや技術から新しい製品・サービスを創る24 ステップ』. ダイヤモンド社, 2014年).

Baxter, R. K. 2015. *The Membership Economy: Find Your Super Users, Master the Forever Transaction, and Build Recurring Revenue.* McGraw-Hill Education.

Benioff, M. and C. Adler. 2009. *Behind the Cloud: The Untold Story of How Salesforce.com Went from Idea to Billion-Dollar Company-and Revolutionized an Industry.* Wiley-Blackwell(齊藤英 孝 訳. 『クラウド誕生: セールスフォース・ドットコム物語』. ダイヤモンド社, 2010年).

Berger, J. 2020. *The Catalyst: How to Change Anyone's Mind.* Simon & Schuster.

Brandenburger, A. M. and H. W. Stuart Jr. 1996. "Value-based Business Strategy." *Journal of Economics & Management Strategy*, 5(1), pp.5~24.

Bryce, D. J., J. H. Dyer and N. W. Hatch. 2011. "Competing Against Free." *Harvard Business Review*, June, pp.104~111(編集部 訳. 「無料ビジネスの脅威にいかに対抗するか: 『FREE経済』の戦略」. ≪DIAMONDハーバード・ビジネス・レビュー…ー≫, 2011年 10月号, pp.40~1).

Christensen, C. M. 2000. *The Innovator's Dilemma: When New Technologies Cause Great Firms to Fail.* Harvard Business School Press(玉田俊平太 監修, 伊豆原弓 訳. 『イノベーションのジレンマ: 技術革新が巨大企業を滅ぼすとき(増補改訂版)』. 翔泳社, 2001年).

Christensen, C. M. and M. E. Raynor. 2003. *The Innovator's Solution: Creating and Sustaining Successful Growth.* Harvard Business School Press(玉田俊平太 監修, 櫻井祐子 訳. 『イノベーションへの解: 利益ある成長に向けて』. 翔泳社, 2003年).

Christensen, C. M., S. P. Kaufman and W. C. Shih. 2008. "Innovation Killers: How Financial Tools Destroy Your Capacity to Do New Things." *Harvard Business Review*, January, pp.98~105(曽根原美保 訳. 「投資価値評価がもたらす3つのバイアス: 財務分析がイノベーションを殺す」. ≪DIAMONDハーバード・ビジネス・レビュー…ー≫, 2008年 8月号, pp.14~5).

Christensen, C. M., T. Hall, K. Dillon and D. S. Duncan. 2016. *Competing against Luck: The Story of*

Innovation and Customer Choice. Harper Business(依田光江 訳 『ジョブ理論: イノベーションを予測可能にする消費のメカニズム』. ハーパーコリンズ・ジャパン, 2017年).

Eisenmann, T., G. Parker and M. W. Van Alstyne. 2006. "Strategies for Two-Sided Markets." *Harvard Business Review*, October, pp.92~101(松本直子 訳 「『市場の二面性』のダイナミズムを生かす: ツー・サイド・プラットフォーム戦略」. ≪DIAMONDハーバード・ビジネス・レビュ…ー≫, 2007年 6月号, pp.68~1).

Elberse, A. 2011. "Marvel Enterprises, Inc." Harvard Business School case study.

_____. 2013. *Blockbusters: Hit-making, Risk-taking, and the Big Business of Entertainment*. Henry Holt and Co.(鳩山玲人監 訳・解説, 庭田よう子 訳 『ブロックバスター戦略: ハーバードで教えているメガヒットの法則』. 東洋経済新報社, 2015年).

Gassmann, O., K. Frankenberger and M. Csik. 2014. *The Business Model Navigator: 55 Models That Will Revolutionise Your Business*. FT Publishing International(渡邊哲・森田寿 訳 『ビジネスモデル・ナビゲーター』. 翔泳社, 2016年).

Gupta, S. and L. Barney. 2015. "Reinventing Adobe." Harvard Business School case study.

Harrison, S., A. Carlsen and M. Skerlavaj. 2019. "Marvel's Blockbuster Machine: How the Studio Balances Continuity and Renewal." *Harvard Business Review*, July~August, pp.136~145.

Itami, H. and K. Nishino. 2010. "Killing Two Birds with One Stone: Profit for Now and Learning for the Future." *Long Range Planning*, 43, pp.364~369.

Janzer, A. 2017. *Subscription Marketing: Strategies for Nurturing Customers in a World of Churn*. Cuesta Park Consulting(小巻靖子 訳 『サブスクリプション・マーケティング: モノが売れない時代の顧客との関わり方』. 英治出版, 2017年).

Johnson, M. W. 2010. *Seizing the White Space: Business model Innovation for Growth and Renewal*. Harvard Business Review Press(池村千秋 訳 『ホワイトスペース戦略: ビジネスモデルの〈空白〉をねらえ』. 阪急コミュ…ニケーションズ, 2011年).

Keating, G. 2013. *Netflixed: The Epic Battle for America's Eyeballs*. Portfolio(牧野洋監 訳 『NETFLIX コンテンツ帝国の野望: GAFAを超える最強IT企業』. 新潮社, 2019年).

Levitt, T. 1969. *The Marketing Mode: Pathways to Corporate Growth*. McGraw-Hill(土岐坤 訳 『マーケティング発想法』. ダイヤモンド社, 1971年).

_____. 1983. *The Marketing Imagination*. Free Press(土岐坤 訳 『マーケティングイマジネーション』. ダイヤモンド社, 1984年).

Markides, C. C. 2000. *All the Right Moves: A Guide to Crafting Breakthrough Strategy*. Harvard Business School Press(有賀裕子 訳 『戦略の原理: 独創的なポジショニングが競争優位を生む』. ダイヤモンド社, 2000年).

_____. 2008. *Game-Changing Strategies: How to Create New Market Space in Established Industries by Breaking Rules*. John Wiley & Sons.

McGrath, R. G. and I. MacMillan. 2000. *The Entrepreneurial Mindset: Strategies for Continuously Creating Opportunity in an Age of Uncertainty*. Harvard Business

School Press(大江建監 訳., 社内起業研究会 訳 『アントレプレナーの戦略思考技術: 不確実性をビジネス チャンスに変える』. ダイヤモンド社, 2002年).

Mehta, N., D. Steinman and L. Murphy. 2016. *Customer Success: How Innovative Companies Are Reducing Churn and Growing Recurring Revenue.* Wiley(バーチャレクス・コンサルティング 訳 『カスタマーサクセス: サブスクリプション時代に求められる「顧客の成功」10の原則』. 英治 出版, 2018年).

Michel, S. 2014. "Capture More Value: Innovation Isn't Worth Much if You Don't Get Paid for It." *Harvard Business Review*, October, pp.78~85(高橋由香里 訳「イノベーションには価値獲得が不可欠で ある: 価値創造をキャッシュ…に変える5つの方法」. ≪DIAMONDハーバード・ビジネス・レ ビュ…ー≫, 2015年6月号, pp.96~07).

_____. 2015. "8 Reasons Companies Don't Capture More Value." *Harvard Business Review*, April.

Moore, G. 1991. *Crossing the Chasm: Marketing and Selling Technology Products to Mainstream Customers.* HarperCollins(川又政治 訳 『キャズム: 新商品をブレイクさせる「超」マーケティン グ理論』. 翔泳社, 2002年).

Mullins, J. 2014. *The Customer-Funded Business: Start, Finance, or Grow Your Company with Your Customers' Cash.* Wiley.

Mullins, J. and R. Komisar. 2009. *Getting to Plan B: Breaking Through to a Better Business Model.* Harvard Business Review Press(山形浩生 訳 『プランB : 破壊的イノベーションの戦略』. 文藝春 秋, 2011年).

Nalebuff, B. J. and A. M. Brandenburger. 1997. *Co-opetition.* Profile Business(嶋津祐一・東田啓作 訳 『 コーペティション経営: ゲーム論がビジネスを変える』. 日本経済新聞社, 1997年).

Pink, D. H. 2005. *A Whole New Mind: Why Right-Brainers Will Rule the Future.* Riverhead Books(大前研 一 訳 『ハイ・コンセプト:「新しいこと」を考え出す人の時代』. 三笠書房, 2006年).

Porter, M. E. 1980. *Competitive Strategy: Techniques for Analyzing Industries and Competitors.* Free Press(土岐坤・中辻萬治・服部照夫 訳 『新訂 競争の戦略』. ダイヤモンド社, 1995年).

_____. 1985. *Competitive Advantage: Creating and Sustaining Superior Performance.* Free Press (土岐坤・中辻萬治・小野寺武夫 訳 『競争優位の戦略: いかに高業績を持続させるか』. ダイヤモン ド社, 1985年).

Raju, J. and Z. J. Zhang. 2010. *Smart Pricing: How Google, Priceline, and Leading Businesses Use Pricing Innovation for Profitability.* Pearson Education(藤井清美 訳 『スマート・プライシング: 理益を生み出す新価格戦略』. 朝日新聞出版, 2011年).

Ramanujam, M. and G. Tacke. 2016. *Monetizing Innovation: How Smart Companies Design the Product around the Price.* Wiley(山城和人監 訳., 渡辺典子 訳 『最強の商品開発: イノベーショ ンを確実に収益化する9 原則』. 中央経済社, 2018年).

Ryall, M. D. 2013. "The New Dynamics of Competition: An Emerging Science for Modeling Strategic Moves." *Harvard Business Review*, June, 80~87(辻仁子 訳「VCM, 競争優位はエコシステムで決まる: 価 値獲得モデルで戦略を考える」. ≪DIAMONDハーバードビジネス≫, 2013年 11月号, pp.82~4).

Slywotzky, A. J. 1996. *Value Migration: How to Think Several Moves Ahead of the Competition*. Harvard Business School Press.

_____. 2002. *The Art of Profitability*. Mercer Management Consulting(中川治子 訳『ザ・プロフィット: 利益はどのようにして生まれるのか』. ダイヤモンド社, 2002年).

Slywotzky, A. J. and D. J. Morrison. 1997. *The Profit Zone: How Strategic Business Design Will Lead You to Tomorrow's Profits*. Times Books(恩蔵直人・石塚浩 訳『プロフィット・ゾーン経営戦略: 真の利益中心型ビジネスへの革新』. ダイヤモンド社, 1999年).

Stephens, D. 2017. *Reengineering Retail: The Future of Selling in a Post-Digital World*. Figure 1 Publishing(斎藤栄一郎監 訳『小売再生: リアル店舗はメディアになる』. プレジデント社, 2018年).

Temkin, B. D. 2010. *Mapping the Customer Journey*. Forrester.

Tzuo, T. 2018. *Subscribed: Why the Subscription Model Will Be Your Company's Future – and What to Do About It*. Portfolio(桑野順一郎監・御立英史 訳『サブスクリプション: 「顧客の成功」が収益を生む新時代のビジネスモデル』. ダイヤモンド社, 2018年).

Verdin, P. and K. Tackx. 2015. "Are You Creating or Capturing Value? A Dynamic Framework for Sustainable Strategy." M-RCBG Associate Working Paper Series, p.36.

梶谷素久. 1991. 『新・ヨーロッパ新聞史: ヨーロッパ社会と情報』. ブレーン出版.

川上昌直. 2011. 『ビジネスモデルのグランドデザイン: 顧客価値と利益の共創』. 中央経済社.

_____. 2013. 『課金ポイントを変える 利益モデルの方程式』. かんき出版.

_____. 2014. 『ビジネスモデル思考法: ストーリーで読む「儲ける仕組み」のつくり方』. ダイヤモンド社.

_____. 2017. 『マネタイズ戦略: 顧客価値提案にイノベーションを起こす新しい発想』. ダイヤモンド社.

_____. 2018. 「広がるサブスクリプション(やさしい経済学)」. ≪日本経済新聞≫, 2018年7月17日~24日.

_____. 2019. 『「つながり」の創りかた: 新時代の収益化戦略 リカーリングモデル』. 東洋経済新報社.

_____. 2020. 「広がるサブスクリプションモデル(経済教室)」. 2020年2月24日.

_____. 2021a. 「日本企業が飛びついた『サブスクリプション』の問題」. ≪商大論集≫, 73(2), pp.1~20.

_____. 2021b. 「デジタル時代のリカーリングモデルの在り方」. ≪商大論集≫, 73(2), pp.21~38.

楠木建. 2010. 『ストーリーとしての競争戦略: 優れた戦略の条件』. 東洋経済新報社.

延岡健太郎. 2006. 『MOT. 技術経営. 入門』. 日本経済新聞出版社.

_____. 2011. 『価値づくり経営の論理: 日本製造業の生きる道』. 日本経済新聞出版社.

榊原清則. 2005. 『イノベーションの収益化: 技術経営の課題と分析』. 有斐閣.

安室憲一. 2003. 『徹底検証 中国企業の競争力: 「世界の工場」のビジネスモデル』. 日本経済新聞社.

安室憲一・ビジネスモデル研究会編著. 2007. 『ケースブック ビジネスモデルシンキング』. 文眞堂.

지은이

가와카미 마사나오(川上昌直) ㅣ 현 효고현립대학교 국제상경학부 교수. 고베대학교 상과대학원에서 경영학 박사학위를 받은 후, 후쿠시마대학교 경제학부 조교수 등을 거쳐 2012년부터 효고현립대학교 경영학부 교수 직을 맡았다. '현장에서 사용할 수 있는 비즈니스 모델'을 체계화하고, 실제 기업에서 '임상'까지 실시하는 실천파 경영학자로, 비즈니스 모델과 수익화 전략 분야의 전문가다. 그의 첫 저서 『비즈니스 모델의 그랜드 디자인(ビジネスモデルのグランドデザイン)』은 경영 컨설팅의 규범적 연구로서, 이 책으로 일본공인회계사협회 제41회 학술상을 수상했다. 비즈니스를 해부하는 그의 비법인 '나인셀메소드(nine cell method)'는 규모나 업종을 불문하고 다양한 기업에서 신규 사업 입안에 이용되고 있으며, 이와 관련해 고문으로도 참여하고 있다. 또한 강연 활동이나 각종 매체를 통해서 비즈니스의 즐거움을 널리 알리고 있다. 다른 저서로는 『연결을 만드는 방법(「つながり」の創りかた)』, 『비즈니스 모델 사고법(ビジネスモデル思考法)』, 『수익화 전략(マネタイズ戦略)』, 『수익 구조를 만드는 프레임워크 교과서(儲ける仕組みをつくるフレームワークの教科書)』, 『과금 포인트를 바꾸는 이익모델 방정식(課金ポイントを変える利益モデルの方程式)』 등이 있다.

옮긴이

(주)애드리치 마케팅전략연구소 ㅣ 시장과 소비자에 대한 철저한 분석과 다양한 사례 연구를 통해 기업이 당면한 과제에 대한 마케팅 솔루션을 제공하고 있다. 특히 미국, 일본 시장의 전문가를 중심으로 실전 경험이 풍부한 우수한 플래너들이 국내뿐만 아니라 글로벌 마케팅 전략과 방법론을 제시한다. 급변하는 시장 환경에 맞춰 유연성을 가진 마케팅 실행 시스템을 개발하고 있으며, 소비자와 사회 트렌드를 지속적으로 주시하면서 성향 분석과 잠재 니즈 개발에 힘쓰고 있다.

수익 다양화 전략
이익이 나지 않는 시대에 이익을 만드는 방법

지은이 **가와카미 마사나오** ㅣ 옮긴이 **(주)애드리치 마케팅전략연구소**
펴낸이 **김종수** ㅣ 펴낸곳 **한울엠플러스**

편집책임 **신순남** ㅣ 편집 **임혜정**

초판 1쇄 인쇄 **2022년 10월 25일** ㅣ 초판 1쇄 발행 **2022년 11월 1일**

주소 **10881 경기도 파주시 광인사길 153 한울시소빌딩 3층**
전화 **031-955-0655** ㅣ 팩스 **031-955-0656** ㅣ 홈페이지 **www.hanulmplus.kr**
등록번호 **제406-2015-000143호**

Printed in Korea.
ISBN **978-89-460-8219-9 03320**

* 가격은 겉표지에 표시되어 있습니다.